Lange | Sinning – Kämpfen, Ringen und Raufen

Harald Lange / Silke Sinning

Kämpfen, Ringen und Raufen im Sportunterricht

4. Auflage

Limpert Verlag Wiebelsheim

Besonders danken möchten die Autoren den Kindern der Schiller Schule in Kornwestheim, die unsere Spielvorschläge während des zurückliegenden Schuljahres mit großer Freude ausprobiert und uns immer wieder auf neue Ideen gebracht haben. Weiterer Dank gebührt ihrem Sportlehrer, Herrn Dipl. Päd. Reinhard Voige, der in bewegungspädagogischer Sachkenntnis alle Fotos dieses Buches angefertigt hat.

Bibliografische Information Der Deutschen Bibliothek
Die Deutsche Bibliothek verzeichnet diese Publikation in der Deutschen Nationalbibliografie; detaillierte bibliografische Daten sind im Internet unter http://dnb.ddb.de abrufbar.

4. Auflage 2019

www.limpert.de

Fotos: Reinhard Voige
Satz: Composizione, Kempten
Druck und Verarbeitung: TZ-Verlag & Print GmbH, Roßdorf
Printed in Germany/Imprimé en Allemagne
ISBN: 978-3-7853-1974-1

Inhalt

Kämpfen als Thema für den Sportunterricht – Eine sportpädagogische Annäherung

Während der zurückliegenden Jahre hat die Sportpädagogik im Kämpfen ein neues Inhaltsfeld für den Sportunterricht entdeckt. Dort wird es unter der offenen Bezeichnung „Ringen und Raufen“ zum Thema eines sportartenübergreifenden Unterrichts gemacht und mit einer Reihe persönlichkeitsbildender und sozialisatorischer Wirkungshoffnungen kombiniert (siehe Abb. 1). Im Zuge der allgemein zu beobachtenden Abkehr vom Sportartendenken sind in diesem Zusammenhang allerdings keineswegs Lehrgänge, Übungs- und Trainingsformen der klassischen Kampfsportarten wie z. B. Judo, Karate, Ringen oder Boxen gemeint, sondern sportartübergreifende Aktivitäten, Aufgaben und Spiele, von denen man sich einschlägige Bildungs- und Erziehungswirkungen verspricht. In diesem Sinne lässt sich die Thematisierung des Kämpfens auch als Reaktion auf zahlreiche aktuelle, gesellschaftlich bedingte Problemlagen interpretieren.

Das Kämpfen soll (...)

- der Aggressionsbewältigung
- und der Gewaltprävention dienen.
- Es soll Kinder „stark machen“, um sie vor Drogenmissbrauch zu schützen.
- Kinder sollen über die Kampfschule von der Straße weg kommen und damit der Kriminalität fern bleiben.
- Durch Kämpfen sollen sie motorisch geschickter, kräftiger und schlagfertiger werden.
- Sie sollen Strategien entwickeln, so dass sie sich auch im „richtigen Leben“ durchsetzen und behaupten können.
- Zu guter Letzt soll das Kämpfen Spaß machen und die Langeweile aus den Schulturnhallen vertreiben.

Abb. 1: Erwartungen und Wirkungshoffnungen zum Kämpfen.

Die Vielfalt an Wirkungshoffnungen legt es nahe, das vorliegende Buch zum „Kämpfen im Sportunterricht“ mit einem Theoriekapitel einzuleiten, in dem eine differenzierte sportpädagogische Auseinandersetzung und Diskussion mit den vermeintlichen Wirkungen erfolgt. Dies geschieht in drei Schritten und wird durchgängig mit methodischen Konsequenzen und Tipps für die Praxis aufgebrochen (Kästchen).

Im Anschluss an eine fragende Annäherung und pädagogische Auslegung des Phänomens „Kämpfen“ geht es im zweiten Schritt darum, den sachlichen Kern des Kämpfens herauszuarbeiten und im Spektrum des schulischen Sportunterrichts sowie der Arbeit mit Kindern und Jugendlichen im Sportverein zu verorten. Daraus ergeben sich unmittelbar Perspektiven für schulische Bildungs- und Erziehungsprozesse, die in einem dritten Schritt bestimmt und hinsichtlich ihrer einschlägigen Lerngelegenheiten beleuchtet werden.

1. Perspektiven für die Erziehung und Bildung

Fragen an das Phänomen „Kämpfen“

Wenn Kinder „kämpfen“, können Lehrende, die das verantworten wollen, ihre Wertungen in einem Spannungsfeld zwischen „gut“ und „böse“ vornehmen: Wie nahe liegt das Kämpfen am Thema Gewalt? Oder: Kann das Kämpfen der Kinder etwa ganz anders verstanden werden, d. h. verbergen sich vielleicht sogar pädagogische Chancen in diesem Tun? Für Letzteres ergeben sich vielversprechende Anhaltspunkte, wenn das Spielerische im Kämpfen der Kinder in den Blick genommen wird (vgl. Lange / Sinning 2003). Wie zeigt sich das Spielerische im Kämpfen? Woran genau kann das Spielerische festgemacht werden? Welche Qualitäten lassen sich da analysieren? Wann und warum „kippt ein Spiel um“ und wird zum Ernst? Wie lässt sich beispielsweise das Bauchkribbeln erklären, das

Kinder vor ihrem Kämpfen erleben? Steht das im Zusammenhang mit einer charakteristischen Lust am Kämpfen? Oder hat das etwas mit dem Eingehen besonderer Wagnisse zu tun? Was haben diese Erlebnisse mit den einschlägigen Körpererfahrungen, die man beim Kämpfen machen kann, zu tun? Wie genau stellt man sich auf seinen Kampfpartner ein? Liegt im Kämpfen nicht auch eine besondere Art der Kommunikation und des körperbezogenen Dialogisierens begründet? Wie genau keimt Interesse im und am Kämpfen auf? Steht dieses Interesse mit dem originären Bewegungsproblem in Verbindung? Welches sind charakteristische Bewegungsprobleme im Kämpfen? Und welche Möglichkeiten für die Inszenierung lassen sich daraus ableiten?

Zur Unwägbarkeit einer Thematik

Die bis hierher gestellten Fragen weisen unmissverständlich darauf hin: Beim Kämpfen handelt es sich in vielerlei Hinsicht um etwas höchst Unwägbares. So wissen die Kontrahenten und Zuschauer spannender Kämpfe nie so recht, wie ein Kampf ausgehen wird, wer den Platz als Gewinner oder als Verlierer verlassen muss. Kämpfe nehmen oft unvorhersehbare Wendungen, der Zufall und das Glück spielen zuweilen eine Rolle und plötzlich gelingt dem bis dahin ins Hintertreffen geratenen Kämpfer doch noch ein „lucky punch“, wie man im Boxen einen plötzlichen KO-Schlag nennt, und er verlässt den Ring als Sieger.

> Die Sachstruktur des Kämpfens ist immer auch durch den Zufall und durch Glück-/Pechsituationen gekennzeichnet.
> Achten Sie also bereits in der Planung des Unterrichts darauf, dass der Zufall im Verlauf der Spiele und Kämpfe eine Rolle spielen kann und bieten Sie den Schülern Gelegenheiten, diese Offenheit auch als solche wahrzunehmen, zu diskutieren und akzeptieren zu lernen (z. B. im Zuge von Gesprächsphasen).

Abb. 2: Zur Relevanz des Zufalls.

Ähnliches gilt für den Kanon möglicher Bewertungen, Ängste und Wirkungshoffnungen, die dem Kämpfen entgegen gebracht werden. Schließlich verhält es sich mit dem Kämpfen anders als mit der biologischen Anpassung an überschwellige Trainingsbelastungen. D. h. regelmäßiges Kämpfen führt nicht zwangsläufig zur Bildung mündiger, starker und selbstbewusster Persönlichkeiten. Anders herum gedacht aber auch nicht zur Förderung von Brutalität, Rohheit und Gewaltbereitschaft. Kurzum, beim Kämpfen handelt es sich zunächst einmal um Sport-, Spiel- und Bewegungshandlungen, die hinsichtlich ihrer persönlichkeitsbildenden Konsequenzen unzureichend dosierbar und deshalb in dieser Hinsicht offen sind.

In sportdidaktischer Hinsicht kann dieser offene Sachverhalt in der Metapher einer Waage treffend veranschaulicht und modelliert werden (vgl. Abb. 3). Die Waage pendelt dabei zwischen zwei Polen. Auf der einen Seite steht der Sportler (Kämpfer) mit all seinem Können und bisher gesammelten Bewegungserfahrungen. Auf der anderen Seite die jeweilige Sache (z. B. ein Ringkampf oder ein Zweikampf im Fußball) mit all den daran gebundenen, neuen Erfahrungsmöglichkeiten. Hinter diesem Neuen verbirgt sich für den Sportler etwas Reizvolles und zugleich Unwägbares, was sich in Hinblick auf die Metapher der Waage (Abb. 3) im unbestimmten Pendeln zwischen den beiden Polen zeigt. Dieses unbestimmte Pendeln zwischen dem „eigenen Können“ einerseits und dem „Reiz des Neuen“ andererseits wird von den Sportlern – anders als ein einseitiges Ausschlagen und Liegenbleiben der Waagschalen – als spannend und attraktiv erlebt.

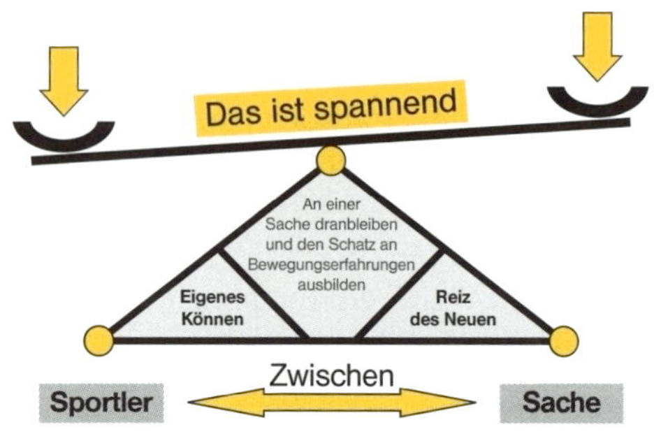

Abb. 3: Unwägbarkeit des Kämpfens.

Zwielichtigkeit pädagogischer Bewertungen

Die oben skizzierte Unwägbarkeit setzt sich in der pädagogischen Auslegung und Bewertung des Kämpfens fort. In diesem Sinne wird es von Erwachsenen mitunter als etwas Zwielichtiges empfunden, wenn Kinder mit- und gegeneinander kämpfen. Der erzieherisch bedeutsamen Perspektive des unmittelbaren Spürens und Bewirkens eigener Kräfte in Auseinandersetzung mit der Widerständigkeit eines Kampfpartners wird die Aussicht auf Prügelei, Gewalt und „blutig geschlagene Nasen“ gegenübergestellt. Angesichts dieser Ambivalenz mag als vorschnelle Konsequenz die Entscheidung reifen, diese Form der körperlichen Auseinandersetzung aus den Schulen und dem Sportunterricht zu verbannen. Das fand vielerorts auch lange Zeit statt, wobei sich seit einigen Jahren vor allem in Feldern, wie z. B. der Jugendsozialarbeit, Bewegungstherapie und der Sportpädagogik die Bemühungen verstärken, das Kämpfen aus dem „dunklen“ Randbereich herauszuholen.

Aufgrund der gegebenen Zwielichtigkeit fällt eine pädagogische Einordnung des Kämpfens nicht immer leicht, was man auch an der enormen Vielzahl der dem Kämpfen entgegengebrachten Erwartungen ablesen kann. Die hieraus zusammenzustellenden Listen positiver Erwartungshoffnungen (vgl. u. a. Gerr 1982; Beudels/Anders 2001; 2003; Olivier 1995) sind mindestens ebenso lang wie die, auf denen die möglichen Ängste, Sorgen und Gefahren stehen könnten. Auch wenn der wirkliche Wert des Kämpfens angesichts dieser enormen Auslegungs- und Bedeutungsbreite nicht exakt bestimmt werden kann, so kann an dieser Stelle zumindest festgehalten werden, dass es sich beim Kämpfen um eine überaus intensive Praxis handelt, deren Betreiben Spuren zu hinterlassen vermag. Um welche Spuren und Wirkungen es sich letztlich handelt, liegt also nicht im Kämpfen an sich, sondern in der Art und Weise seiner Inszenierung. Die erhofften Wirkungen werden keineswegs im Sinne einer kampfbezogenen Rezeptologie auf den Weg gebracht, sondern lediglich mit Blick auf die Situation, die Voraussetzungen bei den Schülern und den konkreten sozialen und motorischen Anforderungen, die das Kämpfen an die Schüler stellt, herausgefunden. Genau solche Zusammenhänge sollen im Folgenden weiter hinterfragt und vertieft werden.

Wenn nicht das Kämpfen an sich, sondern „nur“ die Art und Weise der Inszenierung erziehliche Spuren und bildende Wirkungen bei den Schülern zu hinterlassen vermögen, dann müssen wir unsere Aufmerksamkeit auf dramaturgische Elemente des Unterrichts richten. Z. B. auf:

- Das Schaffen einer angemessenen Unterrichtsatmosphäre
- Die Moderation der Spiele und Aufgaben durch den Lehrer
- Die Gespräche zwischen den Schülern
- Das Finden, Festlegen und Einhalten von Regeln

Abb. 4: Relevanz der Inszenierung.

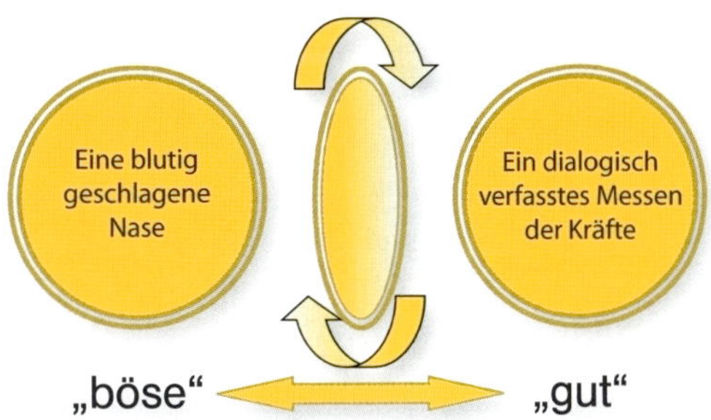

Abb. 5: Ambivalenz des Kämpfens.

Vom „Spiel“ zum „Ernst“ und dann wieder zurück?

Das spielerische Moment lässt sich zunächst an der oben skizzierten grundlegenden Ambivalenz des Kämpfens festmachen. Man kann das Kämpfen nämlich sowohl mit einer „blutig geschlagenen Nase“ als auch mit dem „dialogisch verfassten Messen der eigenen Kräfte im Vergleich zu denen eines Partners“ in Verbindung bringen. Viele Kampfszenen würden deshalb auch aus pädagogischer Sicht negativ bewertet werden, während in anderen genau das Gegenteil, ein gewisser pädagogischer Wert, erkannt wird. Die hier verborgene Doppeldeutigkeit des Kämpfens garantiert für ein gewisses Maß an Unsicherheit, da sich die Grenzen des Kampfverlaufes im Vorhinein niemals exakt festlegen lassen.

Wenn Sie das Kämpfen zum Thema Ihres Unterrichts machen möchten, sollten Sie – gemeinsam mit den Schülern – ein der Sache angemessenes und verbindliches Regelwerk finden und festlegen. Dabei sind drei Regeln besonders wichtig:

1. Der Kampf beginnt erst dann, wenn beide Kämpfer signalisiert haben, dass sie für den Kampf bereit sind!
2. Ich darf meinem Partner niemals wehtun!
3. Wenn mein Partner STOPP ruft, dann wird der Kampf sofort beendet!

Abb. 6: Regeln finden.

Neben den grundlegenden Regeln zum Handlungsablauf beim Kämpfen (vgl. Abb. 6) sind zusätzlich noch weitere sicherheitsgebende Voraussetzungen zu erfüllen. So sollte zu Beginn einer Unterrichtsstunde zum Kämpfen darauf geachtet werden, dass jeglicher Schmuck abgelegt und auch die Schuhe ausgezogen werden müssen. Diese „Ordnungsregeln" sollten unbedingt frühzeitig angekündigt werden, so dass bei den Kindern kein Unbehagen entsteht, wenn sie plötzlich die Schuhe ausziehen und barfuß oder in Socken gegen- und miteinander kämpfen müssen. Eventuell sollte der Lehrende immer einige Ersatzsocken bereithalten, die sich die Kinder gegebenenfalls noch zusätzlich über ihre Socken ziehen können.

Auch wenn sich bestimmte Verlaufsmöglichkeiten (bzw. Auswüchse) mithilfe eines sicherheitgebenden Regelwerks mehr oder weniger ausschließen lassen, bleiben viele Situationen,

Wenn mein Partner während des Kampfes „STOPP!" ruft, muss der Kampf sofort unterbrochen werden!

Abb. 7: STOPP-Regel.

die die Kämpfenden während ihres Tuns erleben können, für mehrere, unterschiedliche Deutungen offen. Beispiele dieser Mehrdeutigkeiten und die dazugehörigen, von Kindern ausgehandelten bzw. entwickelten Lösungen können sehr gut im alltäglichen Spiel der Kinder beobachtet werden, wozu wir im Folgenden zwei Fallgeschichten geben wollen, die im Zuge einer ethnographischen Studie zum Spiel der Kinder erhoben wurden (vgl. Klenk 2003) und deren Hintergrund wir zwischen den beiden Polen „Spiel" und „Ernst" abstecken.

Zwei Mädchen auf dem Spielplatz

Auf einem Spielplatz befindet sich neben der Rutsche ein kleiner Balancierbalken. Ich beobachte zwei Mädchen, die jeweils an den beiden Enden des Balkens aufsteigen, anschließend bis in die Mitte des Balkens gehen und dort, scheinbar nach einem bestimmten Startzeichen, versuchen, sich gegenseitig herunterzuschubsen. Sie wiederholen das einige Male. Die beiden Mädchen haben ähnliche Staturen, und deshalb gewinnt mal die eine und mal die andere. Am Anfang gehen sie etwas zaghafter, vorsichtiger miteinander um, und zunehmend werden sie forscher bei ihrem „Kampfspiel". Sobald eines der Mädchen unten ist, rennen sie schnell wieder an die Balkenenden und beginnen von neuem (vgl. Klenk 2003; Z.: 297-312).

Vier Jungen auf dem Schulhof

Ich beobachte weiterhin vier Jungen: zwei von ihnen hängen aneinander, der dritte versucht die beiden zu trennen und der vierte schaut den dreien zu. Das „Aneinanderhängen" ist so zu verstehen, dass der eine der beiden Jungen die Kapuze der Jacke des anderen festklammert. Der dritte Junge versucht wiederum, mit seiner Hand, welche er einsetzt, als wäre sie ein „Hackebeil", diesen Klammergriff durchzuschlagen. Als er die beiden auseinander hat, stellt sich der vierte Junge zwischen sie. Sie lachen alle bei diesem Spiel, es wirkt jedoch so, als wäre die Gefahr groß, dass das Spiel „umkippt" und zu Ernst, in Form von Aggressivität wird. Denn der eine Junge geht immer wieder, zwar lachend, aber trotzdem ziemlich rabiat auf den Jungen mit der Kapuze los und versucht, diese wieder zu erwischen. Die anderen beiden Jungen versuchen den Angegriffenen zu beschützen, welcher nicht besonders zufrieden wirkt (vgl. Klenk 2003, Z.: 668-679).

Vergleichbare Szenen entdeckt man jeden Tag in vielen verschiedenen Varianten, wobei das Spielerische am Kämpfen in der zuerst skizzierten Szene zum Vorschein kommt: Die beiden Mädchen versuchen auf dem Balancierbalken heraus zu finden, wo ihre Grenzen im Vergleich zur Geschicklichkeit und Stärke der Spielpartnerin liegen. Wenn sie für sich allein balancieren, finden sie das mitunter viel schneller heraus. Tun sie es jedoch zu zweit und gegeneinander, dann kommt eine gewisse Unwegsamkeit, nämlich die Kraft und Gewandtheit des Partners, hinzu. Genau darauf müssen sich die beiden Mädchen einstellen, was für sie sehr spannend und herausfordernd ist. Da mal die eine und beim nächsten Mal die andere der Kämpferinnen gewinnt, bleibt die Aufgabe interessant, weshalb die beiden Kinder nach jedem „Abwurf" schnell zum Start zurück laufen und engagiert von Neuem beginnen. Im zweiten Beispiel ist das jedoch ganz anders. Hier sind die Chancen ungleich verteilt, denn das Ziehen an einer Jackenkapuze, die sich am Rücken des Gegenübers befindet, schafft andere Ausgangsbedingungen. Der Junge, an dessen Kapuze gezogen wird, ist eindeutig im Nachteil. Das Gleichgewicht der Kräfte ist also auf die Seite des „Ziehenden" hin verschoben. Hier sind es nicht, wie bei den Mädchen, die körperlichen Kräfte, die in jedem einzelnen Kampf unausgeglichen sind, sondern die Bedingungen des Kampfes, die von vornherein immer zugunsten des Angreifers ausgelegt sind. Deshalb muss der angegriffene Junge die Aktionen des Angreifers regerecht erleiden, er bleibt dabei passiv und erlebt die Situation deshalb völlig anders als die beiden Mädchen, die sich bei jedem Kampf spielerisch miteinander verständigen. Weil der angegriffene Junge dies vermutlich nicht auf Dauer akzeptieren kann, ist die Gefahr groß, dass das Spiel umkippt und zum „Ernst" wird (vgl. Klenk 2003).

In jedem Unterricht, in dem das Kämpfen zum Thema gemacht wird, besteht – ebenso wie im Alltag – die Gefahr, dass das Spiel zum Ernst umkippt!

Thematisieren Sie dieses Phänomen in einer der ersten Reflexionsphasen des Unterrichts und lassen Sie die Schüler Anhaltspunkte bestimmen bzw. kritische Situationen festhalten, in denen dieses Umkippen passiert.

Abb. 8: Die Gefahr des „Umkippens" als Gegenstand der Reflexion.

Die Leichtigkeit des „Kinderspiels" (...)

Die beiden Mädchen haben eindrucksvoll gezeigt, dass sich Kinder von ganz allein in ihre Spiele und Kämpfe vertiefen können, weil es ihnen gelingt, die Spannung ihres Bewegens in der Unwegsamkeit des Kämpfens zu finden. Genau diese Kompetenz sollte auch Sportpädagogen interessieren, denn das im Alltag beobachtbare Bewegungsverhalten der Kinder lässt den Schluss zu, dass sie die Kompetenz besitzen, ihren Bewegungsraum selbstbestimmt und verantwortungsvoll zu erweitern, indem sie mit ihren Bewegungen neugierig experimentieren und mit den sich dabei ergebenen Freiheiten variations- und einfallsreich spielen. In Hinblick auf das Thema „Kämpfen" heißt das auch, dass sie sich auf die Interessen und Fähigkeiten der Kampfpartner einstellen können und dabei auch den Partner zum Zuge kommen lassen und ihm keinesfalls nur den eigenen Willen aufzwängen. Genau dann wäre das Spiel nämlich zu Ende bzw. es bestünde die Gefahr, dass es umkippt und zum „Ernst" wird, was anhand des Beispiels mit den „Kapuzen ziehenden Jungen" aufgezeigt wurde.

Im weiteren Verlauf der Unterrichtseinheit lassen sich möglicherweise auch Beispiele und Fallgeschichten zur Ambivalenz von „Spiel und Ernst" aus dem Alltag der Kinder finden und sammeln. Sie könnten durchaus zum Gegenstand von Unterrichtsgesprächen gemacht werden.

Wie geht ihr im Alltag mit solchen Situationen um? Wer hat schon einmal eine gute Lösung für so eine Problemlage gefunden?

Abb. 9: Alltagserfahrungen zum Thema von Unterrichtsgesprächen machen.

(...) als Orientierungsgröße für sportpädagogisches Handeln

Wenn die soeben skizzierte Leichtigkeit im Kämpfen und Spielen als erste Orientierung für die Planung von Sportunterricht herangezogen werden soll, gilt es zunächst die zugrunde liegende Interessenlage der Schüler differenzierter herauszuarbeiten. Diese ist untrennbar an die originären Bewegungsprobleme des Kämpfens gebunden, die wir zum Abschluss dieses Theoriekapitels beleuchten möchten. Zuvor muss aber der Sachaspekt genauer in den Blick genommen werden, denn wir wollen schließlich herausfinden, wie die „Sache" Kämpfen im Horizont der Kinder thematisiert werden kann. Angesichts der hier gegebenen Komplexität empfiehlt es sich bei dieser Analyse einen Fokus auf besonders auffällige Phänomene zu legen. Wir werden dies im Folgenden mit Blick auf das Wettkämpfen und das Zweikämpfen tun und stecken damit einen Rahmen ab, der an vielen Stellen die Reichweite des „handgreiflichen" Kämpfens übersteigt und weite Teile des Sporttreibens betrifft.

2. Zum Sachaspekt: Was ist und bedeutet Kämpfen?

Sachliche Zugänge zum „Kämpfen"

Kinder kennen die sachliche Dimension des „Kämpfens" aus verschiedenen Zusammenhängen. Sie werden beispielsweise durch die Medien beinahe rund um die Uhr mit Kampfszenen konfrontiert, sei es in Spiel- und Actionfilmen oder bei Trickfilmen wie z. B. „Tom und Jerry". Darüber hinaus prägen die sportlichen Zweikämpfe der Erwachsenen das Sportprogramm der Fernsehsender, weshalb sie den Kindern ebenfalls bestens bekannt sind. Sie haben das Kämpfen aber auch schon in zahlreichen Situationen und Variationen am eigenen Leib erfahren und selbst an kleineren Handgemengen, Raufereien und Schubsereien mehr oder weniger aktiv teilgenommen. Wenn man solche Szenen z. B. auf dem Schulhof oder auf der Straße beobachtet, fällt zumeist auf, dass es dort keineswegs immer um Gewalt und Aggression geht. Im Gegenteil, wie in Anlehnung an die Metapher einer Waage bereits gezeigt wurde, wird das Kämpfen von Kindern in der Regel als etwas Aufregendes erlebt. Der Verlauf und das Ergebnis bleiben zumeist ein stückweit offen und genau in dieser Unsicherheit und Ungewissheit gründet letztlich das Herausfordernde am Kämpfen. Wer sich auf einen Kampf einlässt, der sucht Antworten auf Fragen, die zwar nicht immer existenzieller Natur, aber zumeist doch sehr wichtig sind. Beispielsweise: Wie stark und geschickt bin ich heute? Ist mein Kampfpartner stärker oder geschickter als ich? Was muss ich tun, damit er sich auf meinen Kampfstil einlässt? Gelingt es mir ihn zu foppen? Wie wechsele ich aus der Defensive in die Offensive? (...?). Antworten auf solche Fragen werden im Verlauf kindlicher Kämpfe immer wieder neu gefunden und die daran gebundene Offenheit und Ungewissheit erinnern an die Anforderungsstruktur des Spiels (vgl. Lange / Sinning 2003). Dieser besondere, kämpferisch verspielte Moment geht weit über die Inhaltsdimension klassischer Kampfsportarten, wie z. B. Judo oder Boxen, hinaus und kennzeichnet weite Bereiche des Sporttreibens und des „Sich-Bewegens" und wird vor allem in zwei Dimensionen sichtbar, die im Folgenden differenziert betrachtet werden sollen: Im Wettkampf und im Zweikampf (vgl. Abb. 10).

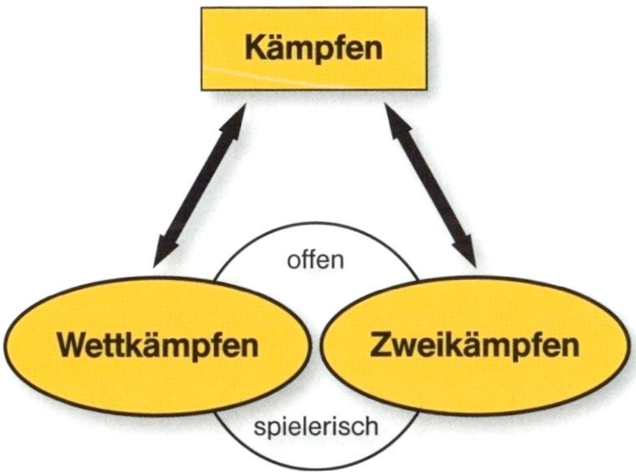

Abb. 10: Sachliche Dimensionen des Kämpfens.

Wettkämpfen: Spannungsgeber im Sport
Wer schon einmal einen Leichtathletik- oder Schwimmwettkampf bestritten, oder an einem Ligaspiel im Fuß- oder Handball teilgenommen hat, der weiß um die besondere Spannung des Wettkampfsports. Von der Wortbedeutung her gesehen geht es einerseits um eine kämpferische Auseinandersetzung mit einem oder mehreren Gegnern und andererseits deutet die Wortsilbe „wett" darauf hin, dass man auf den Ausgang des Kampfes wetten können muss. Und Wetten sind nur dann sinnvoll, wenn der Ausgang offen bleibt und der Gewinner nicht schon im Vorhinein feststeht. Vor diesem Hintergrund lassen sich auch solche Gefühle erklären, wie sie Wettkämpfer aus dem Umfeld ihrer Startvorbereitungen (Kribbeln im Bauch) oder im Moment des Zieleinlaufes (aufkommende Euphorie) her kennen. In diesen Fällen setzen sie sich mit der Offenheit des Wettkampfausgangs auseinander. Sie wissen allerdings bis zu diesem Zeitpunkt lediglich um die Abläufe und Mühen ihrer Vorbereitung, sprich ihres Trainings. Das mag dem einen oder anderen die Sicherheit geben, die notwendig ist, wenn man sich einer Prüfung oder einem Wettkampf (z. B. einem Marathonlauf) stellen möchte. Es reicht aber noch nicht aus, um ein Gefühl völliger Sicherheit zu vermitteln, denn in wirklichen Wettkämpfen bleibt immer etwas offen und unwägbar. Aus diesem Grund wird der Wettkampf vor allen von denjenigen als herausfordernd und attraktiv erlebt, die sich gern im Spannungsfeld zwischen Sicherheit und Freiheit bewegen, und deshalb in den Anforderungsstrukturen sportlicher Wettkämpfe ein spannendes Handlungsfeld für sich entdecken können.

Solange es gelingt, den Wechsel aus Spannung und Entspannung aufrecht zu erhalten, werden Wettkämpfe als etwas Attraktives erlebt. Sobald jedoch der Verlauf dieses Spannungsbogens von den Kindern antizipiert und weitgehend nachvollzogen werden kann, wird der Unterricht langweilig.

Der Ausgang eines Spiels oder der Verlauf eines Kampfes müssen deshalb immer ein stückweit offen bleiben. D. h. die Schüler müssen im wahrsten Sinne des Wortes darauf „wetten" können.

Aus diesem Grund empfiehlt es sich, die Anforderungsstruktur bekannter Spiele und Kämpfe immer wieder neu anzugehen und durch Variationen zu verändern.

Abb. 11: Auch in bekannten Aufgaben Spannungsbögen aufbauen.

Zum gewissen „um Etwas" im Wettkämpfen
Mit Blick auf den schulischen Sportunterricht kann und muss der Bogen an dieser Stelle allerdings noch ein wenig weiter gespannt werden, denn das anregende Moment des Wettkampfgedankens geht deutlich über die Sphäre des Wettkampf- und Leistungssports hinaus und spiegelt sich in der gesamten Bewegungspraxis wieder. Im Sporttreiben von Kindern und Jugendlichen fallen dabei vor allem die Gegenstände bzw. die Bedeutungen auf, um die jeweils gekämpft wird. Es geht im Wettkämpfen immer „um etwas" und diesem „Etwas" kommt ein sehr hoher Stellenwert zu.

Bei diesem „Etwas“ kann es sich um eine Wette handeln, also klassisch um den Sieg und damit um den Prestigegewinn. Es kann aber auch der Vergleich im Vordergrund stehen, d.h. es wird um bestimmte Rollen gekämpft, so dass der Jugendliche seine Stellung in der Gruppe festigen oder ausbauen kann. Schließlich geht es auch noch darum, die eigenen Leistungen zu überbieten, um die individuellen Grenzen zu erfahren (vgl. Abb. 12).

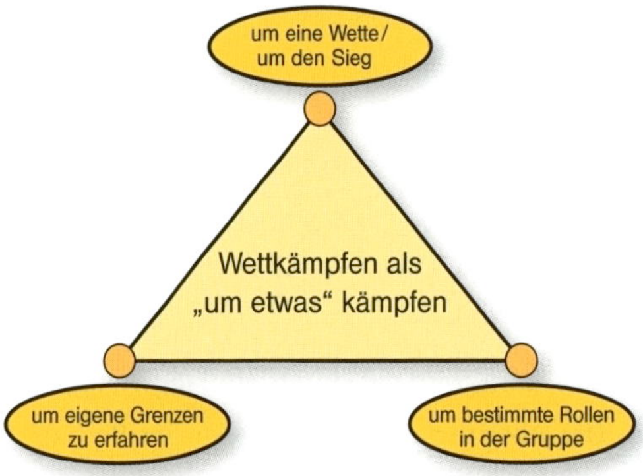

Abb. 12: Reiz des Wettkämpfens.

Vergewissern Sie sich als Lehrer und lassen Sie sich die Schüler darum vergewissern, um was gerade gekämpft wird.

Ist es wirklich für alle Beteiligten das gleiche? Oder verstehen sich die beiden Kampfpartner gerade miss, weil sie in derselben Kampfsituation um Verschiedenes kämpfen?

Abb. 13: Zum Vergewissern um das „Etwas“.

Bedingungen sportlicher „Wett-Kämpfe“

Das Gelingen von Wettkämpfen ist immer an bestimmte Bedingungen geknüpft. So ist beispielsweise die Leichtathletik durch klare Regeln und exakte Zeiten, Weiten oder Höhen charakterisiert. Außerdem sind die Ausgangsvoraussetzungen eindeutig und für alle gleich, so dass sich dadurch ganz genau und individuell feststellen lässt, wer der Beste bzw. Bessere ist. Der Sieg wird entsprechend einer Person zugesprochen und die Reihenfolge der nachfolgenden Plätze sowie die damit verbundenen Leistungen zeigen den individuellen Leistungsstand auf und erlauben Rückschlüsse auf Leistungsdifferenzen zwischen den beteiligten Sportlern. Aus einer Niederlage erfolgen somit offensichtliche Rückmeldungen, aus deren Analyse gegebenenfalls einschlägige Konsequenzen für den weiteren Verlauf von Lern- und Trainingsprozessen gezogen werden können. Wie vielseitig das Bedingungsgefüge eines Wettkampfes, z.B. in der Leichtathletik, sein kann, wird in Abb. 15 zusammengefasst.

Wenn die Grenzen der eigenen Leistungsfähigkeit klar und bekannt sind, kann man im weiteren Verlauf des Lern- und Übungsprozesses selbstständig und eigenverantwortlich am Verschieben dieser Grenzen arbeiten.

Aus diesem Grund ist es zuweilen sinnvoll, wenn die Schüler nach diversen Spielen und Aufgaben die einschlägigen Bedingungen, die dort jeweils von Bedeutung waren, herausarbeiten und die Differenz zu ihrem bisherigem Könnensstand bestimmen.

Abb. 14: Persönliche Grenzen herausfinden.

Zum „Kämpferischen“ im Spiel

Im Bereich der Mannschaftssportarten und Sportspiele sind solche individuellen Rückkoppelungen nur bedingt möglich. Dort ist das Kind bzw. der Kämpfer Teil des mannschaftlichen Gefüges und kann auch nur so gut sein, wie es die Spielsituation, die Mitspieler und nicht zuletzt auch die gegnerische Mannschaft zulassen. Deshalb ist es auch entsprechend schwierig herauszufinden, wer denn nun in kämpferischer Hinsicht der Beste im Training oder im letzten Wettkampf gewesen ist und somit maßgeblich zum Erfolg der Mannschaft beigetragen hat. Trotzdem lassen sich auch in diesem komplexen Feld Anhaltspunkte für kriteriengeleitete Reflexionen heraus kristallisieren. Auch wenn sich die kämpferischen Leistungen der Spieler nicht in dersel-

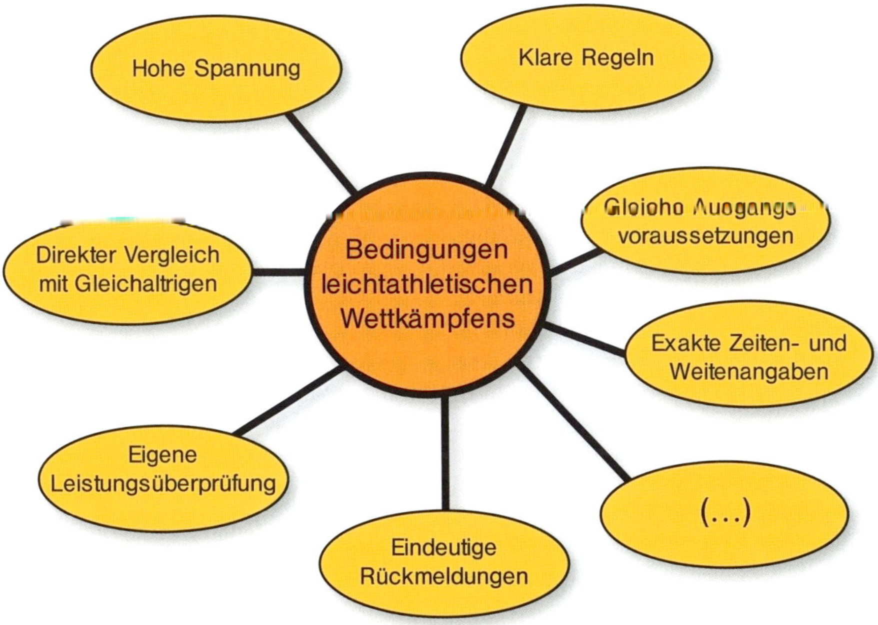

Abb. 15: Bedingungen leichtathletischen Wettkämpfens.

ben Weise eindeutig messen lassen wie z. B. deren Fitnessstatus, so ist es für den Lehrenden (bzw. Trainer) als auch für die Mannschaft trotzdem wichtig, auch in diesem Bereich die individuellen Potenziale jedes Spielers zu bestimmen und im Training zu fördern, um sie letztlich im Gefüge der mannschaftlichen Leistung optimal einzubinden.

Zweikämpfen im Sport

Nachdem in den bis hierher skizzierten Ausführungen zum Wettkämpfen das Moment des „Wetten-Könnens", also die an die Offenheit des Ausgangs und Verlaufs gebundene Spannung zum Thema gemacht wurde, soll der Fokus im Folgenden weitergehend konzentriert werden, indem wir uns dem Zweikämpfen im Sport widmen.

Im Wort Zweikampf steckt zum einen der Begriff des „Kampfes", d.h. es geht um eine *Auseinandersetzung*. Zum anderen ist das Wort „zwei" enthalten, welches verdeutlicht, dass es sich um eine *direkte* Herausforderung und Kontroverse mit einem Gegner handelt. Auch diese Grundsituation kann für besondere Spannung im Sport garantieren, die von Zuschauern, Trainern, Lehrern und vor allem von den Zweikämpfern als anregend empfunden wird. Dabei muss – ähnlich wie beim Wettkämpfen – etwas dafür getan werden, um diese Attraktivität auch erleben zu können. An dieser Stelle kommt die Didaktik ins Spiel, denn im Folgenden wollen wir nachzeichnen, was das Attraktive im Zweikämpfen ist und welche Aufgaben sich für den Lehrer stellen, wenn er das zum Thema seines Unterrichts machen möchte.

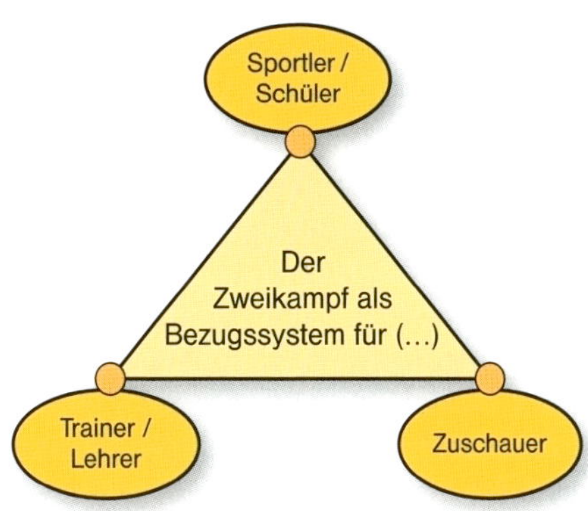

Abb. 16: Unterschiedliche Perspektiven des Zweikämpfens.

Zweikämpfen: Spannungsgeber im Sport

Zweikämpfe kennzeichnen sowohl die Spiel- als auch die Individualsportarten. Nicht nur bei großen Wettkämpfen wie den Olympischen Spielen oder Weltmeisterschaften stehen vor allem die faszinierenden und mitreißenden Begegnungen zweier Kontrahenten im Blickpunkt des Geschehens: Bei den großen Leichtathletikmeetings der achtziger Jahre des vergangenen Jahrhunderts war es im 400 m-Hürdenlauf das Duell zwischen Harald Schmid und Edwin Moses, im Eisschnelllauf der letzten Jahre begeisterten die Rennen von Anni Friesinger gegen Claudia Pechstein und im Bundesligafußball die Spiele von Bayern München gegen Werder Bremen. In Anbetracht der besonderen Dramatik solcher Duelle treten schon einmal Aspekte wie z. B. die exakte Zeitangabe oder die Anzahl der geschossenen Tore in den Hintergrund. Der Beobachter fixiert seine Aufmerksamkeit stattdessen vielmehr darauf, zu welchem Zeitpunkt der Athlet seine Stärken gezielt einsetzt, um den direkten Konkurrenten aus dem Rhythmus zu bringen oder sich mal wenigstens kurzzeitig abzusetzen. Unmittelbar anschließend richtet sich der Blick des Zuschauers auf den Konkurrenten und es wird mit Spannung erwartet, ob er seinerseits Reserven mobilisieren kann, um z. B. einem Angriff entgegen zu wirken. Dabei muss noch nicht einmal gewährleistet sein, dass sich der Zwei- oder manchmal auch Dreikampf um den ersten Platz dreht. Es kann genauso atemberaubend um den zweiten bzw. dritten Platz oder sogar um weitaus schlechtere Plätze gekämpft werden. Gerade die Medien greifen in diesem Zusammenhang nur allzu gern die Kampfszenen von Kontrahenten auf, die auch um hintere Plätze kämpfen. Beispielsweise wenn in der Formel 1 interne Teamduelle oder Duelle um den letzten Punkterang stattfinden. Diese faszinierenden und fesselnden Situationen beleben nicht nur die Wettkämpfe im Hochleistungsbereich, sondern sie lassen sich auf Landes- bis hinunter zur Kreisebene und vor allem im Kinder- und Jugendsport entdecken. Sie machen für den Beobachter einen beachtlichen Unterhaltungswert aus und erscheinen für den Athleten von hoher Brisanz.

Wenn ein stärkerer Schüler mit einem schwächeren kämpfen will und beide einen spannenden Wett- und Zweikampf wünschen, ist es sinnvoll, den Stärkeren mit einem Handicap auszustatten.

- Augen verbinden
- eine Hand auf den Rücken legen
- während des Kampfes ein Tuch festhalten
- (...)

Abb. 17: Handicap.

Da es im Zweikampf darauf ankommt, die Widerständigkeit des Kampfpartners sensibel und treffend herauszufinden, müssen sich die Partner offen begegnen und respektieren.

Sie müssen wechselseitig darauf vertrauen können, dass die Regeln eingehalten werden.

Abb. 18: Zweikämpfen erfordert immer auch wechselseitiges Vertrauen.

Aufgaben für den Lehrer

Die charakteristische Sachlichkeit des Zweikämpfens kann bei Kindern im Schul- oder Vereinssport ganz einschlägige Emotionen auslösen und ein besonderes Interesse wecken. Auch hier gilt ebenso wie für den Bereich des Wettkämpfens, dass solche Momente nicht nur im Zusammenhang mit dem Spielen und Inszenieren von Ringkämpfen oder anderen Kampfspielen erlebt werden, sondern dass sie in vielen Bereichen des Sporttreibens von Bedeutung sind und auftauchen. Beispielsweise auch in den Sportspielen oder in der Leichtathletik.

Auch dort schätzen Lehrer und Trainer die Situationen, in denen der direkte Vergleich und damit der Zweikampf mit einem gleichstarken Konkurrenten gegeben ist, als attraktiv und spannend ein. Sie werden deshalb auch für das Coaching genutzt und in Tipps und Beratungsleistungen überführt: „*Versuch doch heute so lange wie möglich an Marlen dranzubleiben, vielleicht kannst du das Tempo bis ins Ziel retten!"*. Manchmal werden auch notwendige Ratschläge im Zusammenhang mit dem Bild einer Zweikampfsituation in Beziehung gesetzt. *„Wenn André 15 m vor dem Ziel noch einen Schritt vor dir ist, dann gib noch mal alles, du weißt doch, dass du im Endspurt immer noch Reserven hast."* Bei gutem Erfolg werden die Situationen vom Trainer aber auch von den Eltern und Freunden positiv interpretiert, *„... das war wirklich bewundernswert, dass du noch mal alle Konzentration in den letzten Sprung legen konntest, wo doch Paul dich gerade wieder eingeholt hatte."*

Bei Misserfolg werden daran Fehler- oder Verbesserungsvorschläge angeknüpft oder Trost und Aufmunterung zugesprochen. *„Eigentlich liegt deine Stärke im Abwurf. Da war Julia heute einfach beständiger, aber beim nächsten Mal gelingt es dir sicherlich wieder besser."* Schließlich erkennen Lehrer, Trainer und Zuschauer in der Analyse von Zweikämpfen unter anderem auch psychische Kompetenzen oder Probleme beim Sportler. Die hieraus zu ziehenden Schlüsse beeinflussen zumeist unmittelbar den weiteren Verlauf des Trainings- und Lernprozesses. Deshalb ist es sinnvoll, solche Momente des Zweikampfes und die daran gebundenen Rückmeldungen auch einmal genauer zu beleuchten. Die vorgenommenen Beratungsleistungen des Lehrers (Trainers) betreffen die Zweikämpfer zumeist in Situationen höchster Spannung und Anstrengung, weshalb gerade diese Rückmeldungen einer kritischen pädagogischen Prüfung bedürfen. Anhaltspunkte solcher Beobachtungen sind in Abb. 19 zusammengefasst.

- ➪ Schaut der Sportler beim Schlusssprint nach vorn, um den direkten Gegner noch einzuholen oder sich nicht einholen zu lassen, oder schaut er nach hinten, aus Angst noch abgefangen zu werden?
- ➪ Zeigt der Sportler Entschlossenheit und geht dabei ein kalkulierbares Risiko ein, den direkten Gegner vor ihm noch anzugreifen, oder den Gegner von hinten abzuwehren?
- ➪ Kann der Sportler selbst noch agieren oder wird er von seinem direkten Gegner zum Reagieren gezwungen?

Abb. 19: Anhaltspunkte für Beobachtungen im Zweikampf.

Da die Rückmeldungen und Coachingleistungen von Lehrern und Trainern oftmals auch auf Vergleiche zu Mitschülern und Kampfpartnern aufbauen, ist es wichtig, deren Leistungen auch realistisch einzuschätzen und zu würdigen.

Da im Kämpfen die eigene Leistung immer nur in Relation zu der eines Gegners verstanden werden kann, sollte der Respekt vor dem Können der Kampfpartner für jeden einzelnen Schüler und Kämpfer eine Selbstverständlichkeit sein.

Abb. 20: Zur Selbstverständlichkeit des gegenseitigen Respekts.

3. Einschlägige Lernmöglichkeiten

Die Einschlägigkeit der Lernmöglichkeiten ergibt sich aus den charakteristischen Anforderungen, die das Kämpfen bzw. das Wett- und Zweikämpfen an die Kämpfer stellt. Die körperliche, zuweilen handgreiflich und geschickt geführte Auseinandersetzung mit einem Gegner erfordert immer das spürbare und unmittelbare Einbringen körperlicher Kompetenzen. Kämpfer bekommen den Status quo ihrer Fitness, Geschicklichkeit und Schlagfertigkeit immer sofort und unmittelbar zurück gemeldet. D. h. wenn ich am heutigen Kampftag langsamer als sonst bin, kann ich dem Gegner nicht ausweichen und er bekommt mich zu fassen. Wenn ich ängstlich bin, folgt daraus eine zurückhaltende, zögerliche und vielleicht auch defensive Taktik, wohingegen überschäumender Mut unter Umständen in einen draufgängerischen, riskanten Kampfstil mündet. Ich muss als Kämpfer andererseits aber auch immer wieder aufs Neue herausfinden, wer denn heute mein Gegner ist, denn auch er geht immer wieder auf neue Weise in den nächsten

Kampf hinein. Ich stelle mich als Kämpfer also immer mindestens in doppelter Hinsicht auf die Probe: Einerseits gegen mich selbst, wenn ich sensibel und selbstreflexiv herausfinde, wie ich in der jeweiligen Situation drauf bin und wie ich mit der Situation und den Aktionen des Gegners umgehen kann. Andererseits aber auch immer wieder im Hinblick auf die Stärke und Geschicklichkeit, die mein Kampfpartner in den gemeinsamen Kampf mit einbringt. Das Kämpfen ist so gesehen ein hoch komplexer dialogischer Prozess, in dem die Kämpfer überaus situativ und zugleich auch höchst sensibel und reflexiv handeln müssen. Genau diese schwierigen Voraussetzungen machen das Kämpfen aus pädagogischer Sicht interessant, denn offensichtlich bieten sich im Kämpfen viele spannende Lerngelegenheiten.

Im Kämpfen werden Rückmeldungen ganz unmittelbar gegeben und wahrgenommen.

Die Lernenden finden deshalb den Zusammenhang zwischen dem, was sie gerade tun, und dem, was sie dadurch bewirken, überaus prägnant heraus.

Abb. 21: Zur Unmittelbarkeit der Rückmeldungen im Kämpfen.

Bewegungsproblem: Die Widerständigkeit des Gegenüber einschätzen lernen

Die nur schwer zu kalkulierende Widerständigkeit des Kampfpartners macht das zentrale Bewegungsproblem des Kämpfens aus und unterscheidet das Kämpfen von allen anderen Sportarten und Tätigkeiten. Auch von denen, in denen man sein Gleichgewicht ebenfalls immer wieder auf die Probe stellen und riskieren muss. Schließlich weiß man ja nie so genau, wann der Kampfpartner Spannung aufbaut, hält oder ganz schnell wieder löst. Man kann auch niemals zu 100 Prozent abschätzen, wie wendig und situativ-variabel er auf die eigenen Aktionen reagiert, ob und wie es ihm gelingt, Taktiken und Finten als solche auszumachen und für die Vorbereitung eigener Aktionen zu nutzen.

Wichtig ist, den eigenen sicheren Stand, den festen Halt auf dem Boden gegenüber dem Gegner zu verteidigen. Hierin liegt das situative Gleichgewicht, das man allerdings im Moment des Angreifens aufs Spiel setzen und mindestens kurzzeitig aufgeben muss. Wenn es dem Angreifer dabei gelingt, den Gegner um zu schubsen, ihn zu Boden zu bringen, dann hat sich das Eingehen dieses Wagnisses für ihn gelohnt. Genau an dieser Stelle liegt auch das Spannende des Kämpfens begründet. Da man die Widerständigkeit des Gegenübers nicht exakt einzuschätzen weiß, sein eigenes Handeln aber genau darauf hin abstimmen muss, bleiben alle Aktionen immer auch ein stückweit im Ungewissen. Im Kämpfen kann man sich also nicht auf die Auseinandersetzung mit dem eigenen Gleichgewicht beschränken. Nein, die Anforderungsstruktur verlangt diese „Ichhaftigkeit“ zu überwinden, denn man muss sich auf die Gestaltung des gegnerischen Gleichgewichts einstellen, was als Widerständigkeit erlebt wird und – wegen der entsprechenden Unwägbarkeiten – für Spannung garantieren kann. Hinter dieser charakteristischen Anforderung verbirgt sich ein besonderer Wert, dessen einschlägige Qualitäten in allen Kampfformen und -variationen herausgefunden werden müssen.

Überprüfen Sie mit Ihren Schülern die Gültigkeit des hier bestimmten Bewegungslernproblems!

Trifft es pauschal für alle Kampfspiele zu? Oder lassen sich Besonderheiten finden?

Überprüfen Sie die gefundenen Präzisierungen und Revisionen in der handelnden Auseinandersetzung.

Abb. 22: Bewegungslernprobleme herausfinden und handelnd überprüfen.

Zum Umgang mit eigenen Grenzen

Kämpfer müssen sich situationsangemessen und zumeist schnell orientieren, sie müssen sich rasch auf den Gegner einstellen und im Zuge des komplexen Kampfgeschehens Reaktion und Aktion vorbringen, für die sie ganz allein die Verantwortung tragen. In der Auseinandersetzung ergeben sich dann für den Kämpfer immer wieder Gelegenheiten, die eigenen Grenzen neu zu finden und sie auch verantwortungsvoll zu überwinden. Besonders der Aspekt der zielgerichteten und verantwortungsbewussten Überwindung der eigenen Grenzen ist ein wichtiger Faktor der Persönlichkeitsentwicklung und Identitätsbildung. Die Kämpfer stellen sich im Zweikampf den jeweiligen Herausforderungen und „...erleben dabei die eigene und gegnerische körperliche Kraft und Geschicklichkeit" (Sinning, 2001, 103). Darüber hinaus lernen sie, wie wichtig es ist, realistische Leistungseinschätzungen und daraus abgeleitete Handlungsentscheidungen zu treffen. Durch die Entfaltung und Differenzierung vielfältiger Sinneswahrnehmung sammeln sie außerdem wichtige Bewegungs- und Körpererfahrungen (vgl. Sinning, 2001, 103). Sie gewinnen somit Vertrauen zum eigenen Körper und zu ihren Fähigkeiten, das Selbstbewusstsein wird ausgebildet und das Selbstwertgefühl gestärkt. „Die zu erzielende Bewußtseins- und Willensentkrampfung, die Fähigkeit zur Entspannung sowie ein neues Verhältnis zum eigenen Körper und zu anderen Menschen – z. B. über ein gestärktes Selbstwertgefühl – können ein Stück Wohlbefinden und Zufriedenheit schaffen." (Janalik 1997, 62).

Perspektive: Eigenverantwortete Risikobereitschaft zeigen können

Dass Kinder ihre Grenzen entdecken und überwinden wollen, liegt in dem für sie individuell angelegten Entwicklungsgedanken begründet. Außerdem haben Kinder eine grundlegende Affinität zu Herausforderungen und anregenden Situationen (vgl. Schleske 1977). Oftmals suchen sie deshalb auch bewusst den Körperkontakt, wollen Raufen und Balgen. Dadurch können sie einerseits ihre Kräfte messen und andererseits die Spannung erleben, wenn sie an ihre Grenzen stoßen. Sie nehmen die Herausforderungen mit einer natürlichen Lust an, finden dabei die eigenen Grenzen, lernen sie kennen sowie einschätzen und wachsen über sie hinaus. „Sie wollen etwas wagen und riskieren, sie wollen etwas aufs Spiel setzen, alles dransetzen, etwas versuchen und schließlich ihre Grenzen ausloten" (Sinning, 2001, 107). Dieses Wagnis ist immer individuell und für die kindliche Entfaltung von großer Bedeutung. Damit dies zielgerichtet und im Sinne einer eigenverantwortlichen Risikobereitschaft stattfinden kann, sollte der Lehrer bei der Auswahl und Inszenierung der Lern- und Leistungssituationen darauf achten, dass sie zum Engagement der Kinder passen und von ihnen als sinnvolle Herausforderungen wahrgenommen werden. Wenn dies gelingt, lernen die Kinder mit ihrer Risikobereitschaft umzugehen. Das trägt dazu bei, die Attraktivität des Unterrichts zu erhöhen, wovon wiederum zusätzliche Einflüsse auf den Lernerfolg zu erwarten sind, die zur weiteren Persönlichkeitsentwicklung und zu weiteren Lernzuwächsen führen können.

Im Kampfunterricht muss eine Atmosphäre hergestellt werden, in der sich jeder zutrauen kann, etwas zu wagen und aufs Spiel zu setzen, ohne dabei Gefahr zu laufen, bloß gestellt zu werden.

Abb. 23: Herstellen einer Wagnis-Atmosphäre.

„Urwüchsige Lust"

Beobachtet man Kinder beim Balgen und Kämpfen, so fällt in vielen Fällen auf, dass sie ausgesprochen viel Freude an der handelnden Auseinandersetzung haben. Sie suchen den Körperkontakt und wollen ihre Kräfte und ihr Können mit anderen Kindern messen. Dabei können sie in der Regel gut einschätzen, welche Kinder sich auf einem ähnlichen Leistungsniveau befinden, so dass ein Sieg große Freude auslösen und eine Niederlage kurzfristig frustrierend sein kann, aber trotzdem noch genügend Raum lässt, um gleich im Anschluss an den verlorenen Kampf noch eine Revanche einzufordern. Die direkten Rückmeldungen aus dem Kampf geben ihnen sofort Hinweise auf mögliche taktische Veränderungen, so dass sie selbst nach einer Niederlage die Lust verspüren können, erneut einen Kampf zu wagen. Die für diese Lust verantwortlichen Rückmeldungen lassen sich auch in konkrete Fragen übersetzen, die der Kämpfer an seinen nächsten Kampf stellen kann. Z. B.: Wie lange kann ich mein eigenes Gleichgewicht halten und in welchen Positionen fühle ich mich sicher? Wie kann ich meinen Gegner in eine Lage versetzen, die ihn schnell zum Kippen bringt oder welche Kraft bzw. welchen Schwung muss ich einsetzen, um den Gegner zu Sturz zu bringen? Schließlich besteht die Dramatik eines jeden Kampfes auch noch darin, ob er im Rahmen eines Spiels bleibt oder doch zu dem einleitend geschilderten „aggressiven Ernst" wird. Bei vielen Kindern ist in jedem Fall so etwas wie eine „urwüchsige Lust" des Raufens (vgl. Gerr 1980, 158) zu erkennen sowie das Bedürfnis vorhanden, sich in Grenzsituationen begeben und diese meistern zu wollen.

Wenn man sich in Grenzbereichen bewegen und ausprobieren will, würden strenge Reglementierungen und Vorschriften einschränken und blockieren.

Deshalb kann auch im Kampfunterricht nicht alles vorgeschrieben und kontrolliert werden.

Die notwendigen offenen Momente dieses Kämpfens müssen aber zeitlich (Kampfzeit) und räumlich (Kampffläche) begrenzt werden, damit sich diejenigen, die sich überfordert fühlen, unmissverständlich zurückziehen können.

Abb. 24: In der Offenheit des Kämpfens müssen auch Rückzugmöglichkeiten gegeben sein.

Kämpfen als Wagnis

Das menschliche Bedürfnis nach Wagnissituationen erinnert an die bereits von Schleske (1977 und 1998) beschriebene grundlegende Affinität zu Herausforderungen und anregenden Situationen, die man vor allem bei Kindern als durchgängiges Bewegungsmotiv erkennen kann (vgl. u. a. Lange 2002). Das bewegungsbezogene Wagen ist immer individuell und aufgrund des immanenten Prozesscharakters auch für die weitere Entwicklung der Kinder von großer Bedeutung. Man könnte dieses Wagnis vielleicht sogar als Indikator für die menschliche Freiheit und Offenheit und damit auch als grundsätzliche Bedingung für die (kindliche) Entfaltung verstehen. Das menschliche Leben würde somit als ein gewagtes Leben verstanden werden; oder wie Heidegger es ausgedrückt hat, „Das Sein ist das Wagnis schlechthin" (Heidegger 1986, 257). Kinder gehen nicht nur im Kämpfen, sondern fast überall im Sport und auch in vielen alltäglichen Situationen Wagnisse ein und sie spielen dabei mit den eigenen Grenzen. In dieser Auseinandersetzung finden sie manchmal Vertrauen zu den eigenen Kompetenzen und können danach immer wieder neue Herausforderungen, die von ganz anderen Qualitäten bestimmt werden, suchen.

Für den Sportunterricht lässt sich vor diesem Hintergrund die Forderung ableiten, dass den Kindern dort Möglichkeiten geboten werden sollen, sich solchen Wagnissen und Grenzsituationen individuell zu stellen. Das Kämpfen bietet aufgrund seiner Aufgabenstruktur ausgezeichnete Gelegenheiten, dies in der Praxis zu realisieren. Dabei muss das Augenmerk nicht gleich auf die klassischen Zweikämpfe gerichtet sein, wie wir sie vom Ringen, Judo oder Karate her kennen. Nein, es können auch verschiedene Partner- und Gruppenspiele arrangiert werden, bei denen um etwas gekämpft wird (z. B. um einen Ball oder um ein Parteiband). Des Weiteren bieten zahlreiche der so genannten „Kleinen Spiele" vergleichbare Gelegenheiten, in denen die Kinder allein oder mit einem Partner, z. B. um das Gleichgewicht, kämpfen.

Identitätsfindung und Körpererfahrung

Kämpfen bietet des Weiteren auch Anlässe zur Identitätsfindung und Körpererfahrung. Beispielsweise stellen sich die Kinder im Kampf der Herausforderung, mit ihrem Gleichgewicht und dem des Gegners zu spielen. Dabei erleben sie die eigene körperliche Kraft und Geschicklichkeit sowie die des Gegners „hautnah". Sie sammeln in dieser unmittelbaren leiblichen Auseinandersetzung Erfahrungen über ihre eigene Stabilität und lernen dadurch einen optimalen Standpunkt zu finden. Auf diese Weise können sie Vertrauen zu ihrem Körper und ihren Stärken entwickeln. Dieses Vertrauen kann sich – vor allem nach verarbeiteten Erfolgs- und/oder Misserfolgserlebnissen – auf die positive Entwicklung des Selbstgefühls der Kinder auswirken.

Da sich beim Kämpfen fortwährend neue Problemsituationen ergeben, sind die Kämpfer zusätzlich gezwungen, schnelle und vor allem situations- sowie zielgerichtete Entscheidungen zu treffen und diese sofort in die Tat umzusetzen. Die Rückmeldungen erfolgen dann zumeist direkt und führen dazu, dass die Kinder sich mit den Folgen ihrer eigenen Entscheidungen auseinandersetzen und identifizieren müssen. Dadurch bieten sich Gelegenheiten, mit Sieg und Niederlage umzugehen und den vermeintlichen Ursachen für das Gewinnen und Verlieren auf den Grund zu gehen bzw. bei der eigenen Person zu suchen. Sie lernen somit, den jeweiligen Ausgang des Kampfes richtig einzuordnen und Niederlagen zu verkraften, d.h. eigene Schwächen und Stärken anzunehmen und an ihnen zu arbeiten.

Wie setze ich meinen Körper ein?

Welche Stärken besitze ich?

Wie drücke ich im Kämpfen Selbstvertrauen und Sicherheit aus? Wie Unsicherheit und Angst?

Abb. 25: Identitätsfindung.

Kontaktaufnahme und Kommunikationsanlass

Da man zum Kämpfen immer einen Partner braucht, stellt es auch soziale und zwischenmenschliche Anforderungen. Die unterschiedlichen Kampfspiele ermöglichen beispielsweise ein aktives, offenes Aufeinanderzugehen, was zur Verringerung von Kontaktschwierigkeiten und Distanzproblemen führen kann (vgl. Valkanover 1999, 18). Mut und Eigeninitiative werden gefordert, gleichzeitig weiter ausgebildet und in die Stärkung der Willenskraft überführt. Wie in anderen Wagnissituationen auch, müssen die Kinder in jedem Kampf den richtigen Einsatz ihrer Kräfte im Spannungsfeld zwischen Mut und Übermut abwägen. Erst über den Kontakt mit dem Gegner können Informationen über dessen Stärken eingeholt werden, die dann in die kommenden Handlungsstrategien einfließen. Fragen wie:

- Welchen Widerstand kann mein Gegner aufbauen?
- Hat mein Gegner ein ausgeprägtes Gleichgewichtsgefühl?
- Setzt mein Gegner eher seine Kraft oder Geschicklichkeit ein?
- Soll ich selbst die Initiative ergreifen oder die Aktionen des Gegners abwarten, um darauf zielgerichtet reagieren zu können?
- ...

können erst dann eine differenzierte Beantwortung finden, nachdem eine Kontaktaufnahme stattgefunden hat (vgl. Anders & Beudels 2003, 7).

Vor, zwischen sowie nach dem Kämpfen bieten sich immer wieder Gesprächsanlässe, so dass im Kämpfen auch eine kommunikationsstiftende Funktion vermutet werden kann. Diese Gespräche finden auf ganz unterschiedlichen Ebenen statt. Falls noch keine festen Regeln bestehen, werden vor dem Kampf entsprechende Absprachen getroffen. Zwischen den einzelnen Kämpfen schlagen die Emotionen der Kinder mitunter so hoch, dass man meinen könnte, die Gewinner wollten ihren Sieg auch sprachlich noch einmal ausschöpfen. Die Verlierer suchen oftmals gleich nach entsprechenden Ausreden und wollen im nächsten Versuch ihre Niederlage wieder gut machen. Diesen Zeitpunkt sollte der Lehrende nutzen und gezielte Gespräche initiieren. Dabei sollten Fragen gestellt werden, die eine Kommunikation über Schwächen, Kompetenzen, Techniken und Taktiken anregen und damit den Verlauf des nächsten Kampfes beeinflussen können:

- Welche Position sollte man einnehmen, um die Standsicherheit zu vergrößern?
- Wo fasse ich den Gegner an, um bessere Hebelwirkungen zu nutzen?
- Welche grundsätzlichen Körperkontakte sind einzugehen, wenn ich meinem Partner den Medizinball aus den Armen entreißen will?
- ...

Schließlich lassen sich auch nach einer Kampfserie Gespräche zu bestimmten Themen initiieren. Dadurch sollen die Heranwachsenden lernen, nicht immer nur allein nach Handlungslösungen und -alternativen zu suchen, sondern miteinander Strategien zur Problemlösung zu entwickeln und gerechte Regeln zu finden.

Dieses besondere „Aufeinanderzugehen" wird unter anderem im Capoeira zum Thema gemacht.

In dieser Kombination aus Tanzen und Kämpfen bieten sich interessante Möglichkeiten zur Vertiefung dieser Thematik.

Literaturtipp: Da Silveira Macedo/Nierhoff (2003)

Abb. 26: Aufeinanderzugehen und Capoeira.

Gewaltprävention

Gerade wenn man meint, dass die soziale Entwicklung in unserer Gesellschaft dahingehend tendiert, dass immer mehr jüngere Kinder zu größerer Gewaltbereitschaft neigen, ist es sinnvoll, den Kindern frühzeitig Anlässe zu bieten, in denen sie ihre Kräfte ausleben bzw. im Rahmen der sportiven Regelauslegung kanalisieren können. Es reicht demnach nicht aus, nur die Hemmschwellen zur Gewalt zu erhöhen, d.h. stärkere Reglementierung und härtere Bestrafungen durchzusetzen, sondern die Aggressionen sollten ganz gezielt in einen sportlichen Wettkampf umgeleitet werden (vgl. Miethling 1996, 23). Dadurch können die Heranwachsenden lernen, ihre Standpunkte sowohl in sprachliche Argumentationslinien als auch in sportliche Handlungen zu übersetzen, die zwar schlagkräftig, aber weder physisch noch psychisch verletzend sind. Miethling 2002 skizziert insgesamt neun Leitsätze zur Kultivierung von Aggressionen im Schulsport. Dabei kristallisieren sich als wichtige Ansatzpunkte zur Gewaltprävention einerseits die Kommunikation und andererseits eine Schulung des Körperbewusstseins heraus. Diese Schulung soll bewirken, dass den Kindern bewusst wird, dass der Körper „nicht nur Handlungszentrum und als solcher Instrument der Weltaneignung [...]", sondern dass er auch ein erleidender, äußerst verletzlicher Körper ist. (vgl. Schmidt-Millard, 1996, 18). Es gibt aber auch kritische Stimmen, die sich dahingehend äußern, dass eine Gewaltprävention nicht als elementare Aufgabe der Sporterziehung anzusehen ist, sondern vielmehr die Handlungsfähigkeit im Sport das erklärte pädagogische Ziel sein sollte oder dass die Gewaltprävention unter der Thematik „soziales Lernen" eingeordnet und diskutiert werden muss (vgl. Herzog, 1994; Schmidt-Millard, 1996). Wir sehen den Zugang zur Gewaltprävention in einer bewegungspädagogischen Perspektive begründet und machen deshalb die entsprechenden pädagogischen Möglichkeiten an den charakteristischen motorischen und sozialen Anforderungen, die das Kämpfen stellt, fest.

„Gewaltprävention durch Kämpfen": Hohe Erwartungen an eine schwache Begriffskonstruktion!

Nicht das Kämpfen an sich, sondern die Art und Weise seiner Inszenierung kann einen Beitrag zur Gewaltprävention leisten!

Abb. 27: These zur Gewaltprävention des Kämpfens.

Praxis

Die pädagogischen Hintergründe, wie wir sie im Theoriekapitel aufgearbeitet haben, lassen sich selbstverständlich nicht in einem simplen „1 zu 1-Verfahren" in die Praxis des Sportunterrichts oder Vereinstrainings übersetzen. Sie bieten aber handhabbare Orientierungen, die dabei behilflich sein können, im Sport- bzw. Kampfunterricht Erziehungs- und Bildungsprozesse auf den Weg zu bringen. Dabei gehen wir davon aus, dass die zentrale didaktische Aufgabe für den Lehrer darin besteht, den Zusammenhang zwischen den Anforderungen, die das Kämpfen an die Schüler stellt, und den hieraus abzuleitenden Konsequenzen für die Inszenierung der Unterrichtssequenzen thematisch werden zu lassen (vgl. Abb. 28).

Das Kämpfen stellt einschlägige Anforderungen an die Kinder, die sich mitunter von den Herausforderungen und Beanspruchungen, die andere Inhalte bzw. Sportarten und Bewegungsfelder an die Teilnehmer stellen, unterscheiden. Kämpfer müssen lernen herauszufinden, wann sie der Kraft ihrer Kampfpartner standhalten sollten und in welchen Situationen es geboten scheint, auszuweichen. Kämpfen bedeutet in motorischer Hinsicht immer ein Drücken und gleichzeitiges Gegenhalten. Kämpfer wissen niemals zu 100 Prozent, ob sie während des Angriffs einer Finte ihres Gegners folgen oder ob sie tatsächlich im Vorteil sind. Sie wissen auch nicht, ob und wann der Gegner auf ihre Angriffsaktion reagieren wird und wann sie deshalb in die Defensive geraten und dem Griff des anderen ausgeliefert sind. Offensive und Defensive wechseln im Kämpfen in der Regel ganz schnell ab, weshalb sich die Kämpfer sensibel, ernsthaft und hoch konzentriert auf die Kämpfe einlassen müssen. Hierzu bedarf es unter anderem eines klar abgesteckten, verlässlichen Ordnungsrahmens aus Regeln und Ritualen. Aber auch der Notwendigkeit, sich auf die Eigenarten des Gegners ganz genau einlassen zu wollen. Es gilt den Kampfpartner in seinem Bewegungsverhalten, d.h. in seiner Motorik und Leiblichkeit genau kennen zu lernen, um herauszufinden, wie stark und geschickt er im Kämpfen ist.

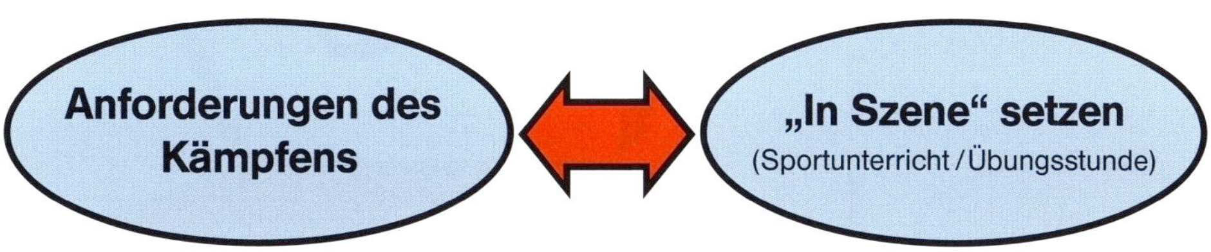

- „Sicher sein" und Bauchkribbeln
- Den Partner respektieren und selbst respektiert werden
- Drücken und Gegenhalten
- Standhalten und Ausweichen
- Fintieren und Reagieren
- Gefangensein und Freisein
- Alles im Griff haben und ausgeliefert sein
- Gewinnen und Verlieren
- Das Ende des Kampfes als solches akzeptieren

- Die Voraussetzungen müssen ausgewogen sein
- Regeln und Rituale pflegen
- Dem Partner niemals wehtun
- Mit dem Partner vertraut werden und ihn anfassen können
- Immer wieder neue Szenen und Situationen bieten
- Den Zufall ins Spiel bringen
- Über Ergebnisse sprechen

Abb. 28: Zusammenhang zwischen den Anforderungen und den Konsequenzen für die Inszenierung.

Für diese pädagogische Aufgabe haben wir einen Fundus von knapp 150 Spielen und Bewegungsaufgaben zusammengestellt, die sich hinsichtlich ihrer Anforderungen und inhaltlichen Struktur vier Kapiteln zuordnen lassen. Da das Kämpfen immer durch den Wechsel aus Anspannung und Entspannung gekennzeichnet ist, werden die beiden zentralen Kapitel mit den Praxisideen zu den Partnerkämpfen und Gruppenkämpfen von einem Kapitel zum Thema „Körperkontaktspiele“ und einem weiteren zum Thema „Partnerentspannung“ eingerahmt. Diese Reihung ist lediglich insofern als „Fahrplan“ für die Unterrichtsplanung zu verstehen, als dass wir empfehlen, Unterrichtseinheiten zum Thema Kämpfen zunächst mit Körperkontaktspielen zu beginnen und mit Entspannungsphasen abzuschließen. Für den Hauptteil der Stunden schlagen wir eine Fülle von Spielen aus unseren Kapiteln B und C vor, in denen Kinder paar- oder gruppenweise mit- und gegeneinander kämpfen lernen. Dieser Vorschlag für die Phasierung von Unterrichtssequenzen zum Thema „Kämpfen“ ist in Abb. 29 noch einmal übersichtlich zusammengefasst.

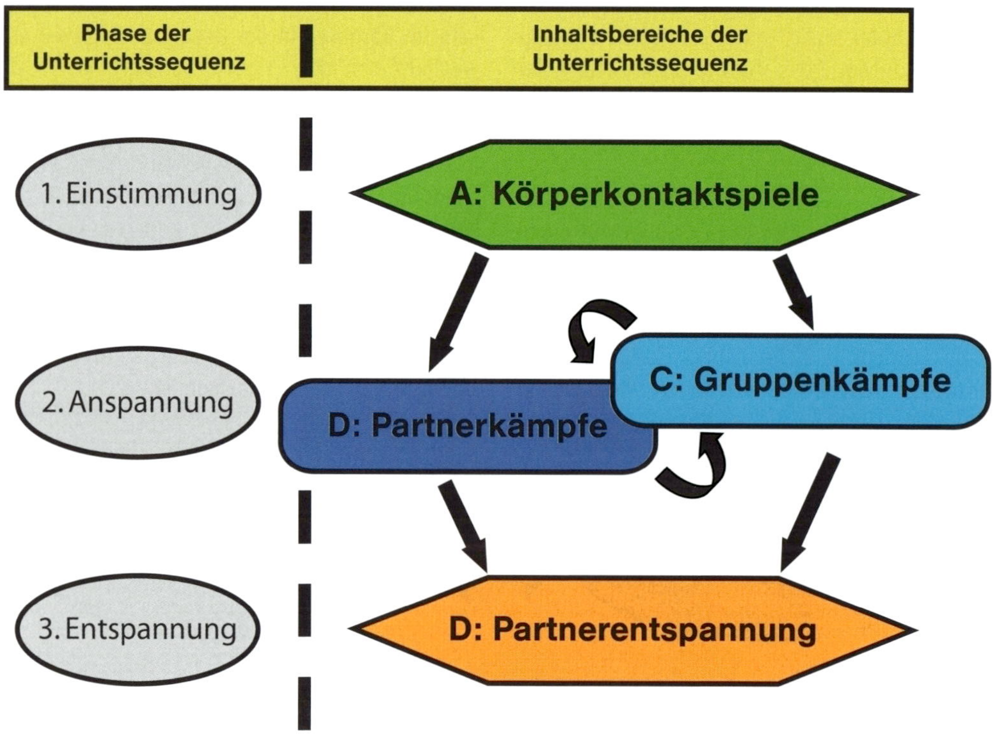

Abb. 29: Phasierung von Unterrichtssequenzen zum Thema „Kämpfen“.

Das Kennenlernen eines Partners geschieht im Kämpfen im wahrsten Sinne des Wortes „hautnah“. Kämpfer müssen sich gegenseitig berühren, anfassen und manchmal sogar einander ganz festhalten, sich voneinander abstoßen oder sich gegenseitig abschütteln. Unter Freunden oder Geschwistern sind solche Berührungen und Körperkontakte in der Regel unproblematisch, weil sie im Zuge vieler Raufereien, Auseinandersetzungen und Handgemenge in zahlreichen Varianten erprobt wurden. Viele Freunde haben sich auch über solche körperlichen Kontakte und Auseinandersetzungen sehr gut kennen gelernt und sehen in der Regel auch kein Problem darin, dass der Andere in bestimmten Situationen einem nahe kommt, „einem auf die Haut rückt“ und in den persönlichen Körperschutzraum eindringt. Im Zuge solcher Raufereien, die sich wegen des engen Körperkontakts tatsächlich auch zu handfesten Reibereien entwickeln können, wird allerdings nicht nur die Nähe des Anderen zugelassen, sondern es werden zugleich auch immer die Grenzen aufgezeigt, die der Andere eben nicht überschreiten darf.

Auch wenn sich Kinder im Sportunterricht bei fast allen Themen immer wieder körperlich nahe kommen, so ist die Situation im Kämpfen dennoch eine ganz besondere. Damit niemand aus der Gruppe in dieser Hinsicht überfordert wird, müssen unmissverständliche Regeln für den Umgang mit Körpernähe aufgestellt werden. Neben dem formalen Festlegen und Aushängen solcher Regeln bietet es sich zusätzlich an, die Körpernähe und -distanz ganz bewusst zum Thema des Unterrichts zu machen. Hierunter ist keinesfalls die Aufforderung zum Anfassen oder Kuscheln zu verstehen, sondern das Schaffen von spielerischen Gelegenheiten, in denen der Körperkontakt unmissverständlich thematisiert wird. Wichtig bei diesen „Körperkontaktspielen“ ist die offene Anlage des Körperkontakts, denn der muss im Zuge der Spieldramatik von jedem Kind und in jeder Situation selbst bestimmt und entweder gesucht oder eben vermieden werden. Auf diese Weise bieten sich zahlreiche Gelegenheiten, die es erlauben, sich mit den Mitschülern immer besser vertraut zu machen und sich gegenseitig die Grenzen des Körperkontakts abzustecken. Diese Grenzen werden im Zuge des Schuljahres selbstverständlich je nach Stimmung und Grat der gegenseitigen Vertrautheit weiter oder enger gesteckt. Der Lehrer sollte die im folgenden Kapitel A vorgeschlagenen Spielideen auch dahingehend nutzen, während des Spielens gezielte Beobachtungen zum Suchen, Zulassen und Vermeiden von Körpernähe der Schüler anzustellen.

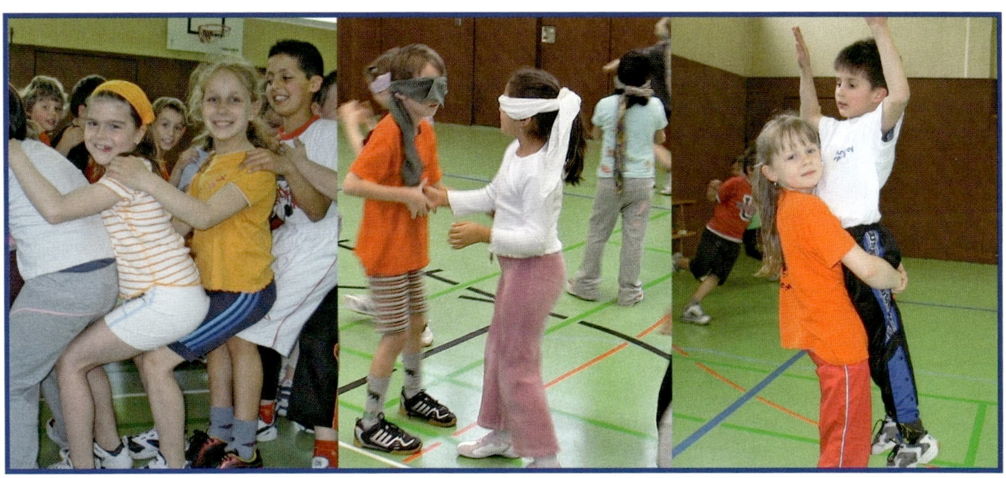

Begrüßungstanz

Aufbau / Organisation:
Die gesamte Halle dient als Tanzraum. Es wird Musik gespielt.

Aufgabe:
Die Kinder tanzen kreuz und quer durch die Halle. Sobald die Musik angehalten wird, begrüßen sie den Tänzer, der ihnen gerade am nächsten steht.
Mit dem Anhalten der Musik nennt der Spielleiter einen Körperteil (z.B. Hand, Po, Ellenbogen, usw.), mit dem sich die beiden Tänzer zur Begrüßung berühren.
Nachdem die Begrüßung erfolgt ist, spielt die Musik weiter.

Variationen / eigene Ideen:
- Je nach Gruppengröße kann das Spielfeld verkleinert werden, z. B. auf die Grenzen des Kampffeldes (Matten).
- Die Kinder können ihre eigene Musik mit in den Sportunterricht bringen.

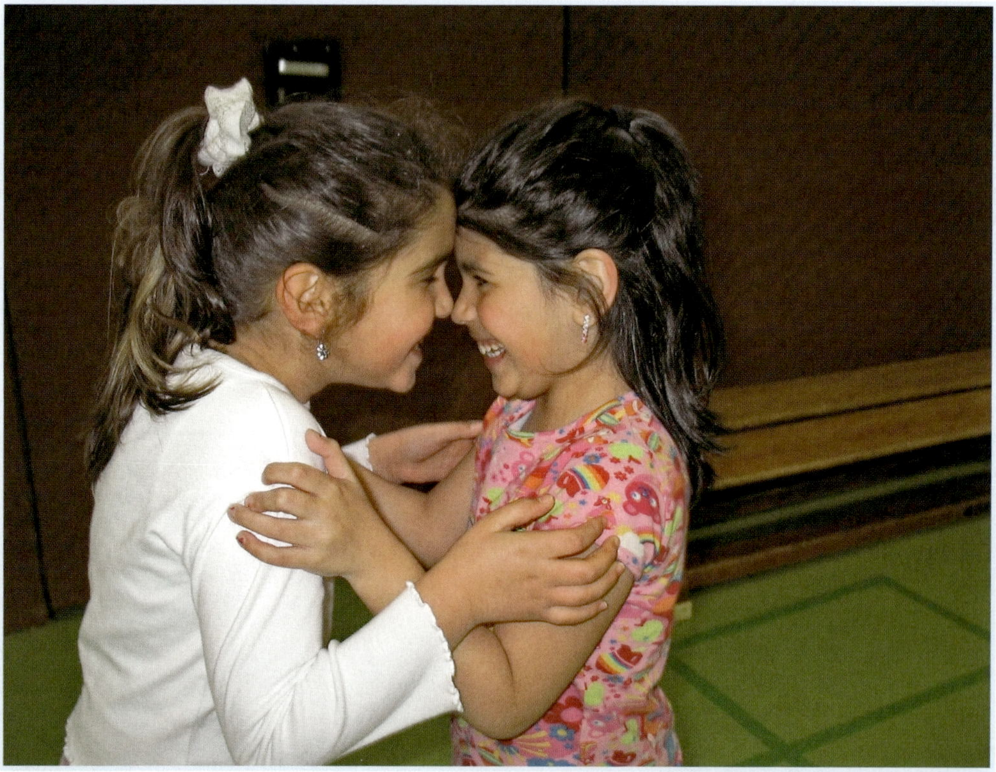

Händeschütteln

Aufbau / Organisation:
Die gesamte Halle dient als Lauf- bzw. Spielfeld. Alle Teilnehmer laufen ohne Vorgaben durcheinander.

Aufgabe:
Die Teilnehmer laufen kreuz und quer über die Matten bzw. durch die Halle und schütteln sich abwechselnd links und rechts unter Nennung ihres Vornamens die Hände.

Variationen / eigene Ideen:
- Je nach Gruppengröße kann das Spielfeld verkleinert werden, z. B. auf die Grenzen des Kampffeldes (Matten).
- Zur Begrüßung kann mit jedem Händeschütteln eine Verbeugung integriert werden.

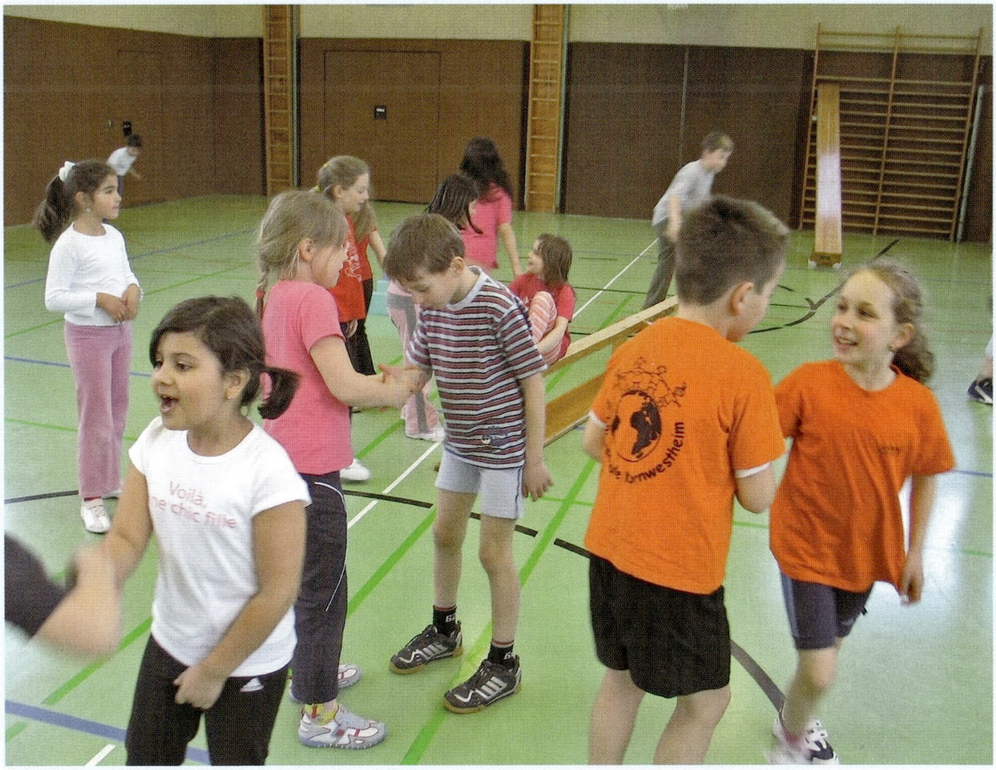

Baumstamm

Aufbau / Organisation:
Es werden Dreiergruppen gebildet, die sich einen freien Platz in der Halle suchen.

Aufgabe:
Ein Kind steht steif wie ein Baum zwischen den beiden anderen Kindern, die sich den „Baum" durch sanftes Anstupsen einander zupendeln. Wichtig bei der Einführung ist ein zunächst ganz sanftes und vorsichtiges Bewegen des „Baumes" mit geringer Amplitude.

Variationen / eigene Ideen:
- Die Amplituden des Baumstammpendelns werden von den Teilnehmern situativ verändert (zu Beginn langsam vergrößert und später variiert). Wichtig dabei ist, dass sich der „Baumstamm" sicher fühlen kann.
- Die Gruppen können vergrößert werden, so dass sich mehrere Kinder einen Baumstamm zupendeln.
- Wer kann im Laufe der Übung die Augen schließen?

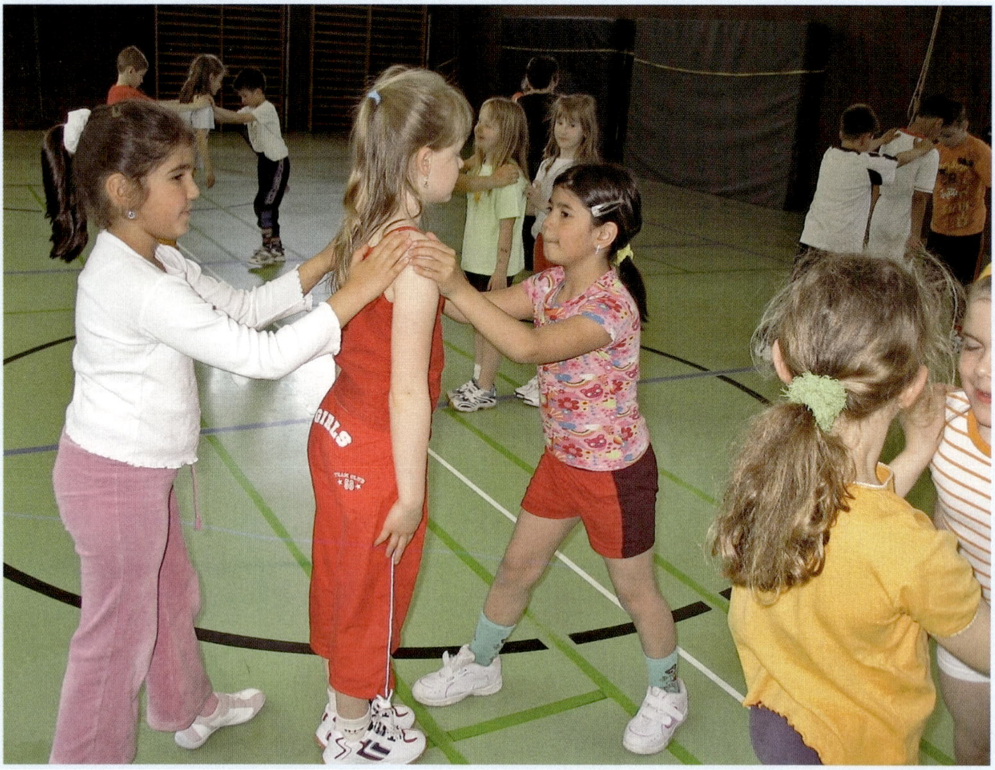

Sitzkreis

Aufbau / Organisation:
Alle Kinder spielen gemeinsam und legen in der Hallenmitte eine Mattenfläche aus.

Aufgabe:
Alle Kinder stellen sich hintereinander in einem Kreis auf und legen die Hände auf die Schultern des Vordermannes. Dann werden 2 bis 3 kleine Schritte in Richtung Kreismitte gemacht, so dass alle ganz eng zusammen stehen. Auf ein Zeichen hin setzen sich alle auf die Oberschenkel des Hintermanns und die gesamte Gruppe versucht, diese Stellung so lange wie möglich zu halten.

Variationen / eigene Ideen:
- Zwei Gruppen treten gegeneinander an. Wer hält am längsten den Sitzkreis?
- Es wird Musik gespielt und bei Musikstopp ruft der Spielleiter eine Zahl, die größer als 4 ist. Die entsprechende Anzahl von Kindern findet sich und versucht, einen Sitzkreis zu bilden. Setzt die Musik wieder ein, dann lösen sie ihren Sitzkreis auf und laufen weiter.
- Kann die Gruppe auf Kommando der Lehrkraft vorwärts gehen?

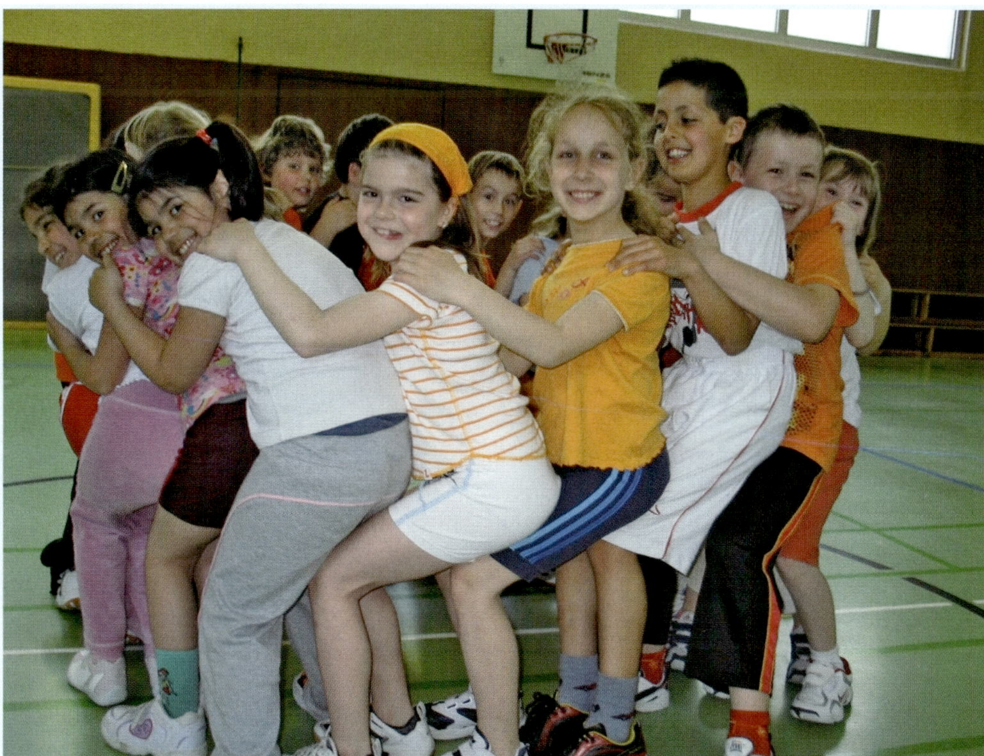

Amöbenspiel

Aufbau / Organisation:
Es werden mehrere Kleingruppen gebildet (6 bis 10 Kinder). Die Gruppen stellen sich in verschiedenen Ecken der Halle auf.

Aufgabe:
Einige Kinder der jeweiligen Gruppen bilden einen Außenstirnkreis, die Arme werden eingehakt. Weitere Kinder der Gruppe befinden sich innerhalb des Kreises. Wichtig ist, dass alle Kinder dicht gedrängt stehen und so eine „Amöbe" bilden. Die „Amöbe" versucht nun, sich möglichst schnell in der Halle fortzubewegen, ohne auseinander zu brechen.

Variationen / eigene Ideen:
- Die Amöben müssen über einen Parcours laufen.
- Die Amöben versuchen, eine andere „Amöbe" zu fangen.

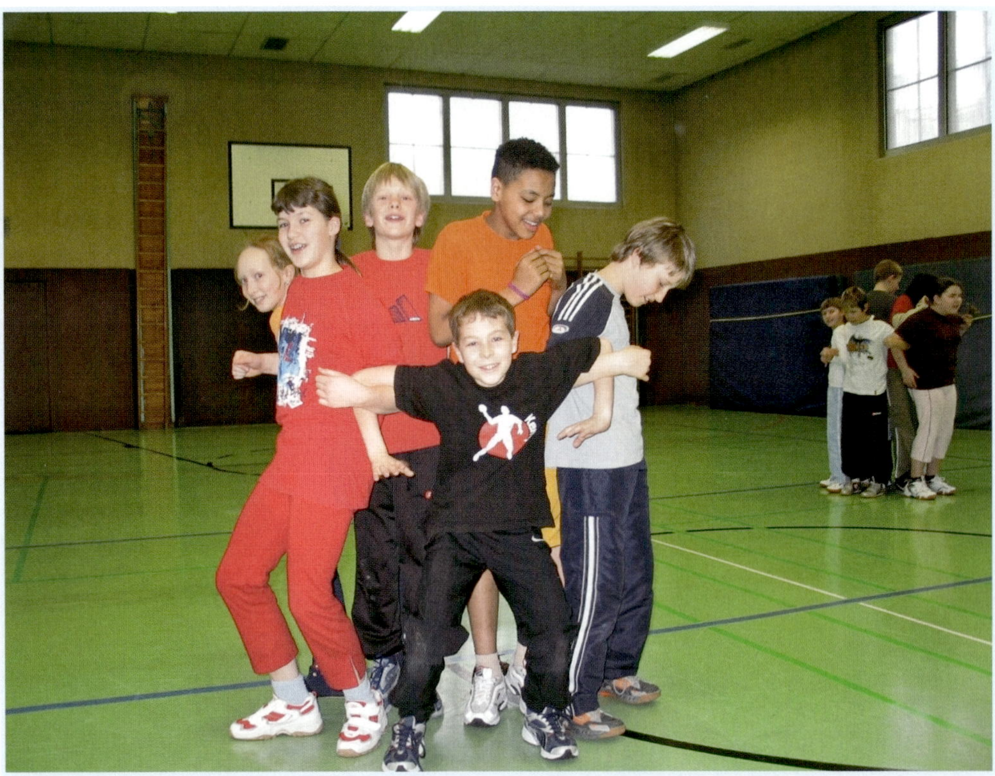

Vampirtanz

Aufbau / Organisation:
Als Spielfeld dient ein durch flach auf den Boden gelegte Turnmatten abgegrenzter Teil der Halle. Alle Kinder bekommen die Augen verbunden. Im Hintergrund spielt gruselige Musik.

Aufgabe:
Der Lehrer bestimmt heimlich einen Vampir. Alle anderen Kinder tanzen blind durch die Halle. Wenn sich zwei Tänzer/Innen begegnen, geben sie sich die Hand.
Ist eines der beiden Kinder aber der Vampir, dann stößt er nach dem Händedruck einen wilden Schrei aus und verwandelt damit das andere Kind ebenfalls in einen Vampir.
Im Laufe des Spiels wird also die Anzahl der Vampire immer größer. Wenn allerdings zwei Vampire aufeinander treffen, sind sie wieder erlöst und wechseln in die Rolle der Tänzer zurück.

Variationen / eigene Ideen:

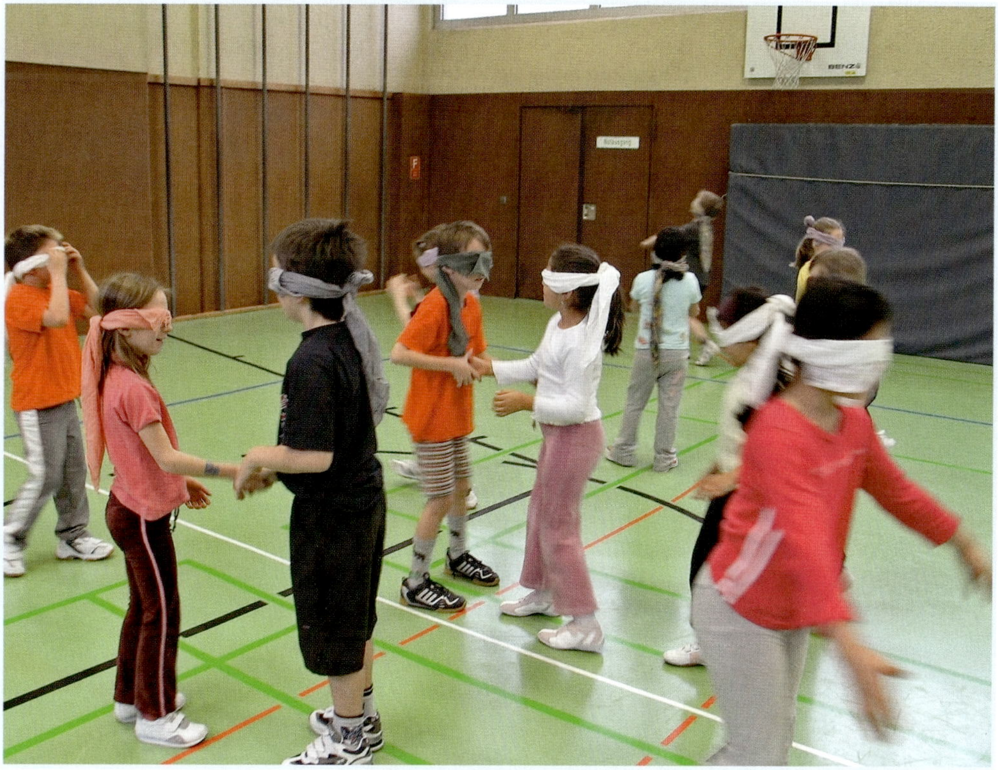

Gordischer Knoten

Aufbau / Organisation:
Als Spielfeld dient ein durch flach auf den Boden gelegte Turnmatten abgegrenzter Teil der Halle. Alle Kinder schließen die Augen.

Aufgabe:
Das Spiel besteht aus zwei Phasen: In der ersten Phase stellen sich alle Kinder im Kreis auf, strecken die Arme nach vorn aus, schließen die Augen und gehen langsam zur Kreismitte. Dort angekommen versucht jedes Kind zwei Hände von unterschiedlichen Mitspielern zu greifen.

Wenn es jedem gelungen ist zwei Hände der Mitspieler zu greifen, beginnt die zweite Phase: Die Augen werden geöffnet, und es wird versucht, den so entstandenen Knoten zu entwirren. Dabei dürfen die Hände niemals losgelassen werden.

Variationen / eigene Ideen:

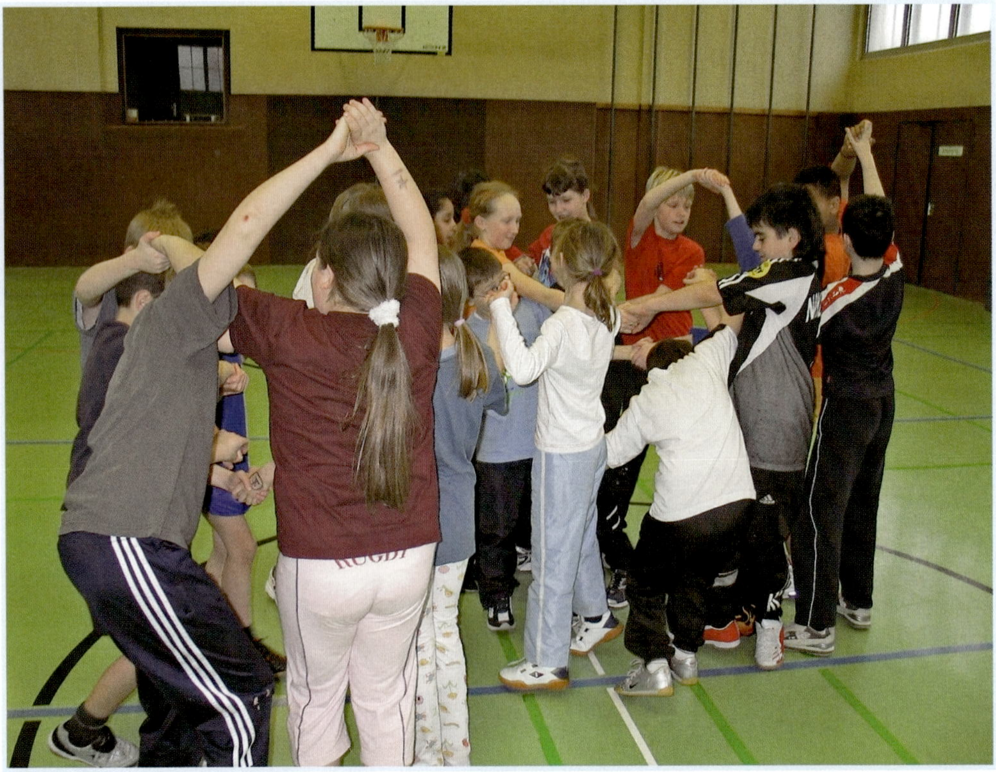

Blindenschlange

Aufbau / Organisation:
Mehrere Kinder stellen sich hintereinander auf und fassen sich an die Schultern. Hierdurch entsteht eine Schlange.

Aufgabe:
Das vorn stehende Kind ist der Schlangenkopf. Alle anderen schließen die Augen, um dann vom Schlangenkopf über einen Parcours geführt zu werden.

Variationen / eigene Ideen:

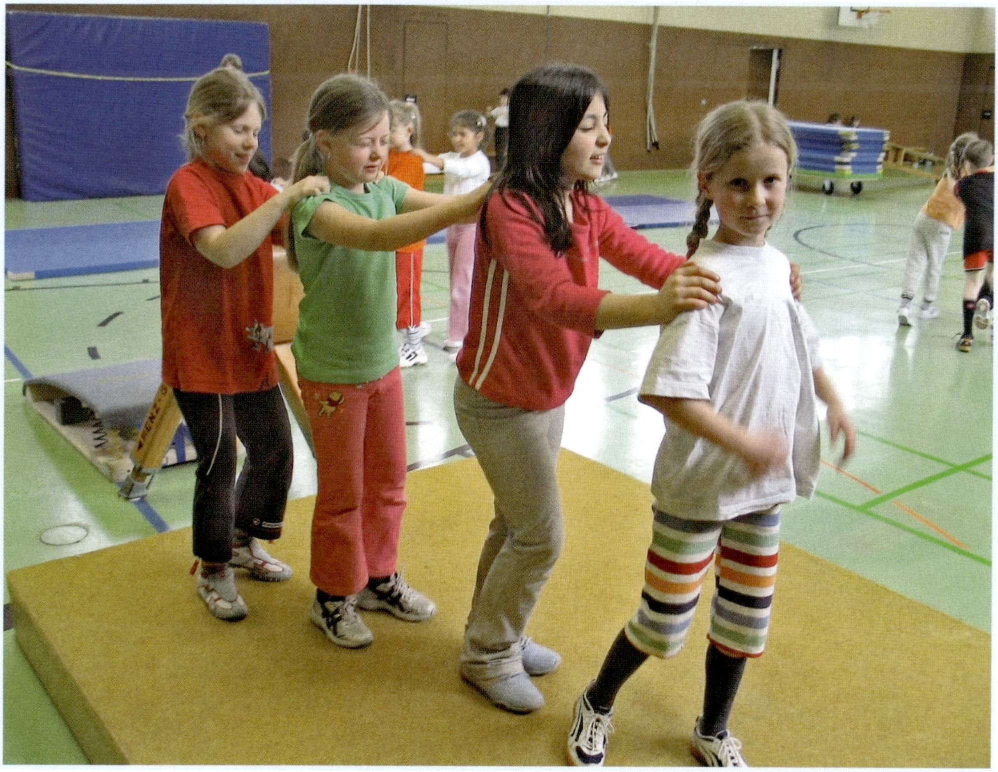

Orgelpfeifen

Aufbau / Organisation:
Als Spielfeld dient ein durch Matten markierter Raum in der Turnhalle. Den Kindern werden die Augen verbunden.

Aufgabe:
Die Kinder dieser Gruppe sollen versuchen, sich der Größe nach aufzustellen. Nach der erfolgreichen Bewältigung der Aufgabe dürfen sie die Augen öffnen.

Variationen / eigene Ideen:
- Anfangs kann es leichter fallen, wenn mehrere Gruppen mit weniger Teilnehmern (6 bis 8) gebildet werden.

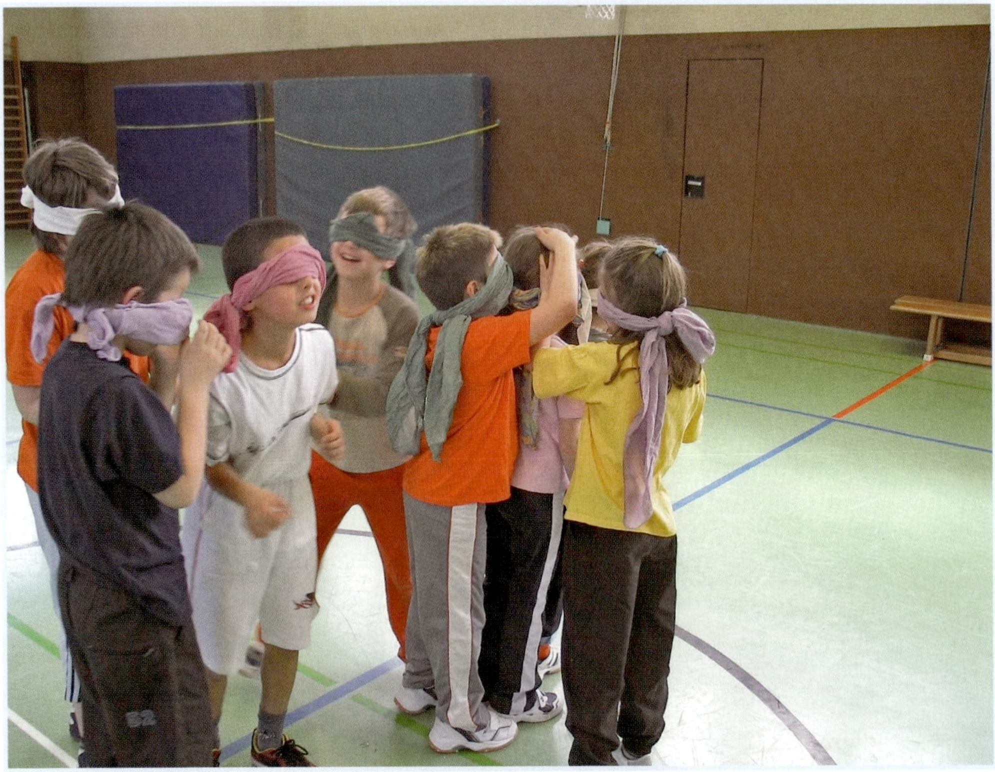

Gruppenaufstand

Aufbau / Organisation:
Es werden Kleingruppen gebildet (3 Kinder), die sich mit einer Turnmatte einen kleinen Platz in der Halle sichern.

Aufgabe:
Die drei Kinder stellen sich Rücken an Rücken auf und haken ihre Arme ein. Nun sollen sie versuchen, sich gemeinsam hinzuhocken und wieder aufstehen. Sie dürfen sich dabei nicht loslassen.

Variationen / eigene Ideen:
- Die Größe der Gruppe kann verändert werden (z. B. 2 bis 6 Kinder).
- Die Arme können auch vor dem Körper verschränkt werden. Nun muss versucht werden, das gemeinsame Hinsetzen und Aufstehen ohne Armeinsatz hinzubekommen.

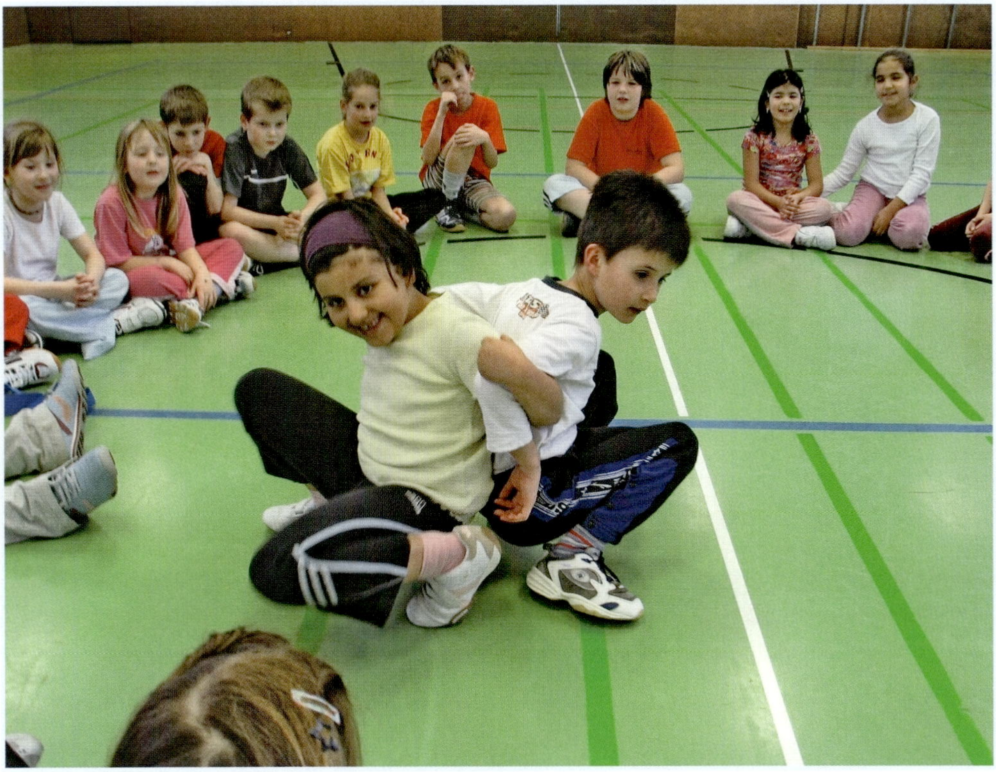

Hochhebespiel

Aufbau / Organisation:
Alle spielen gemeinsam. Als Spielfeld dient die gesamte Halle.

Aufgabe:
Es werden zwei bis vier Fänger bestimmt, alle anderen bringen sich vor diesen in Sicherheit und rennen weg. Wer abgetickt wurde, signalisiert das durch deutliches Hochstrecken beider Arme. Er kann erlöst werden, wenn er von einem Mitspieler hochgehoben wird.

Variationen / eigene Ideen:

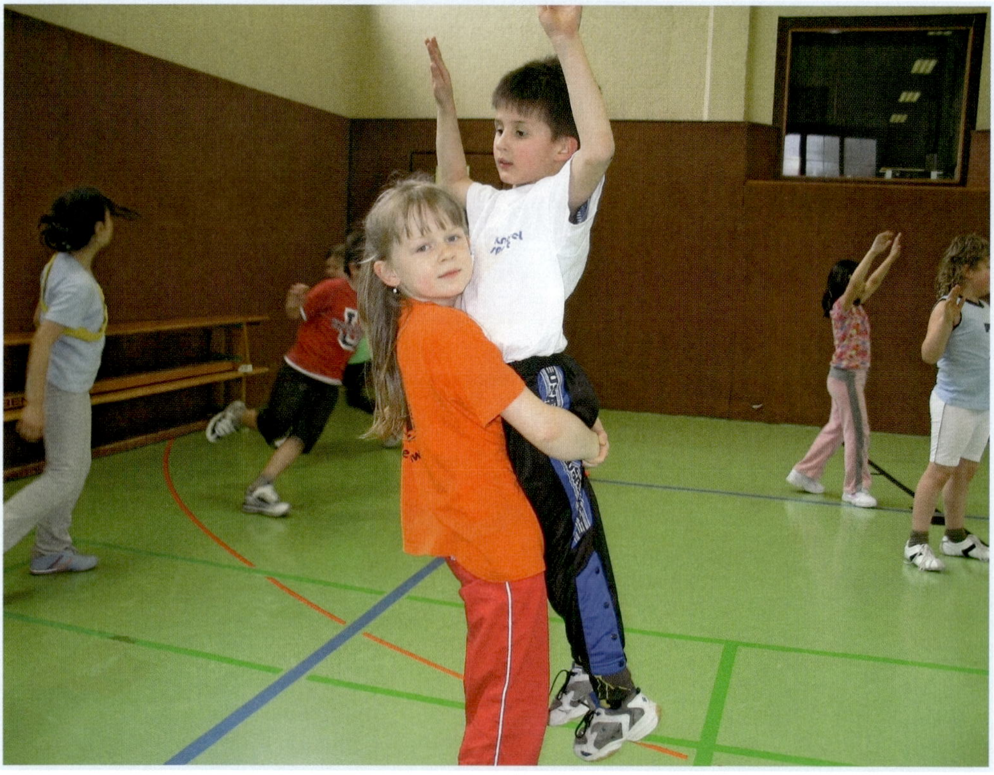

Raufen mit der Stimme

Aufbau / Organisation:
Es werden zwei Mannschaften gebildet, die sich in Reihe einander gegenüberstellen:

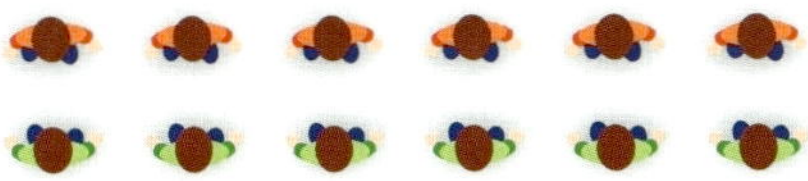

In diesem Spiel wird ohne Körperkontakt, aber mit Stimmeinsatz und teilweise auch mit der Körperhaltung gearbeitet, um Stärke bzw. Schwäche zu zeigen.

Aufgabe:
Die erste Gruppe spricht laut und rhythmisch: „Wir sind lauter", während die zweite Gruppe leise und rhythmisch spricht: „Wir sind leiser".

In der nächsten Steigerung werden Schritte gesetzt und mit den Silben abgestimmt.
Die Gruppen gehen dann beim gleichen Text jeweils vier Schritte, die Lauten vor- und die Leisen rückwärts.
In der zweiten Steigerung werden schließlich noch Körperhaltungen integriert. Die Lauten nehmen eine bedrohliche, große Haltung ein, während sich die Leisen klein und ängstlich zeigen.
Die Rollen (laut – leise) wechseln nach jedem Durchgang.

Variationen / eigene Ideen:
- Die beiden Gruppen sprechen zur gleichen Zeit.

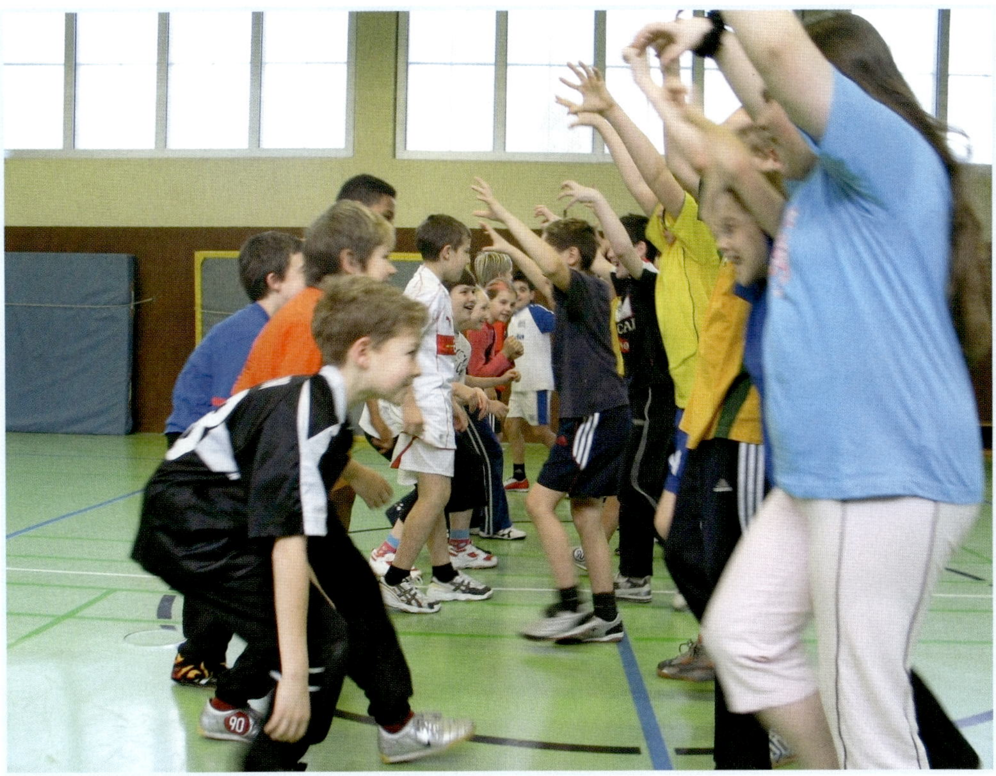

Um den Ball drehen

Aufbau / Organisation:
Die Kinder finden sich paarweise zusammen und suchen sich einen freien Platz im Raum.

Aufgabe:
Die Kinder stellen sich frontal gegenüber auf und klemmen einen Ball zwischen ihre Brust. Nun drehen sie sich langsam im Kreis ohne dabei den Ball zu verlieren. Welches Pärchen schafft es wieder in die Ausgangsposition zu kommen, ohne dass der Ball runter fällt?

Variationen / eigene Ideen:
- Einmal rechts und einmal links herum drehen.
- Welches Pärchen ist am schnellsten?
- Den Ball zwischen den Oberschenkeln kreisen lassen.
- Verschiedene Bälle nutzen.

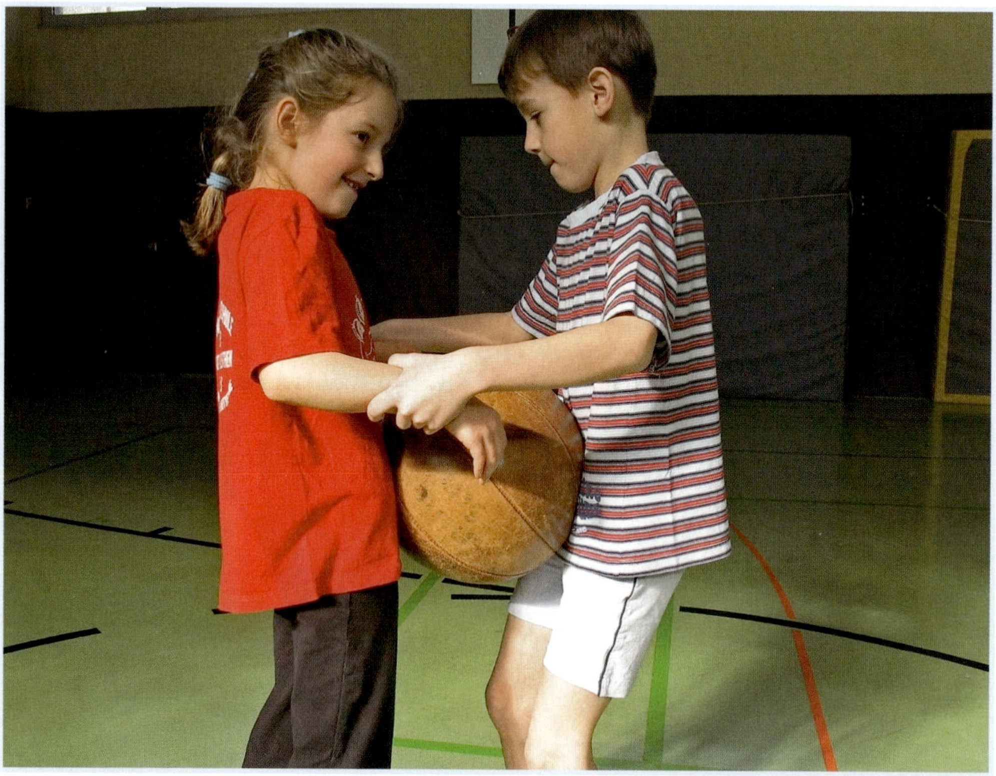

Sanitäterfangen

Aufbau / Organisation:
Als Spielfeld für dieses Fangspiel dient die gesamte Halle.

Aufgabe:
Es werden zwei Fänger bestimmt und mit Parteibändchen markiert. Sie müssen versuchen, alle anderen Mitspieler abzuticken. Abgetickte Kinder bleiben als „kranke Spieler“ auf dem Boden liegen (Rückenlage!).

Alle anderen Kinder können in die Rolle von Sanitätern schlüpfen und die Kranken vorsichtig auf eine Weichbodenmatte (Krankenhaus) transportieren. Von dort aus können die Patienten nach einem kleinen Moment als geheilt entlassen werden und somit wieder mitspielen.

Variationen / eigene Ideen:

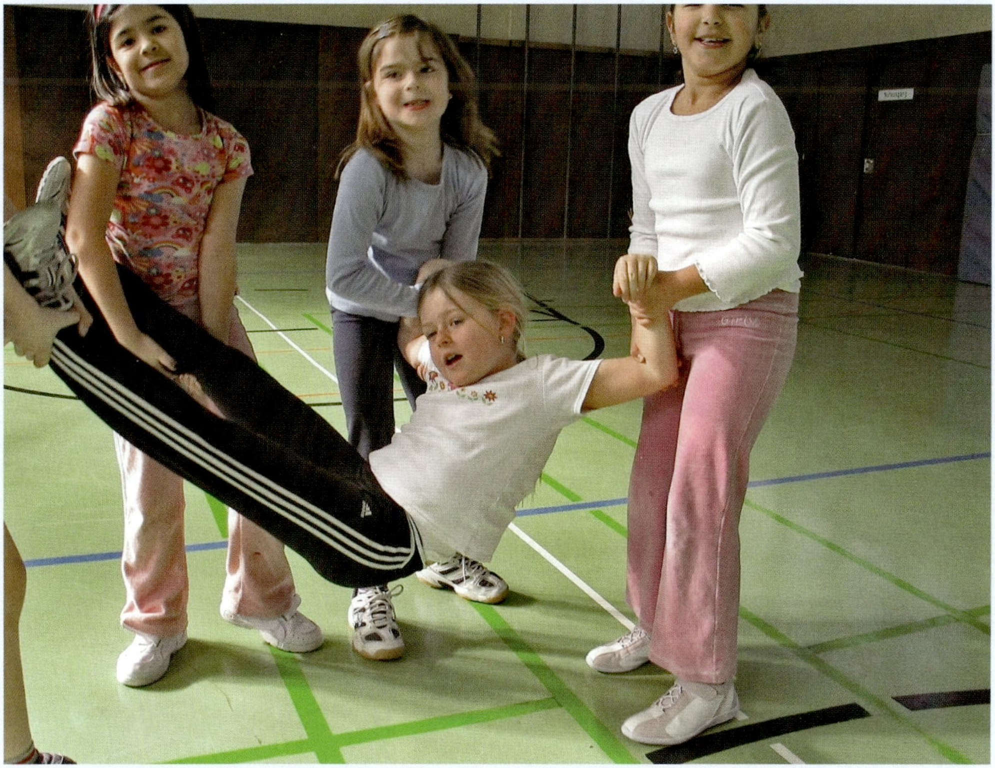

Rückenticken

Aufbau / Organisation:
Die gesamte Halle dient als Lauf- bzw. Spielfeld. Alle Teilnehmer laufen ohne Vorgaben durcheinander.

Aufgabe:
Die Teilnehmer laufen kreuz und quer durch die Halle und versuchen, einen Mitspieler auf dem Rücken zu berühren, die ihrerseits dies durch schnelles und geschicktes Drehen und Wenden zu verhindern suchen.

Variationen / eigene Ideen:
- Je nach Gruppengröße kann das Spielfeld auch verkleinert werden. Z. B. auf die Grenzen des Kampffeldes (Matten).
- Die Weise der Fortbewegung kann auch verändert werden. Z. B. im Krabbeln versuchen, die Rücken der Mitspieler zu ticken.

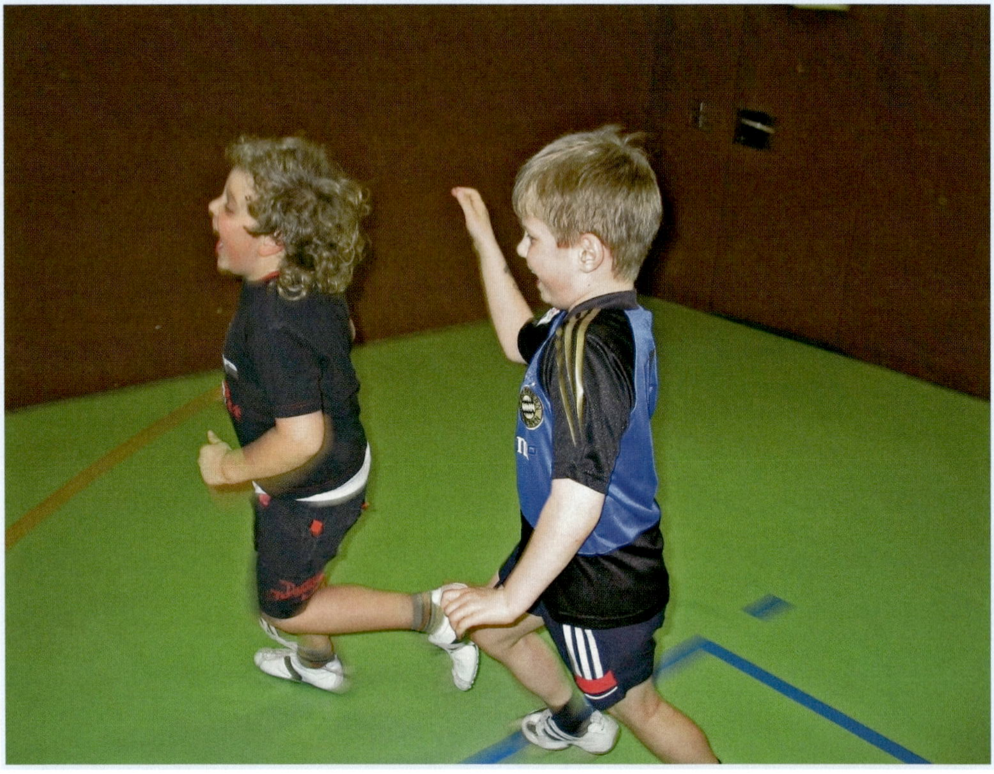

„Ein Hühnchen rupfen“

Aufbau / Organisation:
Ein Kind spielt das „Huhn“. Ihm werden mit Tesakrepp so viele Papierstreifen an die Kleider geklebt, wie Spieler mitspielen.

Aufgabe:
Die übrigen Kinder versuchen, dem Huhn eine Feder zu rupfen. Wenn ihnen dabei das Huhn auf die Finger schlägt, erstarren sie sofort zu Stein. Gibt es am Ende mehr versteinerte Kinder oder ausgerupfte Federn?

Variationen / eigene Ideen:
- Doppelt oder gar dreimal so viele „Federn“ anbringen. Jedes Kind hat dann zwei bzw. drei Anläufe zum Federdiebstahl.
- Mehrere Kinder als Hühner präparieren.

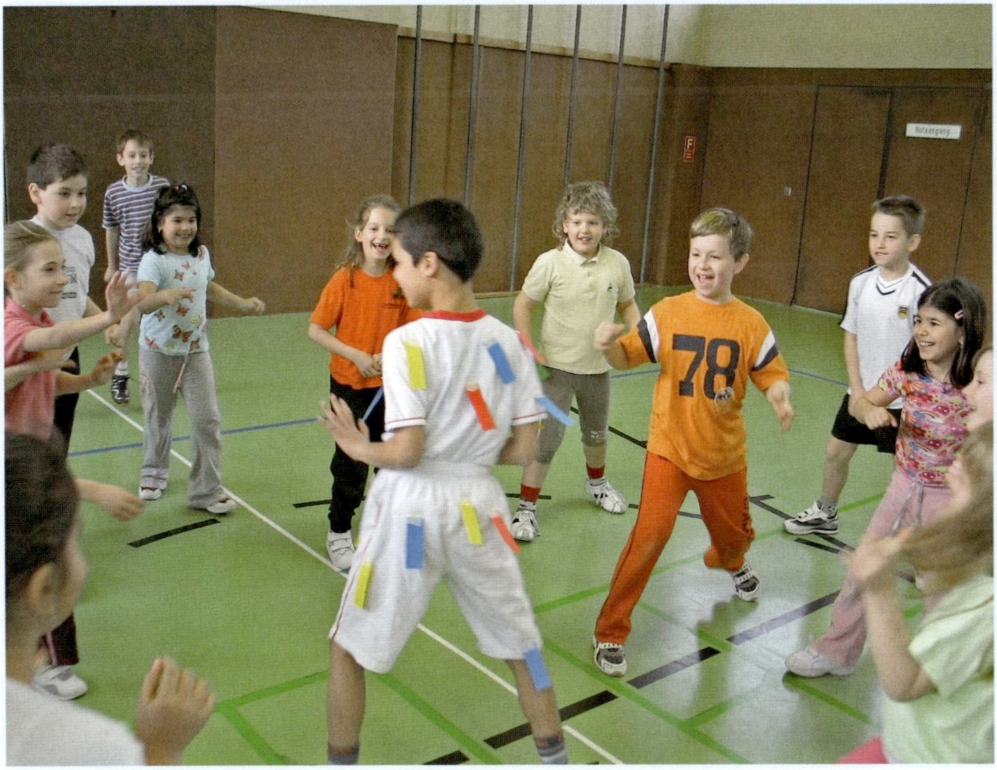

Katz und Maus

Aufbau / Organisation:
Die Kinder fassen sich an den Händen und bilden so einen Kreis. Damit dieser Kreis nicht zu klein wird, sollten mindestens acht bis neun Spieler beteiligt sein. Nach oben ist der Teilnehmerzahl keine Grenze gesetzt. Zwei Kinder bleiben übrig. Von denen ist einer die „Katze“, der andere die „Maus“.

Aufgabe:
Die Katze hat die Aufgabe, die Maus zu „fangen“, also abzuticken. Dabei ist es egal, ob sich Katze und Maus innerhalb oder außerhalb des Kreises aufhalten. Sie können auch durch den Kreis hindurch laufen. Die Kreisspieler haben eine wichtige Aufgabe: Sie helfen der Maus, indem sie sie ungehindert durchlassen und dafür die Arme hochheben. Die Katze aber versuchen sie daran zu hindern, in den Kreis hinein- oder wieder herauszukommen, indem sie die Arme herunterhalten. Die Katze kann dann natürlich trotzdem versuchen durchzukommen, hat es aber viel schwerer als die Maus. Erwischt sie die Maus dennoch, ist das Spiel beendet und mit zwei neuen „Katz und Maus“-Spielern kann die nächste Runde losgehen.

Variationen / eigene Ideen:

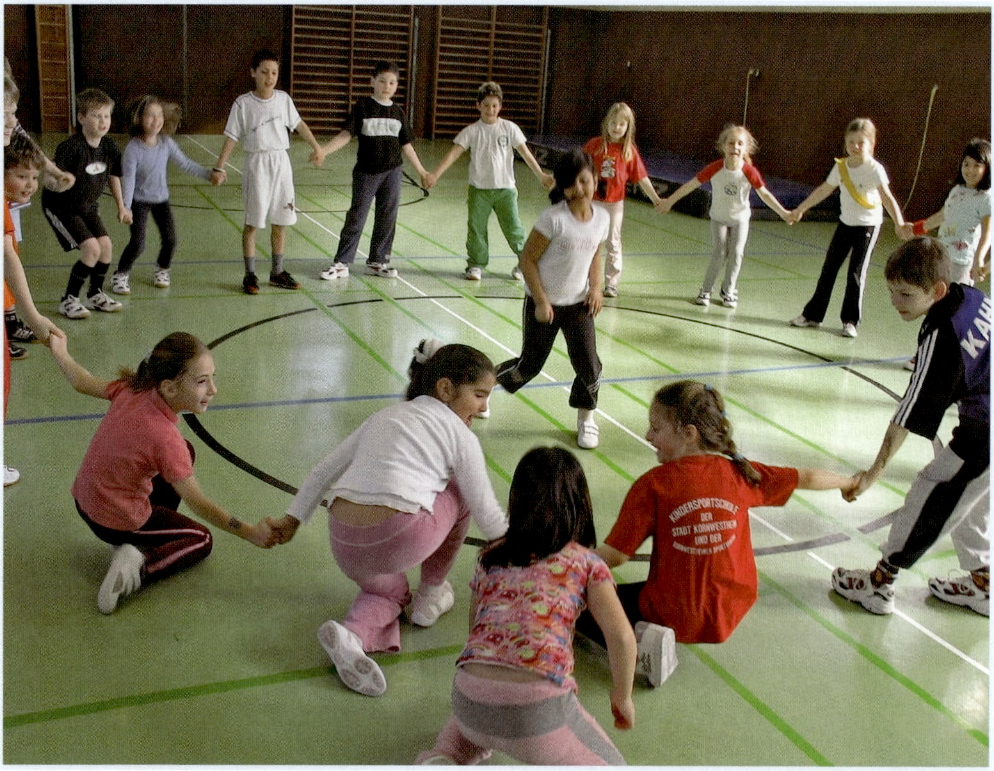

Lianenkampf

Aufbau / Organisation:
Es wird eine Station an den Tauen aufgebaut: Die Taue werden ausgezogen. Links und rechts wird ein großer Turnkasten aufgestellt und mit Turnmatten gesichert. Anschließend werden zwei Mannschaften gebildet.

Aufgabe:
Eine Mannschaft verteilt ihre Spieler hinter die beiden Kästen. Sie müssen versuchen sich von Kasten zu Kasten zu schwingen (Lianenschwinger). Für jeden gelungenen Schwung bekommt die Mannschaft einen Punkt. Die Spieler der gegnerischen Mannschaft postieren sich links und rechts des Aufbaus und versuchen die Lianenschwinger mit Softbällen abzutreffen. Hierfür stehen nur zwei Bälle zur Verfügung. Für jeden Treffer bekommt die Mannschaft einen Punkt. Die Punkte beider Mannschaften werden nach zwei Durchgängen miteinander verrechnet.

Variationen / eigene Ideen:
- Abgetroffene Lianenschwinger müssen ausscheiden.
- Je nach Treffsicherheit der Kinder können auch mehr als zwei Softbälle zur Verfügung gestellt werden.

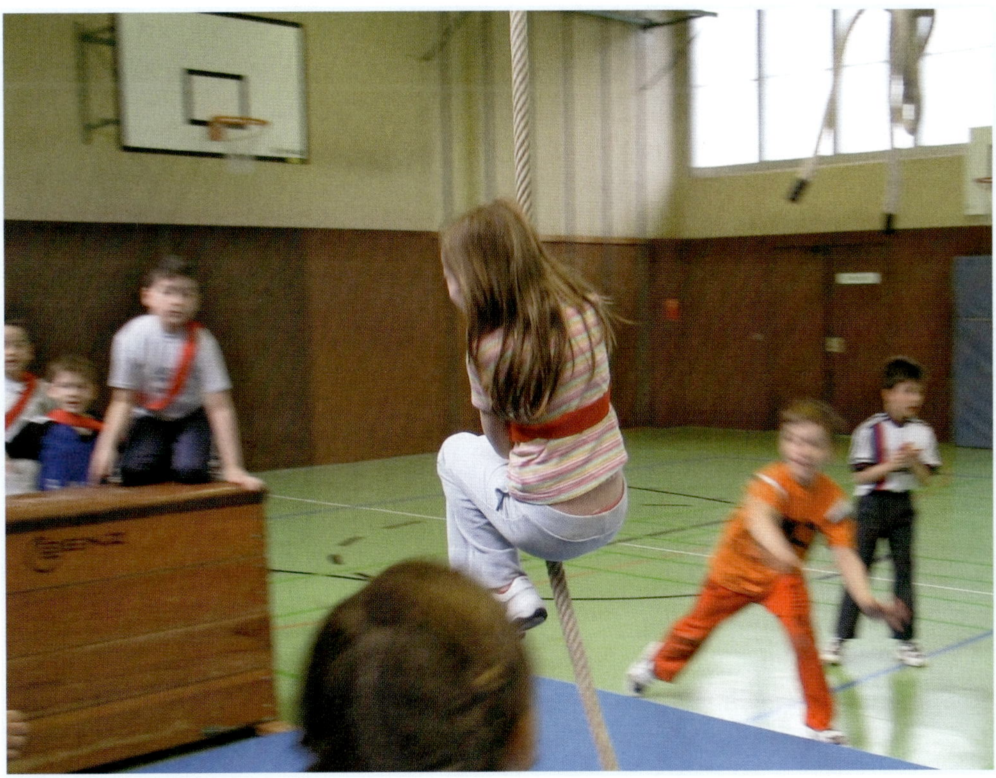

Namen rufen

Aufbau / Organisation:
Alle Kinder bilden einen Sitzkreis. Ein Kind steht in der Mitte.

Aufgabe:
Das in der Kreismitte stehende Kind ruft ganz laut einen Namen und rennt so schnell wie möglich auf den Angesprochenen zu. Das angesprochene Kind muss blitzschnell reagieren und noch vor dem Eintreffen des „Namenrufers" einen anderen Namen aus dem Sitzkreis genannt haben. Falls dieses nicht gelingt, wird der „Angesprochene" abgetickt und muss seinerseits in die Kreismitte wechseln und einen neuen Namen rufen.

Variationen / eigene Ideen:
- Statt des in der Kreismitte stehenden Spielers kann auch der Spielleiter einen Namen nennen. Hierdurch werden jedoch die Chancen des in der Mitte stehenden eingeschränkt, da er ebenfalls reagieren muss.

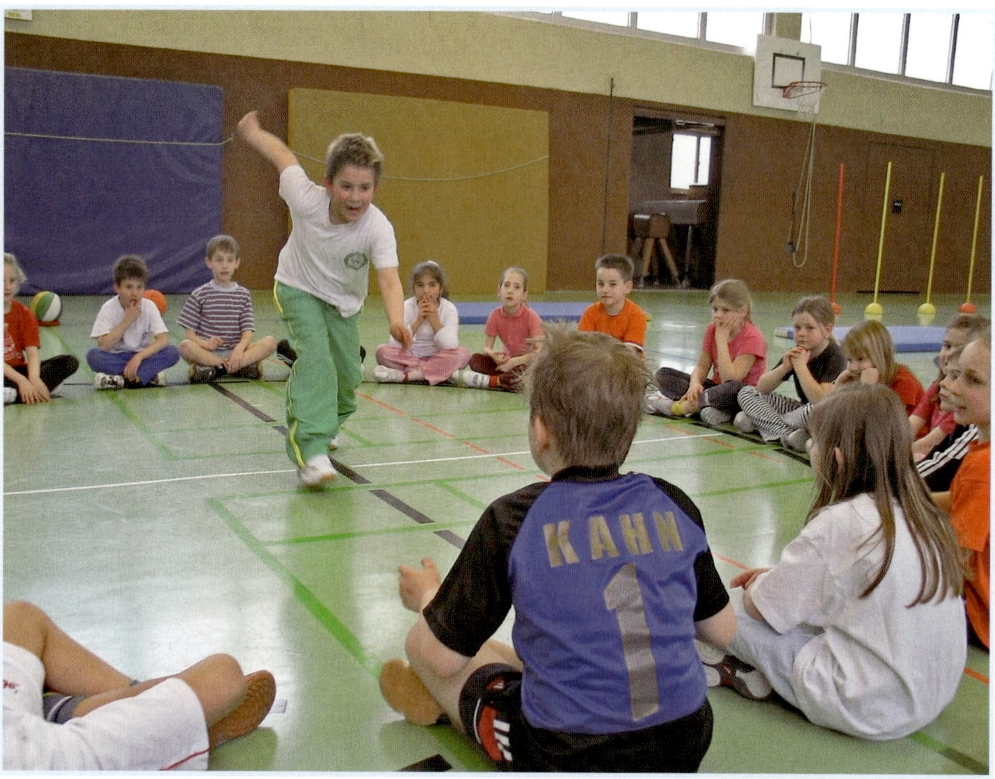

Drei Arme – zwei Beine

Aufbau / Organisation:
Es werden ausreichend Matten auf dem Spielfeld verteilt.

Aufgabe:
Die Kinder bewegen sich frei im Raum. Auf Zuruf des Spielleiters müssen die Kinder eine Figur bauen. Dazu nennt der Spieler zuerst die Anzahl der Spieler, dann die Anzahl der Arme und schließlich die Anzahl der Beine, die die Matte berühren dürfen.

Variationen / eigene Ideen:
- Welche Gruppe ist am schnellsten fertig?

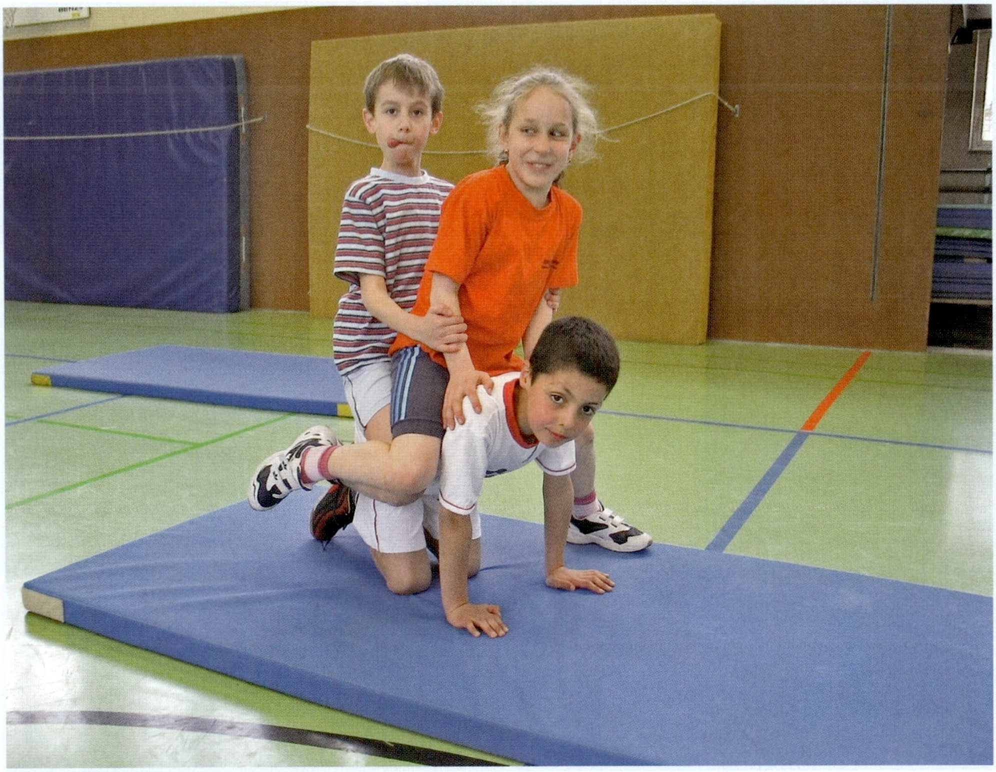

Fangen mit Helfer – Standprobe

Aufbau / Organisation:
Als Spielfeld dient die gesamte Halle. Ein Spieler übernimmt die Rolle des Fängers und ein zweiter Spieler die des Helfers. Fänger und Helfer arbeiten als Team. Alle anderen flüchten vor dem Fänger.

Aufgabe:
Nach dem Startsignal versucht der Fänger alle anderen Spieler abzuticken. Gefangene Spieler müssen auf der Stelle stehen bleiben. Sie werden baldmöglichst vom Helfer angelaufen. Wenn der da ist, müssen die Gefangenen ihren sicheren Stand aufgeben und ein Bein in die Höhe heben (z.B. seitlich abwinkeln). Der Helfer hat dann 10 Sekunden Zeit, den Gefangenen auszuhebeln und zu Fall zu bringen. Er darf ihn dabei allerdings nur an dem angehobenen Bein / Fuß fassen.

Gelingt es dem Gefangenen standhaft zu bleiben, darf er wieder ins Spiel zurück und vor dem Fänger flüchten. Gelingt es nicht, weil er umgefallen ist, muss er bis zum Spielende sitzen bleiben.

Variationen / eigene Ideen:
- Die 10 Sekundenregel kann auch verkürzt oder verlängert werden.
- Es können mehrere Fänger und Helfer bestimmt werden.
- Diejenigen Spieler, die durch die Standprobe durchgefallen sind, können nach einer bestimmten Zeit (z. B. 2 Minuten) wieder in das Spiel zurück.
- Fänger und Helfer dürfen beide Rollen ausüben, d.h. beide dürfen abticken und die Gefangenen zur Standprobe bitten.

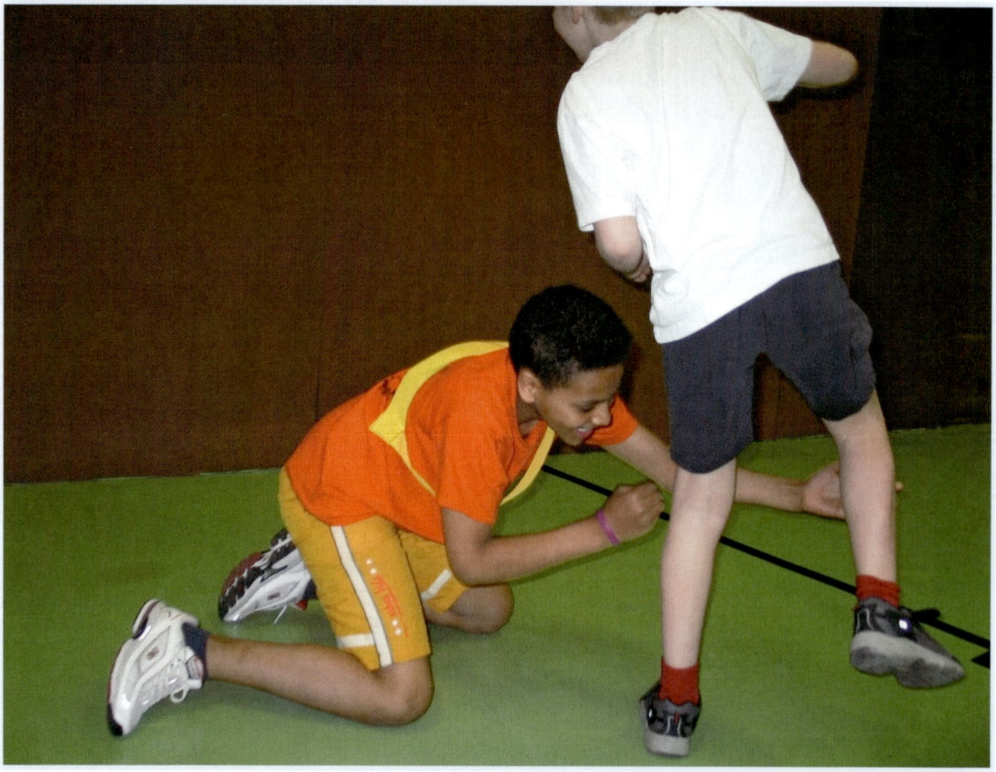

Mit Körperkontaktkarten den Partner suchen

Aufbau / Organisation:
Der Spielleiter bringt Körperkontaktkarten mit. Auf diesen Karten stehen Sätze, die sich auf verschiedene Weise handelnd mit dem Körper auseinandersetzen. Z. B. „eine Hand im Uhrzeigersinn auf dem Bauch reiben“, oder „an den Ohren ziehen“, (...). Zu jedem Satz existieren zwei Karten, es müssen so viele Karten ausgelegt werden, dass jeder Spieler eine Karte ziehen kann.

Aufgabe:
Zu Spielbeginn zieht jeder Spieler eine Karte. Alle Spieler verteilen sich in der Halle, lesen ihren Satz durch und beginnen nach dem Startsignal damit, herauszufinden, welcher Mitspieler den gleichen Satz gezogen hat.

Das Ganze geschieht ohne zu sprechen. Deshalb müssen Mitspieler aufgesucht und in der Weise berührt werden, wie es auf der Karte steht. Z. B. mit der Hand im Uhrzeigersinn über den Bauch reiben oder am Ohr ziehen. Das Spiel ist zu Ende, wenn alle ihren Partner gefunden haben.

Variationen / eigene Ideen:

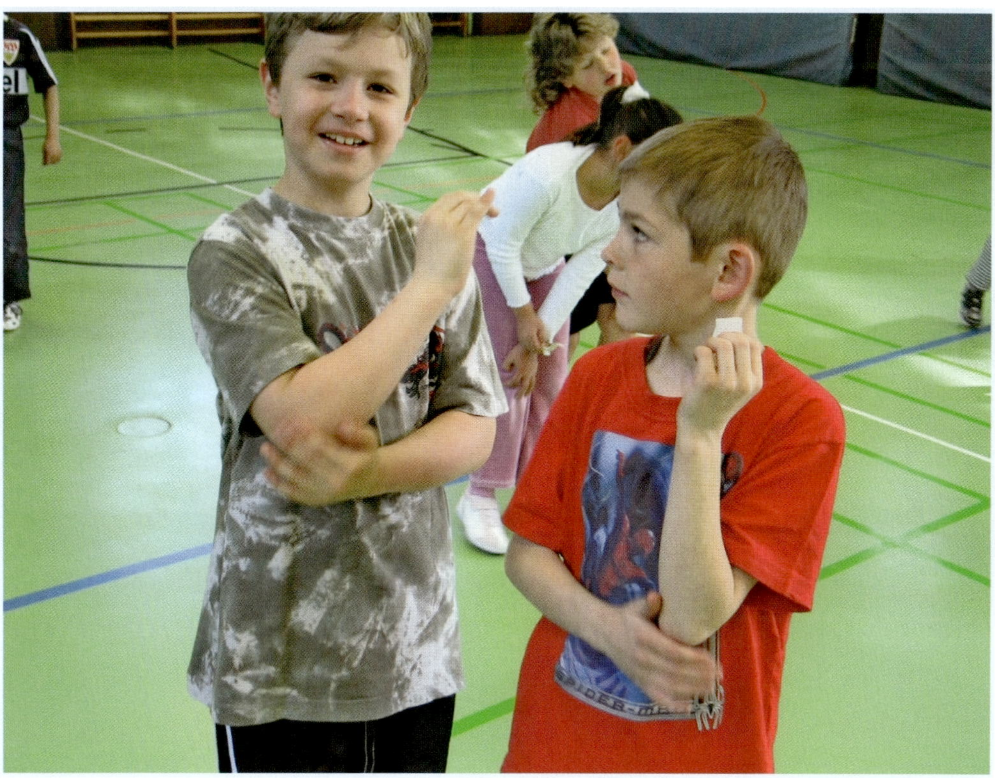

Raupensalat

Aufbau / Organisation:
Es wird eine große Mattenfläche ausgelegt. Jeweils zwei bis vier Spieler bilden eine Raupe, indem sie sich alle in die Bankstellung begeben und an den Fußgelenken des Vordermannes festhalten.

Aufgabe:
Nach dem Startsignal bewegen sich die Raupen über das Mattenfeld und versuchen sich miteinander zu verstricken (Raupensalat). Zwei oder mehrere Raupen sollen versuchen über- und untereinander durchzukrabbeln bzw. sich auf engstem Raum zu „mischen". Die jeweilige Raupenformation darf dabei aber nicht aufgegeben werden.

Variationen / eigene Ideen:
- Die jeweilige Raupenformation darf während des Spiels verändert werden, indem einfach andere Fußgelenke festgehalten werden.

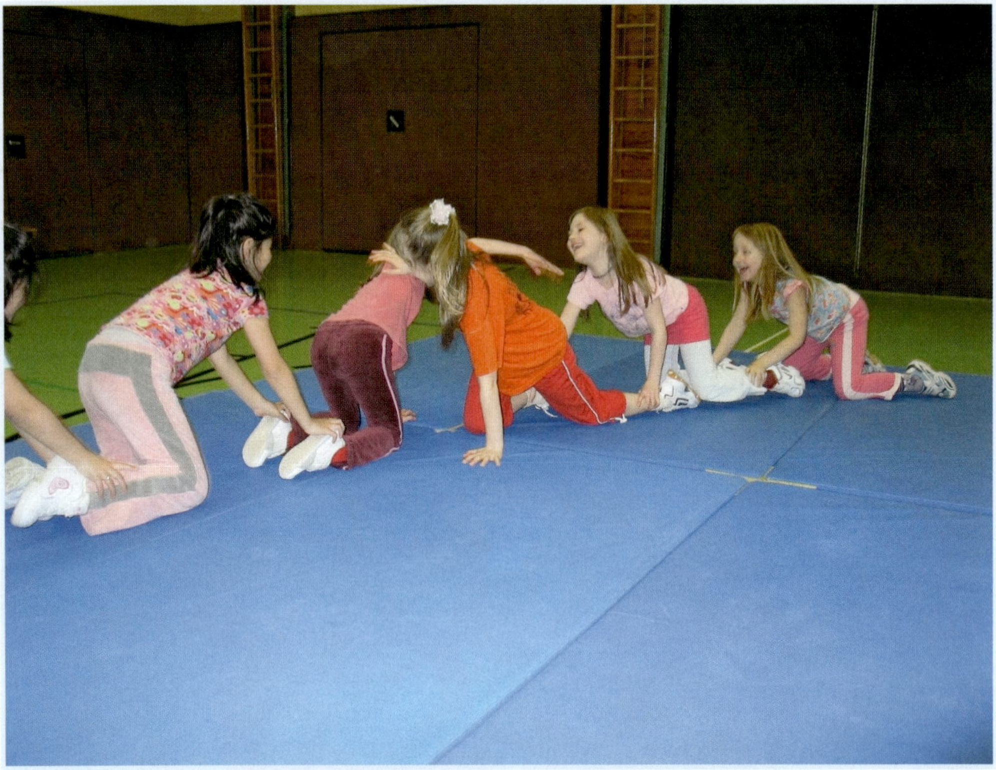

Spiralbahn

Aufbau / Organisation:
Alle Spieler stellen sich im Kreis auf. Jeder fasst seinen Vordermann an den Schultern.

Aufgabe:
Nach einem Startsignal setzt sich der Kreis in Bewegung. Hierzu wird der Kreis an einer Stelle unterbrochen. Der Anführer geht langsam los und zieht den Kreis spiralenförmig immer enger. Wenn die Spiralbahn so eng zusammen gegangen ist, dass es nicht mehr weitergeht, durchbricht ein Spieler ein Kettenglied, alle anderen folgen ihm und der neue Anführer bildet zunächst einen neuen Kreis, der dann wiederum spiralenförmig immer enger gezogen wird.

Variationen / eigene Ideen:
- Das Ganze kann auch mit verbundenen Augen gespielt werden.

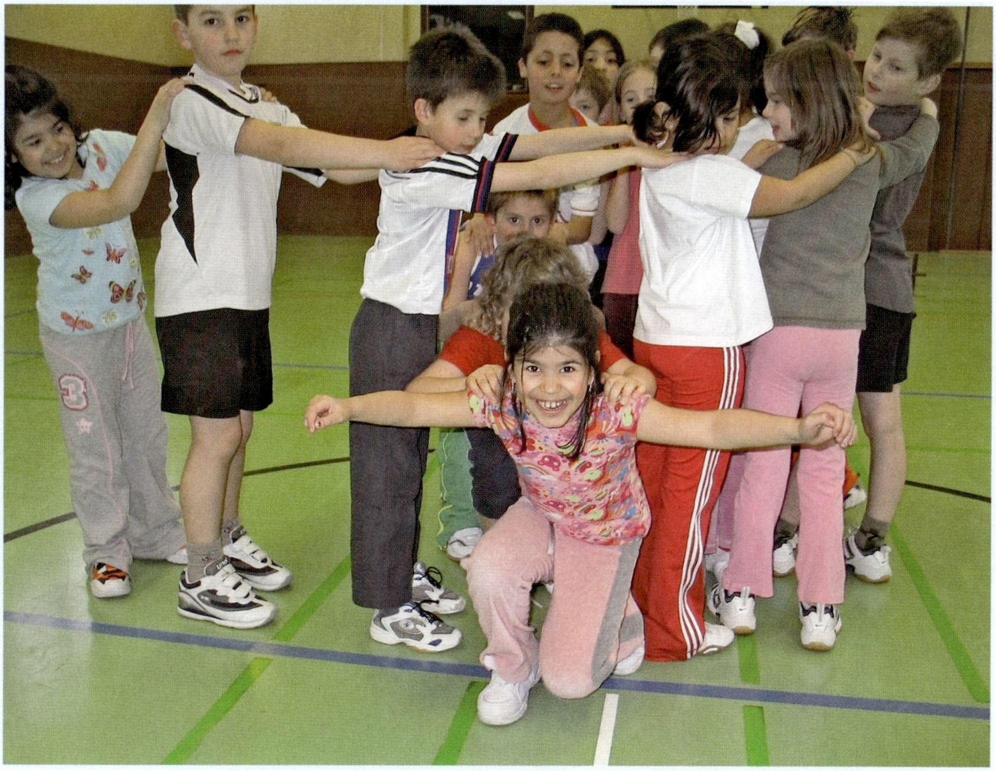

Zusammenkleben

Aufbau / Organisation:
Es werden Kleingruppen mit jeweils vier bis acht Spielern gebildet. Jede Gruppe sucht sich einen Platz in der Halle und bekommt einige Bierdeckel.

Aufgabe:
Ein Spieler bekommt die Aufgabe, die Mitspieler mithilfe von Bierdeckeln „zusammenzukleben". Die Bierdeckel werden (selbstverständlich ohne Klebstoff) zwischen verschiedene Körperteile der Mitspieler gelegt (Ellenbogen, Schulter, Hände, ...) und die müssen durch das Aufbauen von Körperspannung und Druck dafür sorgen, dass die Bierdeckel nicht herunterfallen bzw. „kleben".

Variationen / eigene Ideen:

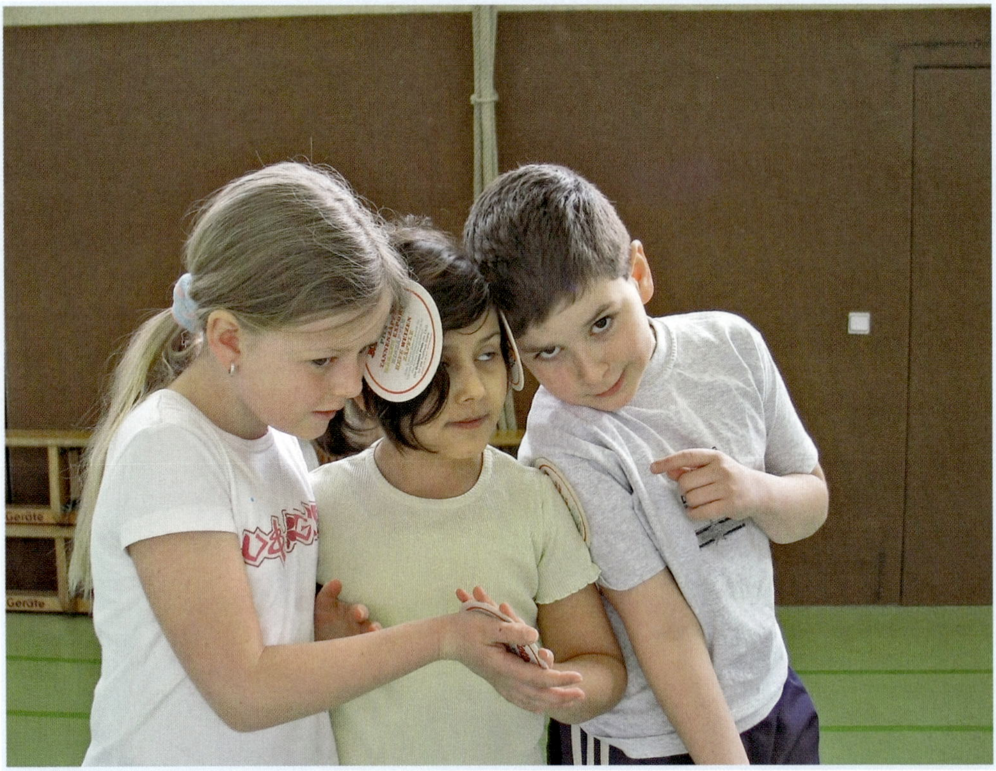

Magnet

Aufbau / Organisation:
Die Spieler gehen paarweise zusammen und suchen sich einen freien Platz in der Halle, den sie mit einer oder zwei Turnmatten auslegen.

Aufgabe:
Die beiden Partner pressen jeweils ein Körperteil fest aneinander (z. B. ihre beiden linken Füße) und versuchen in dieser Haltung eine Drehung um ihre Körperlängsachse hinzubekommen. Da die jeweiligen Körperteile magnetisch sein sollen, dürfen sie den Kontakt zueinander während des Drehens nicht verlieren.

Variationen / eigene Ideen:
- Ein Partner steht, während der andere sitzt.

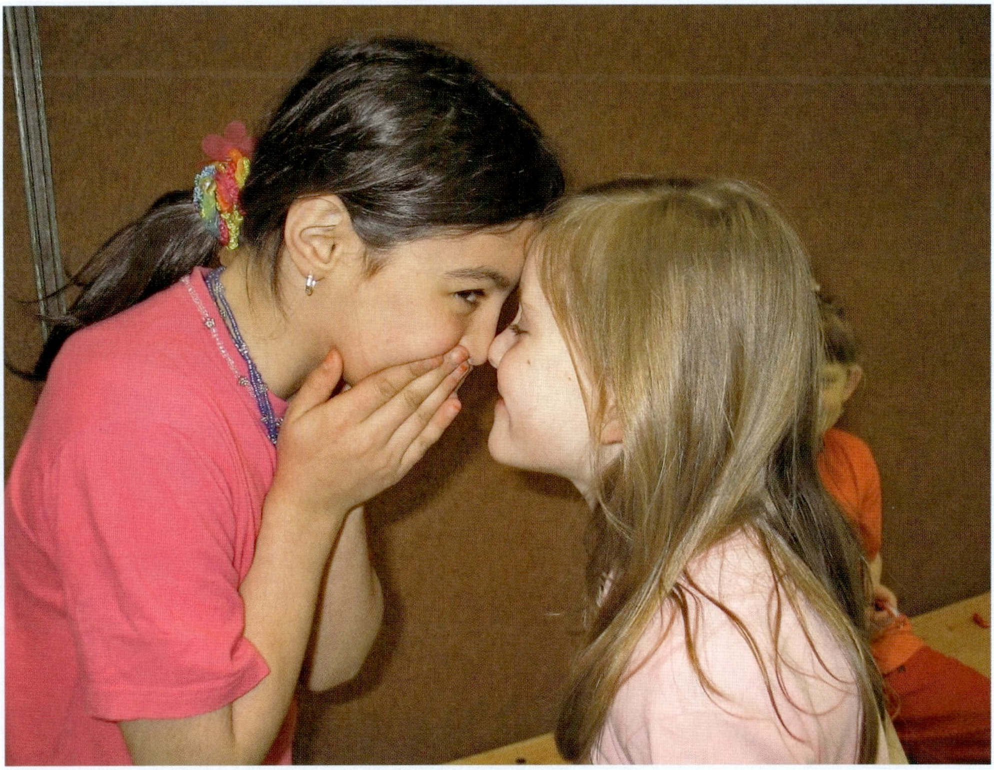

Familiensuche

Aufbau / Organisation:
Als Spielfeld dient die gesamte Halle. Dort werden an verschiedenen Stellen Turnbänke aufgestellt. Der Spielleiter hat Karten vorbereitet, auf denen die Namen verschiedener Familienmitglieder notiert sind. Z. B. Vater Funke, Mutter Funke, Lisa Funke und Paul Funke. Von der Anzahl der Mitspieler hängt es ab, wie viele Familien in dieser Weise berücksichtigt werden müssen.

Aufgabe:
Jeder Spieler zieht eine Karte und beginnt kreuz und quer durch die Halle zu laufen. Während des Ziehens und während des Laufens darf nicht gesprochen werden. Die Karte darf ebenfalls niemanden gezeigt werden.

Nach einem Signal des Spielleiters (z. B. Musikstopp) müssen sich die verschiedenen Familien an den Turnbänken zusammenfinden und in einer zuvor festgelegten Reihenfolge hintereinander setzen. Welche Familie ist hiermit zuerst fertig?

Variationen / eigene Ideen:

- Anstatt der Turnbänke können auch kleine Kästen oder andere Gegenstände als Male aufgestellt werden.
- Anstatt sich innerhalb der Familien einfach nur in einer bestimmten Reihenfolge hinzusetzen, können auch andere Aufgaben bzw. Ordnungsformen festgelegt werden. Z. B. in Form einer Familienraupe (die Kinder gehen in Bankstellung und fassen dem Vordermann an die Fußgelenke) möglichst rasch durch die Halle bewegen.

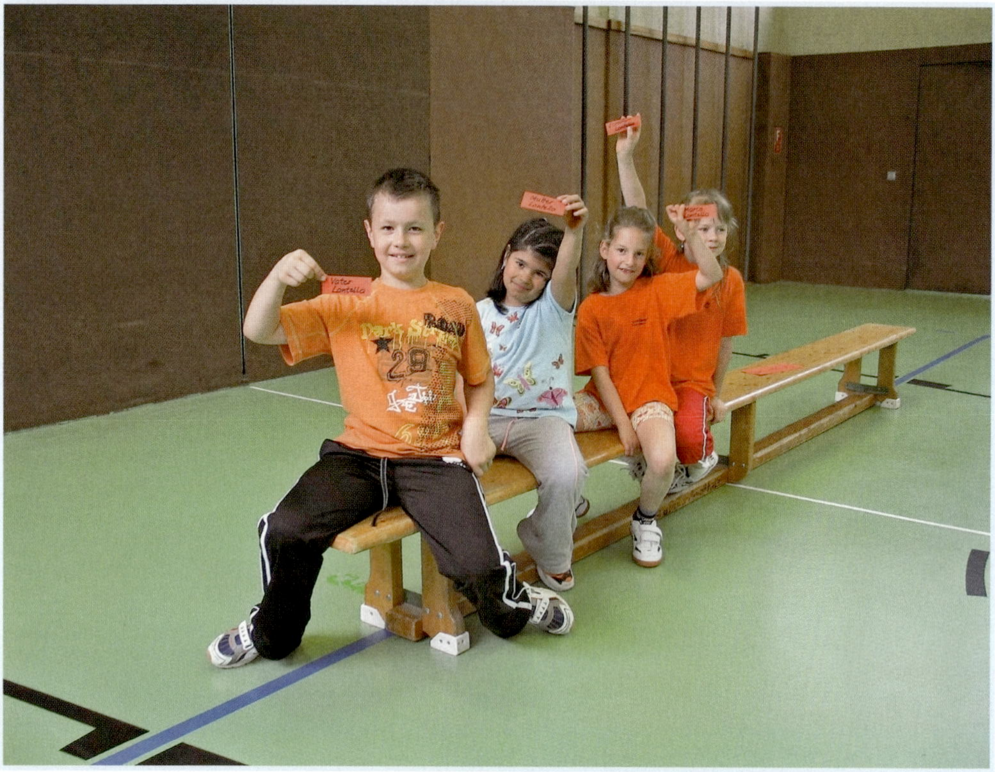

Wir gehören zusammen

Aufbau / Organisation:
Es werden Paare gebildet, die jeweils ein bestimmtes Kennzeichen bekommen (z.B. eine Mütze, ein Stirnband, ein Haarreif, einen Gürtel, ...), das sie beide an der gleichen Stelle des Körpers tragen.

Aufgabe:
Die Partner verlassen einander, schließen die Augen (gegebenenfalls verbinden) und versuchen sich wieder zu finden.

Variationen / eigene Ideen:

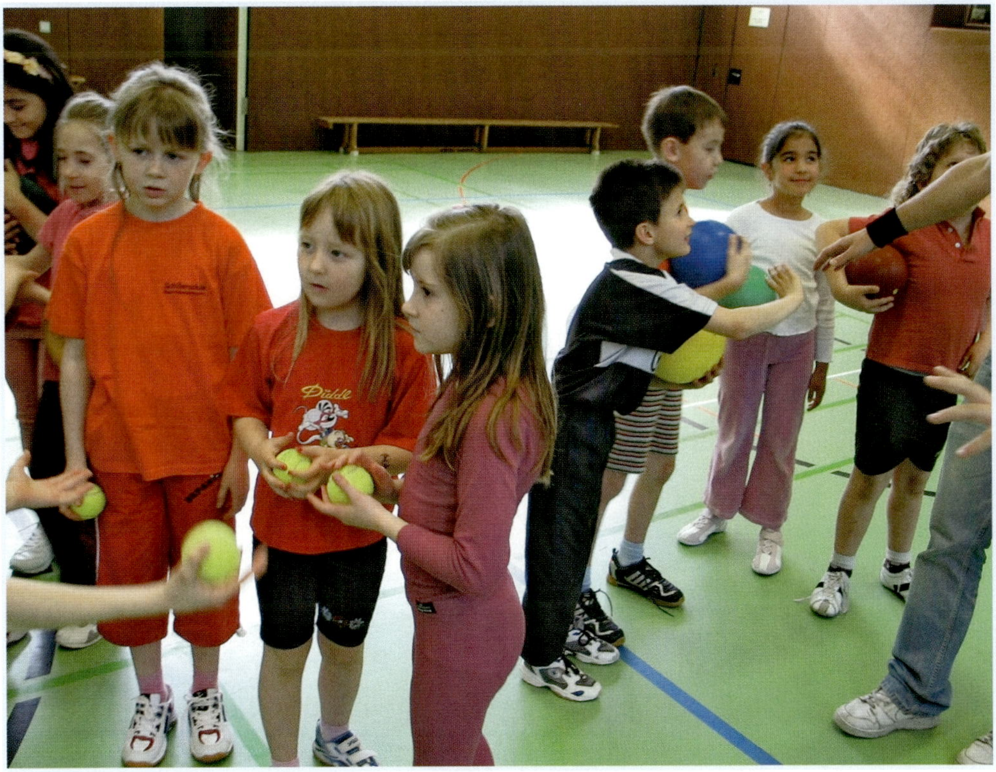

Dinosaurierei transportieren

Aufbau / Organisation:
Es werden Dreier- oder Vierergruppen gebildet. Jede Gruppe bekommt einen großen Medizin- oder Pezziball (Dinosaurierei). Die Spieler bilden einen Sitzkreis, in dem sie rücklings zueinander sitzen. Der Ball liegt in der Mitte.

Aufgabe:
Nach einem Startsignal sollen die Gruppen den Ball zwischen ihren Rücken einklemmen und zu einem Nest (umgedrehter Kasten) transportieren. Der Ball darf nicht mit den Händen berührt werden und während des Transports nicht verloren gehen bzw. zu Boden fallen.

Variationen / eigene Ideen:
- Die Gruppengröße verändern.
- Größere oder kleinere Bälle verwenden.
- Luftballons ausprobieren.

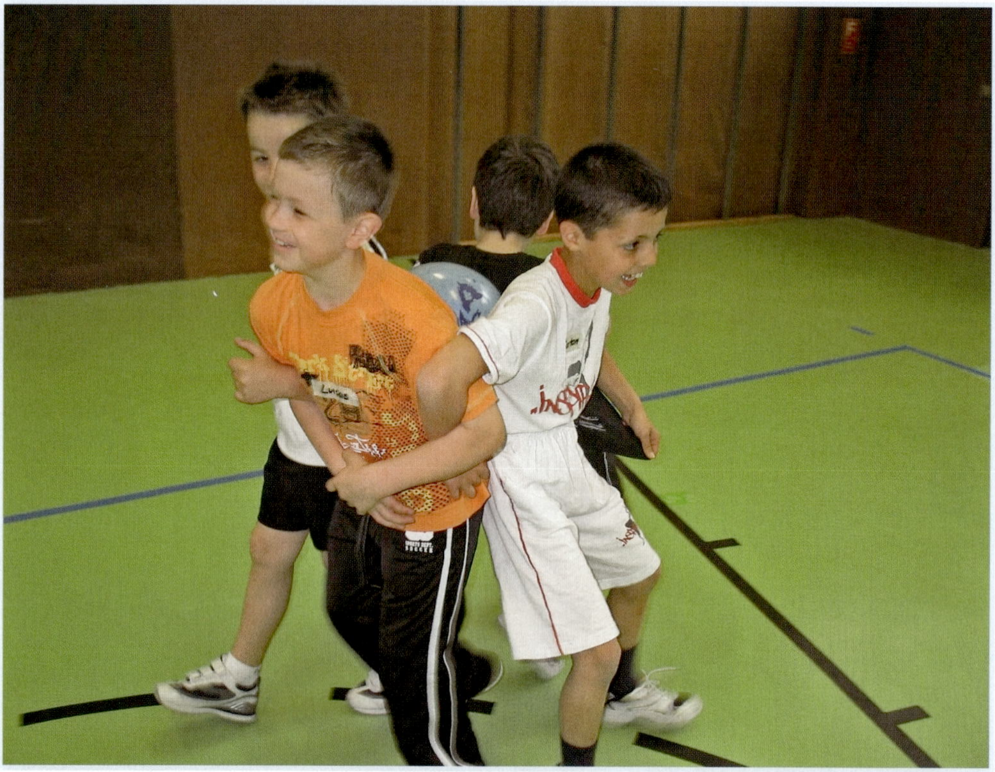

Marionettentanzen

Aufbau / Organisation:
Alle Mitspieler (Marionetten) bilden einen großen Sitzkreis. Es werden zwei Marionettenspieler bestimmt, die außerhalb des Kreises Position beziehen.

Aufgabe:
Der Spielleiter startet das Spiel, indem er die Musik anspielt. Dann gehen die Marionettenspieler von Marionette zu Marionette und bringen jeweils ein Körperteil in Bewegung. Sie wählen z. B. ein Bein aus und führen es in einem bestimmten Winkel einmal auf und ab. Genau diese Bewegung muss die Marionette weitermachen, wenn der Marionettenspieler zur nächsten Marionette gewechselt ist. Wenn bei allen Marionetten erst einmal eine Bewegung eingestellt ist, dann begeben sich die Marionettenspieler auf ihre zweite Runde und danach noch auf eine dritte, vierte und fünfte Runde und stellen dabei zusätzlich weitere Bewegungen ein. Das Spiel ist dann beendet, wenn die Marionetten keine weiteren Bewegungen mehr hinzu nehmen können.

Variationen / eigene Ideen:
- Die Marionetten beginnen nicht im Sitzkreis, sondern in einer anderen Stellung (z. B. im Kniestand oder Stehen).

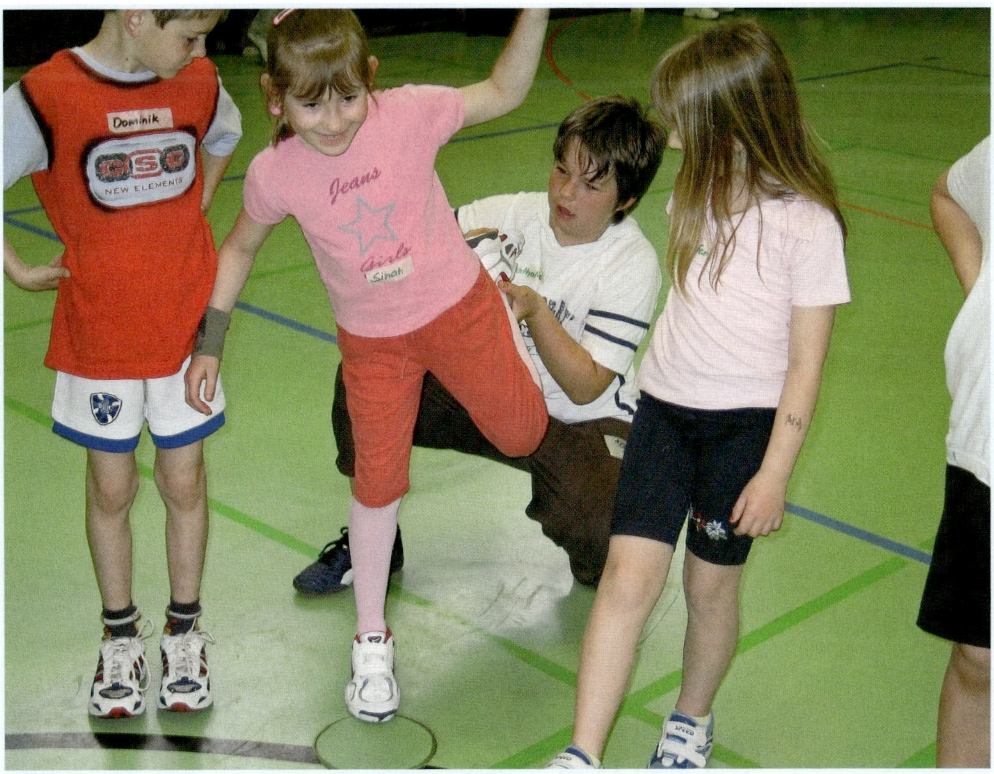

Partnerkämpfe

Die Anforderungen von Partnerkämpfen sind für die Kämpfer in der Regel recht überschaubar. Die Aufgabe muss gemeinsam mit bzw. gegen einen Partner erfüllt werden. Wenn man diesen Partner gut kennt, dann hat man entsprechenden Freiraum für die Konzentration auf die Sachlage und Aufgabe gewonnen. Von daher gesehen bieten sich die Partnerkämpfe auch als erster Zugang für die Thematisierung des Kämpfens, Ringens und Raufens im Sportunterricht an.

Aufgrund der gegebenen Berührungsängste (Stichwort „Körperkontakt") empfehlen wir zudem, dass sich zunächst immer Kinder zu Paaren zusammenfinden, die einander gut kennen und wegen des gegenseitigen Vertrauens auch kein Problem mit dem Körperkontakt haben. Sobald die Sachlage klar ist und die Kinder das Bewegungsproblem des Kämpfens verstanden und für sich entdeckt haben, sollte es leicht möglich sein, den Körperkontakt auch zu und mit anderen Partnern in diesen „Partnerkämpfen" einzugehen.

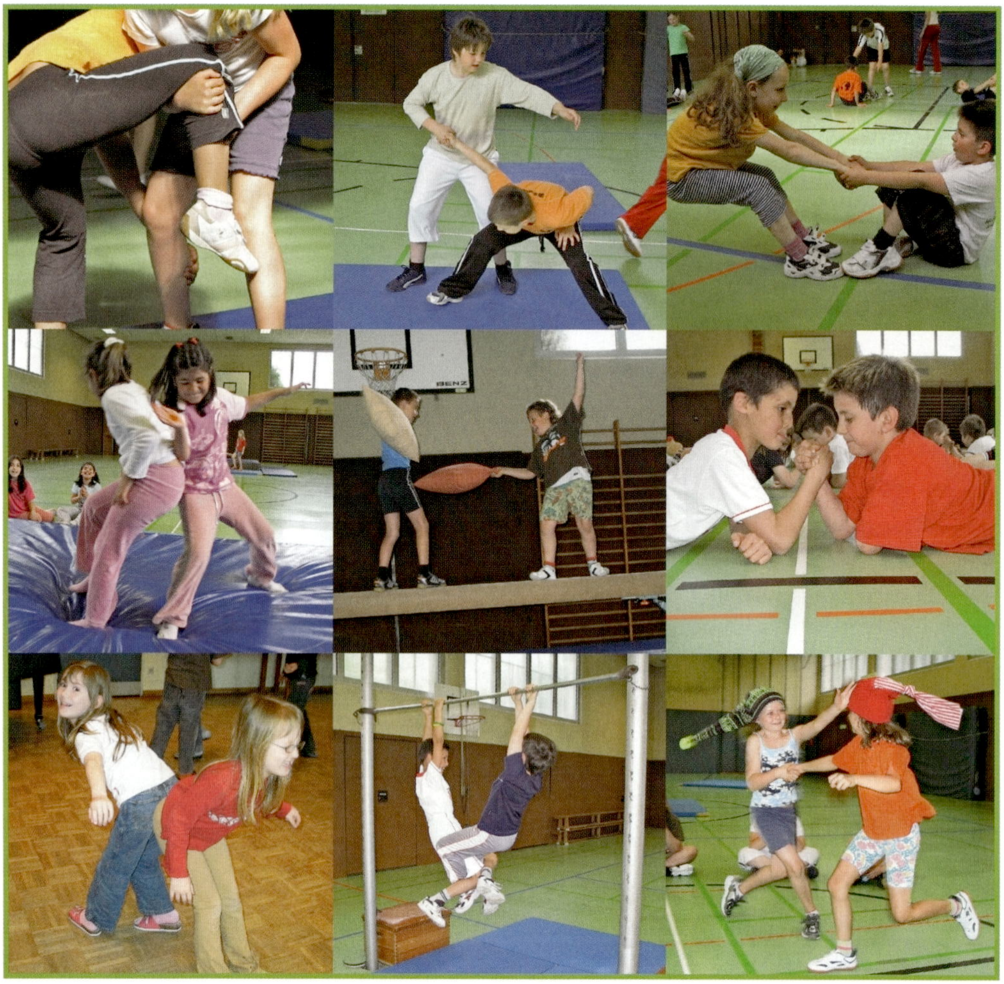

Farbe erkennen

Aufbau / Organisation:
Es werden Paare gebildet. Der Spielleiter bringt einen großen Beutel mit Wäscheklammern in verschiedenen Farben mit. Jedes Kind darf sich eine Klammer nehmen. Achtet bei Herausnehmen allerdings darauf, dass niemand die Farbe erkennen kann.

Aufgabe:
Wenn alle Spieler eine Klammer bekommen haben, suchen sich die Paare einen freien Platz in der Halle. Jeder bringt seine Wäscheklammer (für den Partner nicht sichtbar) am Rücken seines T-Shirts an.

Nach dem Startsignal versucht jeder Spieler, die Farbe der Klammer seines Partners zu erkennen und andererseits seine Klammer vor den Blicken des Partners zu schützen.

Variationen / eigene Ideen:
- Es gehen jeweils zwei Paare zusammen und spielen das Spiel in Zweierteams gegeneinander.

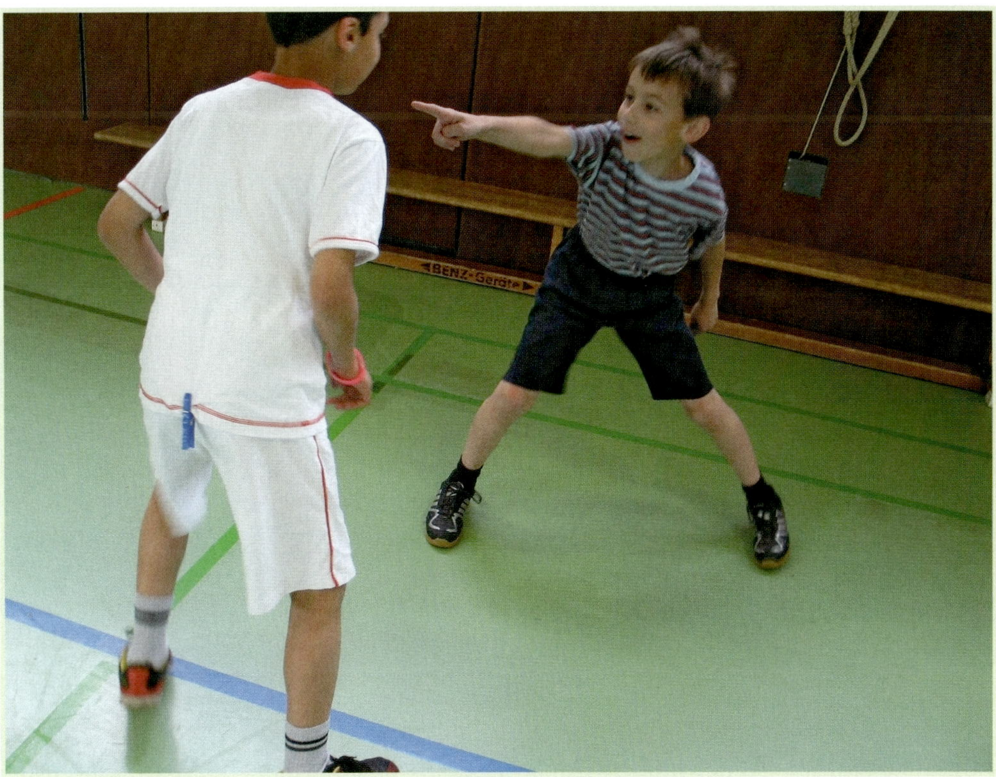

Körperteile abklatschen

Aufbau / Organisation:
Es werden Paare gebildet. Jedes Paar legt sich mit Turnmatten eine Kampffläche aus und die beiden Kämpfer stellen sich auf dem Mattenfeld voreinander auf.

Aufgabe:
Jeweils zwei Kämpfer stellen sich gegenüber auf und geben sich die rechte Hand. Mit der linken Hand versuchen sie nun bestimmte Körperteile zu berühren, z. B. das Gesäß, den linken Oberschenkel, die rechte Schulter, den Fuß, den Rücken usw. Pro Berührung der Stelle gibt es einen Punkt. Sieger ist, wer zuerst drei Punkte hat. Wer die Handhaltung löst, gibt einen Punkt ab.

Variationen / eigene Ideen:
- Mit der linken Hand festhalten und der rechten Hand treffen.
- Andere Ausgangsposition, z. B. nur im Kniestand.
- Die einzelnen Stellen werden unterschiedlich hoch bepunktet und wer zuerst 10 Punkte hat, gewinnt. Zuvor müssen die Kinder aushandeln, welche Stelle welche Punktzahl bekommt.

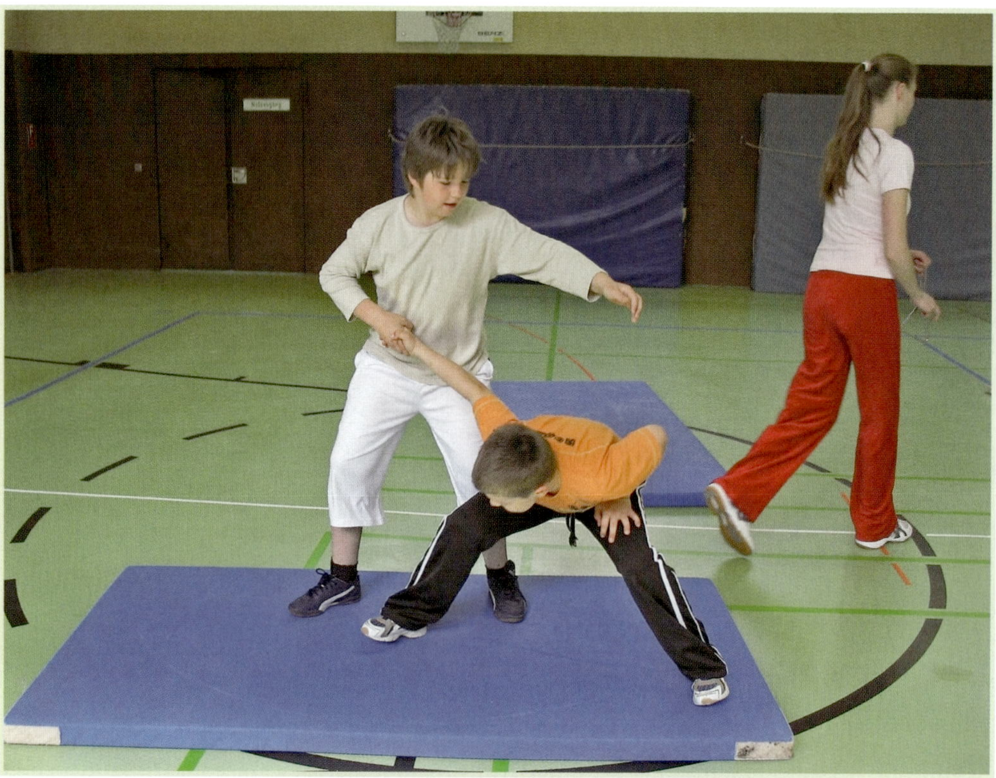

Zeitung-Fechten

Aufbau / Organisation:
Es werden Kampfpaare gebildet. Jeder formt sich ein oder zwei Zeitungsseiten zu einer handlichen Rolle. Die Paare suchen sich einen freien Platz in der Turnhalle.

Aufgabe:
Nach einem Startsignal versuchen die Kinder ihren Partner mit der Zeitungsrolle am Körper zu berühren. Andererseits versuchen sie aber auch, den Treffversuchen des Partners auszuweichen bzw. sie mit der eigenen Zeitungsrolle abzulenken. Jeder Treffer ergibt einen Punkt. Wer schafft innerhalb von einer Minute die meisten Treffer?

Variationen / eigene Ideen:
- Es können bestimmte Körperteile als Treffzonen verabredet werden (z. B. Po, Arme, usw.).

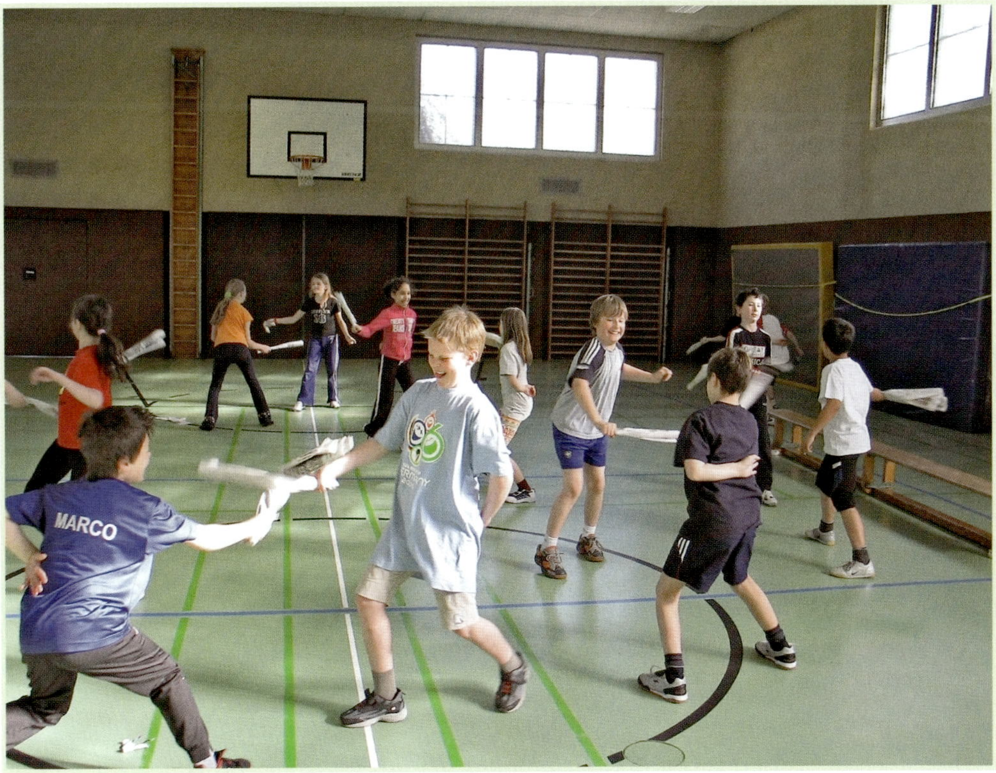

Komm auf meine Seite

Aufbau / Organisation:
Es werden Paare gebildet, die sich in der Halle einen freien Platz an irgendeiner Linie suchen und sich dort gegenüber aufstellen. Sie geben sich jeweils die rechte Hand und umfassen die Handgelenke des Partners ganz fest.

Aufgabe:
Nach einem Startsignal versuchen sie, den Partner über die Linie auf ihre Seite zu ziehen bzw. dem Ziehen des Partners standzuhalten.

Variationen / eigene Ideen:
- Mit verbundenen Augen.

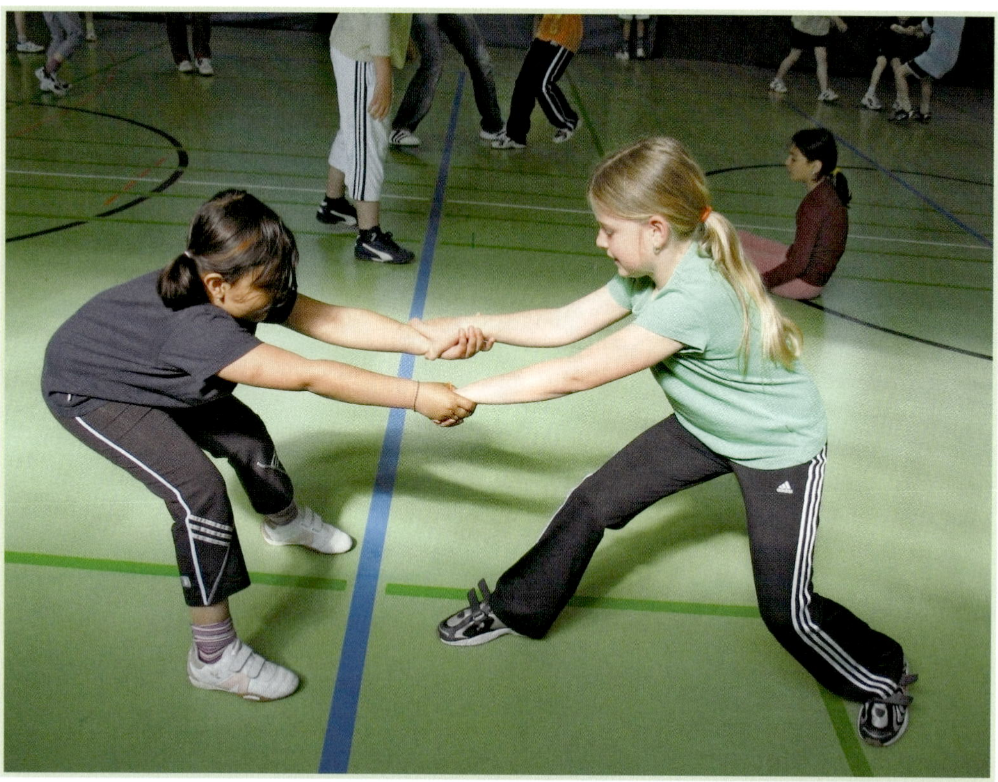

Steh auf – setz dich

Aufbau / Organisation:
Es werden Paare gebildet, die sich einen freien Platz auf der Kampffläche suchen. Ein Partner setzt sich mit angewinkelten Beinen auf den Boden, während sich der andere vor ihm aufstellt. Beide geben sich eine Hand, stellen je einen Fuß voreinander und halten darüber Kontakt.

Aufgabe:
Nach dem Startsignal versuchen sie, sich gegenseitig vom Boden abzuheben, und bemühen sich gleichzeitig, den Kontakt zum Boden zu halten.

Der sitzende Partner versucht, das hintere Standbein des Stehenden hoch zu heben, während der Stehende versucht, den Po des Sitzenden anzuheben.

Variationen / eigene Ideen:
- Mit beiden Händen halten.
- Den Gegner an der gleichen (rechten / linken) Hand fassen.
- Den Gegner an der gegenüberliegenden (rechten / linken) Hand fassen.

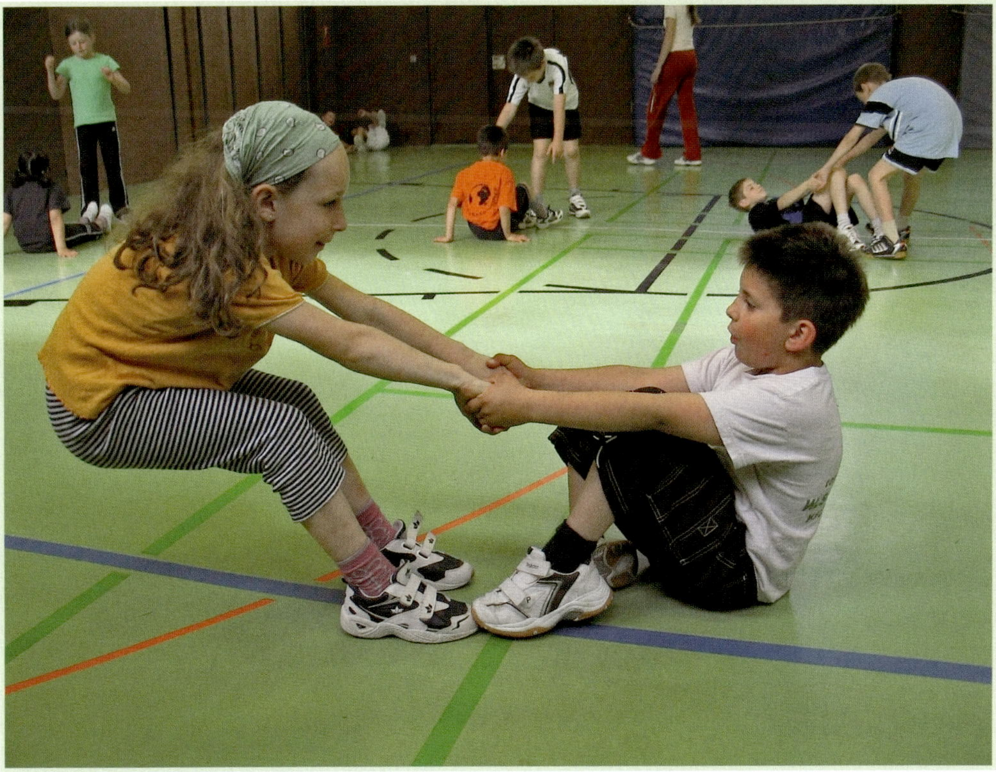

Luftballonjagd

Aufbau / Organisation:
Es werden Paare gebildet. Einer der beiden erhält einen Luftballon, den er unter seinem T-Shirt verstecken soll.

Aufgabe:
Nach einem Startsignal beginnt zunächst ein Fangspiel und wenn der Luftballonträger gefangen ist, beginnt ein Kampf um den Luftballon. Vorsicht, der Ballon darf nicht zerplatzen.

Variationen / eigene Ideen:
- Wenn das Fangspiel vermieden werden soll, wird das Spiel auf eng begrenzten Raum gespielt (z. B. 2–3 nebeneinander gelegte Turnmatten).

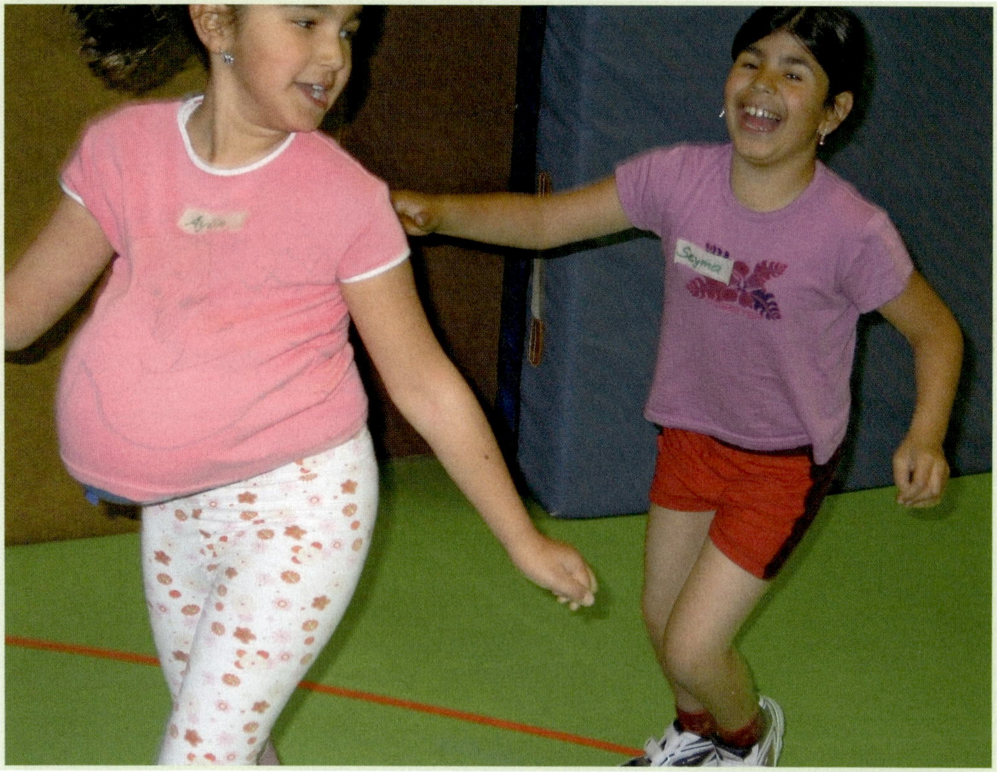

Sumokampf

Aufbau / Organisation:
Es werden Kampfpaare gebildet, die sich jeweils eine Spiel- bzw. Kampffläche mit Turnmatten auslegen. Auf dieser Fläche wird ein Kreis mit einem Durchmesser von ca. 1,5 bis 2 Meter markiert (z. B. mit Kreide oder Springseilen).

Aufgabe:
Die jeweiligen Kampfpartner versuchen mit angelegten Armen, sich gegenseitig aus dem z. B. mit Kreide markierten Bereich der Kampffläche zu schieben oder zu drücken.

Variationen / eigene Ideen:
- Die Partner nehmen für ihren Sumokampf eine Bankhaltung ein. Dabei ist das Aufstehen nicht erlaubt.
- Neben dem Drücken und Schieben ist zusätzlich auch das Ziehen erlaubt.
- Als Mannschaftswettkampf: Zwei Mannschaften führen den „Sumokampf" gegeneinander durch. Hierfür muss die Kampffläche vergrößert werden. Gewonnen hat die Mannschaft, aus deren Reihen am Schluss noch ein Kämpfer übrig geblieben ist.

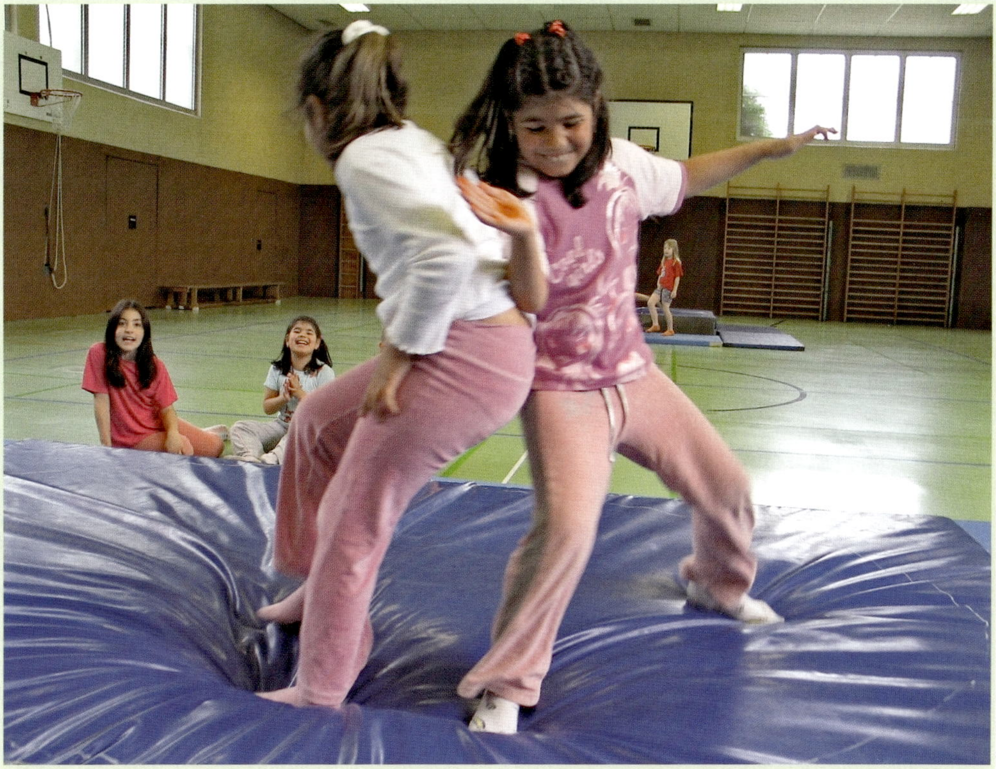

Schatzinsel

Aufbau / Organisation:
In der Halle wird für zwei Kinder jeweils eine Bodenturnmatte (Insel) ausgelegt, auf der ein Medizinball (Schatz) liegt.

Aufgabe:
Die Kinder laufen zu Musik im näheren Umfeld der Matte umher. Sobald die Musik stoppt, versucht jedes Kind einen Schatz zu erobern. Der Ball gilt erst dann als erobert, wenn es gelingt, ihn auf allen Vieren in Bankstellung zu umklammern. Es dürfen immer nur zwei Kinder auf einer Insel um den Schatz kämpfen.
Wenn ein Kind auf einer Insel ankommt, auf der ein Schatz bereits von einem anderen Kind erobert wurde, hat der zu spät angekommene 30 Sekunden Zeit, um den Schatzeroberer (das Kind mit dem Ball) auf den Rücken zu drehen und so den Kampf für sich zu entscheiden.
Sobald der Spielleiter erneut die Musik ertönen lässt, wird der Kampf beendet und die Kinder beginnen wieder durch die Halle zu laufen, um beim nächsten Musikstopp einen neuen Schatz zu erobern bzw. einen neuen Kampf auszutragen.

Variationen / eigene Ideen:

- Es werden Kampfpaare festgelegt. Nach dem Ende der Musik müssen die beiden Kinder eines Paares sich für eine freie Matte entscheiden.

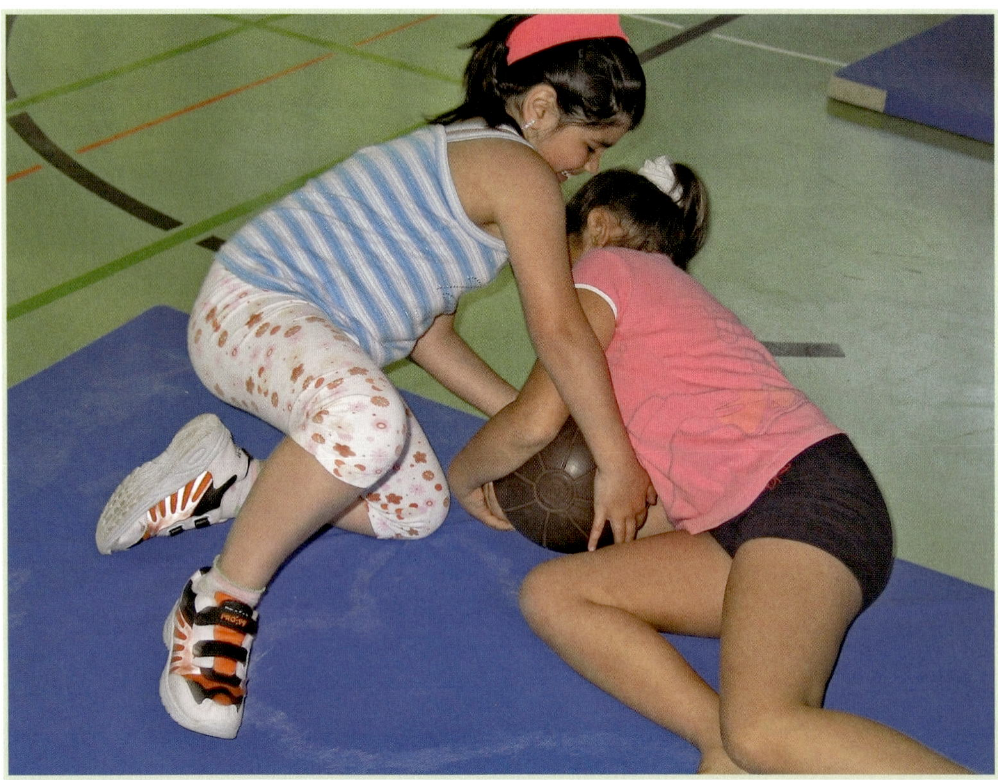

Ziehen und Schieben

Aufbau / Organisation:
Ein Spielfeld wird markiert: Zwischen zwei gegenüberliegenden Grundlinien befindet sich eine Mittellinie. Die Kinder werden in zwei Mannschaften aufgeteilt, die jeweils hinter einer Grundlinie Platz nehmen. Jeder sucht sich in der gegnerischen Mannschaft einen Gegner.

Aufgabe:
Die Gegner sollen über die vorher festgelegte Mittellinie gezogen bzw. geschoben werden. Der zu Ziehende darf lediglich passiven Widerstand leisten (sich schwer machen). Sobald es gelungen ist, den Gegner über die Markierung hinaus zu ziehen, werden die Rollen getauscht.

Variationen / eigene Ideen:
- Es müssen keine festen Paare gebildet werden.
- Die zu Ziehenden können auch von zwei oder drei Kindern gezogen und geschoben werden.

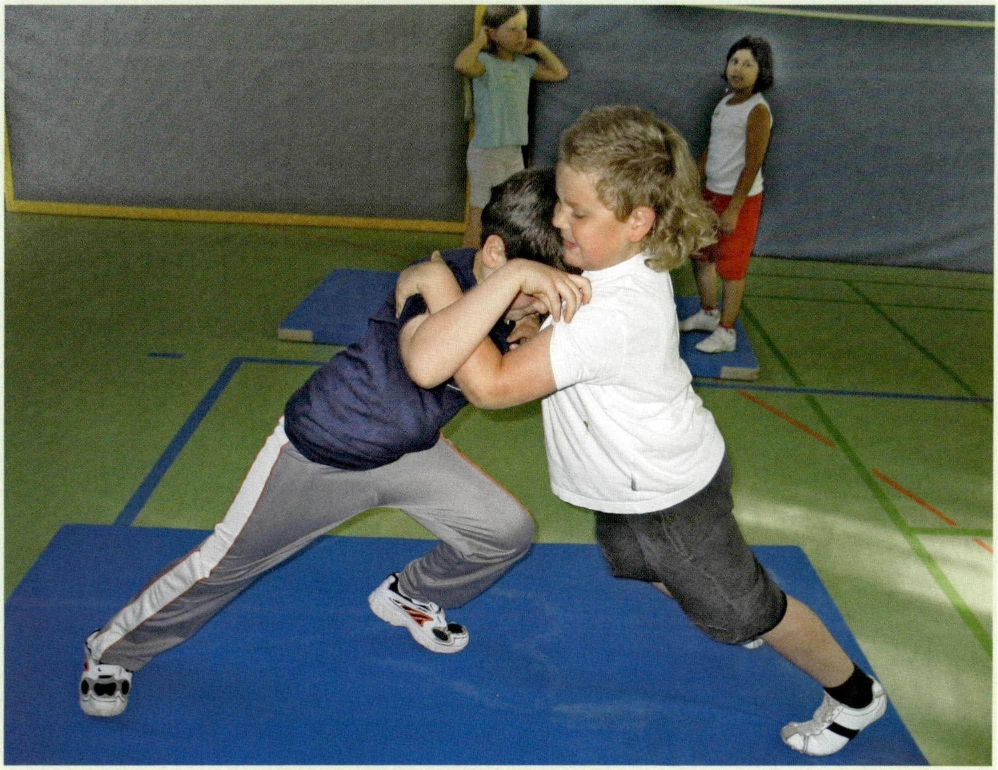

Rückenschieben

Aufbau / Organisation:
Zwei Kinder sitzen Rücken an Rücken auf einer Turnmatte.

Aufgabe:
Nach einem Startsignal versuchen beide, den anderen von dieser Matte herunterzudrängen.

Variationen / eigene Ideen:
- Die Hände dürfen nicht zur Hilfe genommen werden (Arme sind vor der Brust verschränkt).
- Der Gegner darf nur über eine bestimmte Kante der Matte herunter gedrängt werden.
- Zwei gleichgroße Kinder schieben sich im Stehen von der Matte. Die Arme sollten seitlich eingehakt werden.

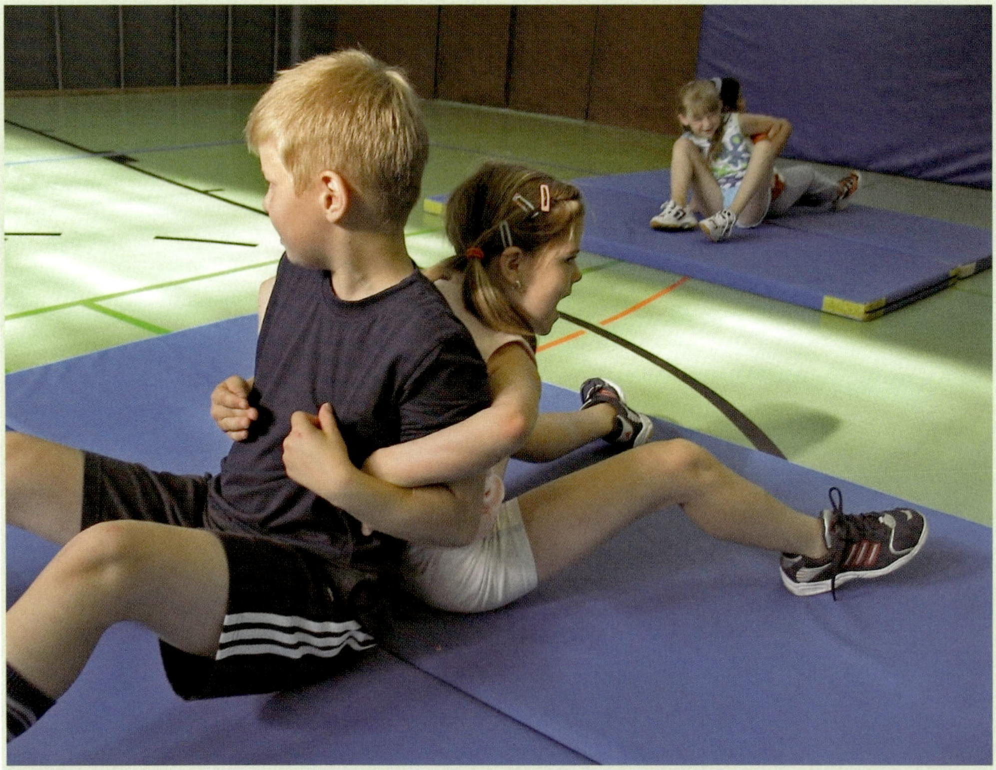

Parteibandziehen zu zweit

Aufbau / Organisation:
Es wird ein Spielfeld markiert: An einer Mittellinie sitzen sich zwei Kinder gegenüber. Jeder hält ein Ende eines Parteibandes in der Hand.

Aufgabe:
Die beiden Kinder ziehen an diesem Parteiband und versuchen jeweils, den Partner über die Mittellinie hinweg, auf die eigene Seite zu ziehen.

Variationen / eigene Ideen:

- Die Ausgangspositionen können variiert werden (im Stehen, kniend, usw.).

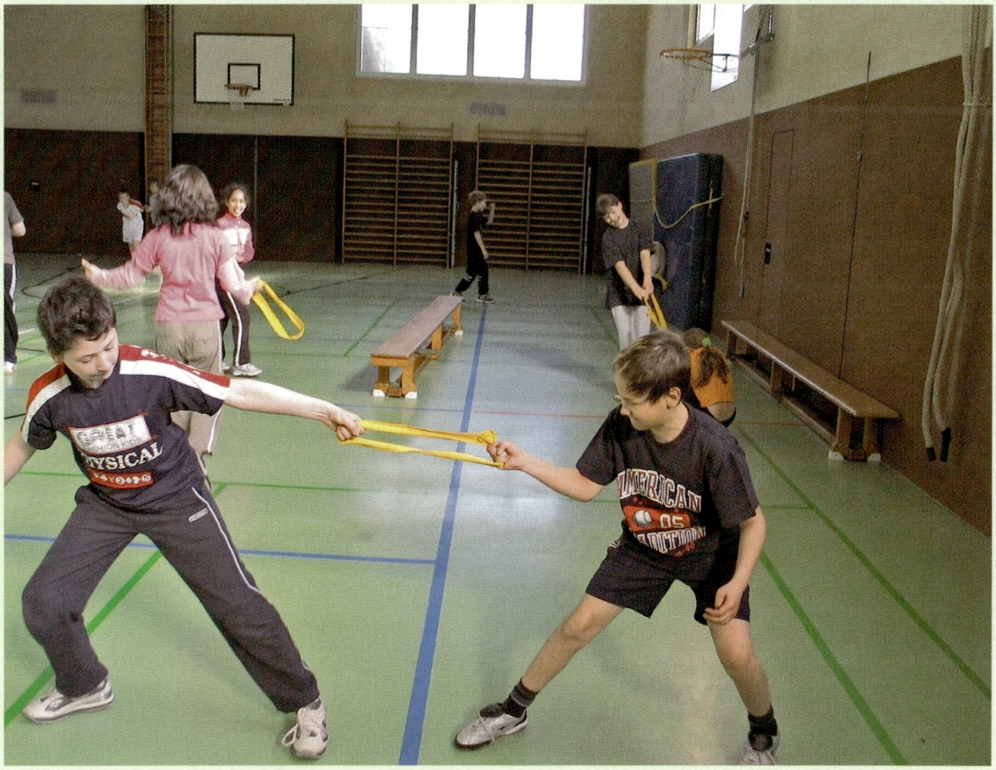

Krone

Aufbau / Organisation:

Zwei Kinder halten zusammen ein Parteiband an den Enden fest in der Hand. Ein Kind hat dabei einen Tennis- bzw. Gummiring (die Krone) auf dem Kopf.

Aufgabe:

Das Kind ohne Krone soll versuchen, die Krone es anderen herunterzuschütteln. Dies kann z. B. durch Ziehen, Nachgeben usw. geschehen. Der „gekrönte" Partner darf dabei nicht berührt werden. Er soll lediglich durch das Ziehen und Nachgeben am Parteiband zu ungeschickten Bewegungen verleitet werden, so dass die Krone herunter fällt.

Variationen / eigene Ideen:

- Beide Kinder bekommen eine Krone. Wer verliert die Krone zuerst?

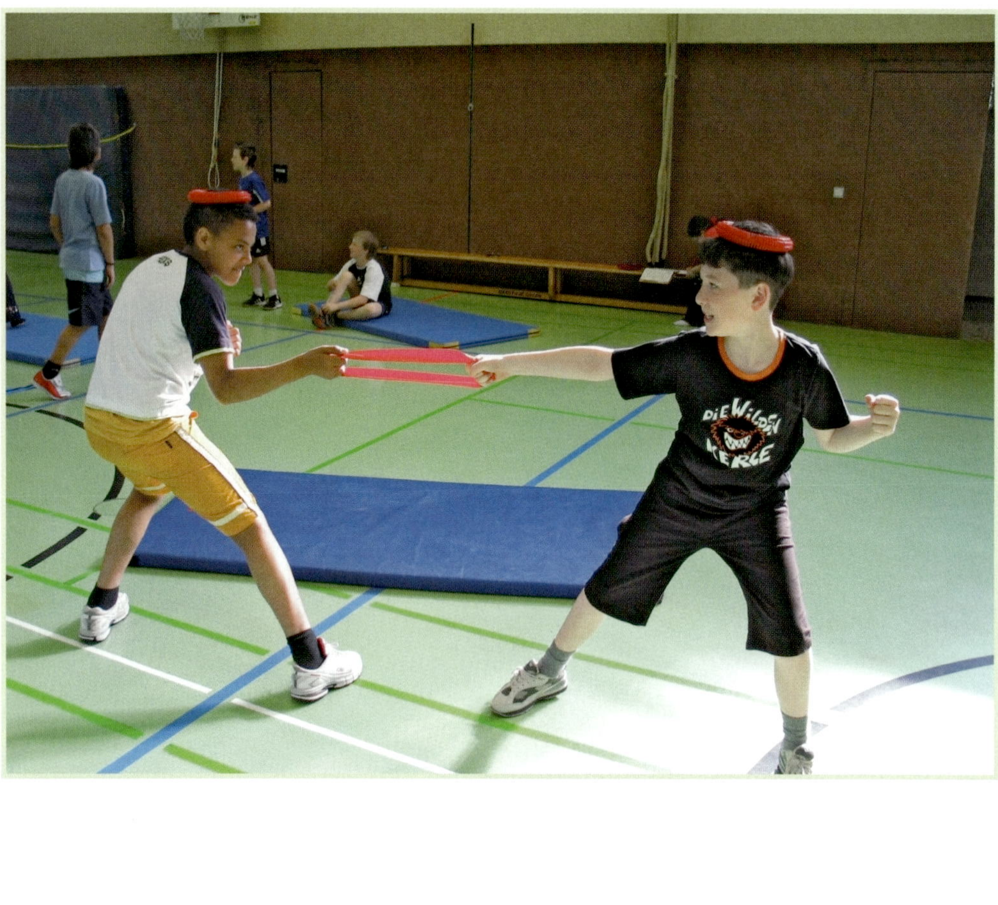

Hahnenkampf

Aufbau / Organisation:
Die Kinder verteilen sich paarweise in der Turnhalle.

Aufgabe:
Nach dem Startsignal dürfen sich die Kinder nur noch auf einem Bein bewegen. Dabei sollen sich die Kampfpartner mit verschränkten Armen gegenseitig rempeln. Am besten so, bis einer von beiden mit dem zweiten Bein den Boden berühren muss. Wer zuerst mit beiden Beinen auf dem Boden steht, hat verloren.

Variationen / eigene Ideen:

- Beide Kampfpartner bekommen zusätzlich einen Tennisring als Krone auf den Kopf. Wer seine Krone zuerst verliert oder zuerst das zweite Bein auf den Boden bringen muss, hat verloren.
- Als Spielfeld werden zwei Turnmatten aneinander gelegt. Nun muss der Partner in der vorgeschriebenen Bewegungsweise herunter gedrängt werden.
- Zwei Mannschaften treten gegeneinander an. Welche Mannschaft hat nach einer vorher festgelegten Zeit mehr Hähne übrig?

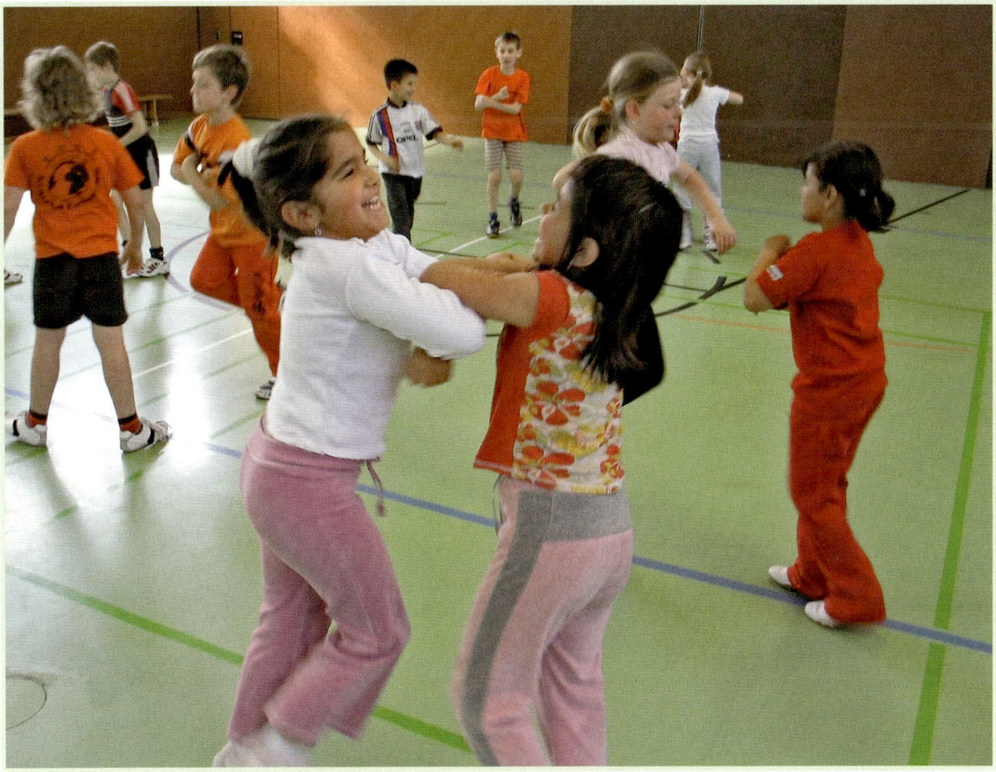

Heb das Bein!

Aufbau / Organisation:
Die Kinder verteilen sich paarweise in der Turnhalle, legen sich mit zwei Turnmatten eine Kampffläche aus und stellen sich gegenüber auf.

Aufgabe:
Nach dem Startsignal versuchen sie, ein Bein des Partners vom Boden abzuheben. Dabei ist wichtig, dass man selbst standhaft bleibt und beide Beine fest am Boden lässt.

Variationen / eigene Ideen:
- Beide Kampfpartner bekommen zusätzlich einen Tennisring als Krone auf den Kopf. Wer seine Krone zuerst verliert oder zuerst das zweite Bein auf den Boden bringen muss, hat verloren.
- Als Spielfeld werden zwei Turnmatten aneinander gelegt. Nun muss der Partner in der vorgeschriebenen Bewegungsweise herunter gedrängt werden.

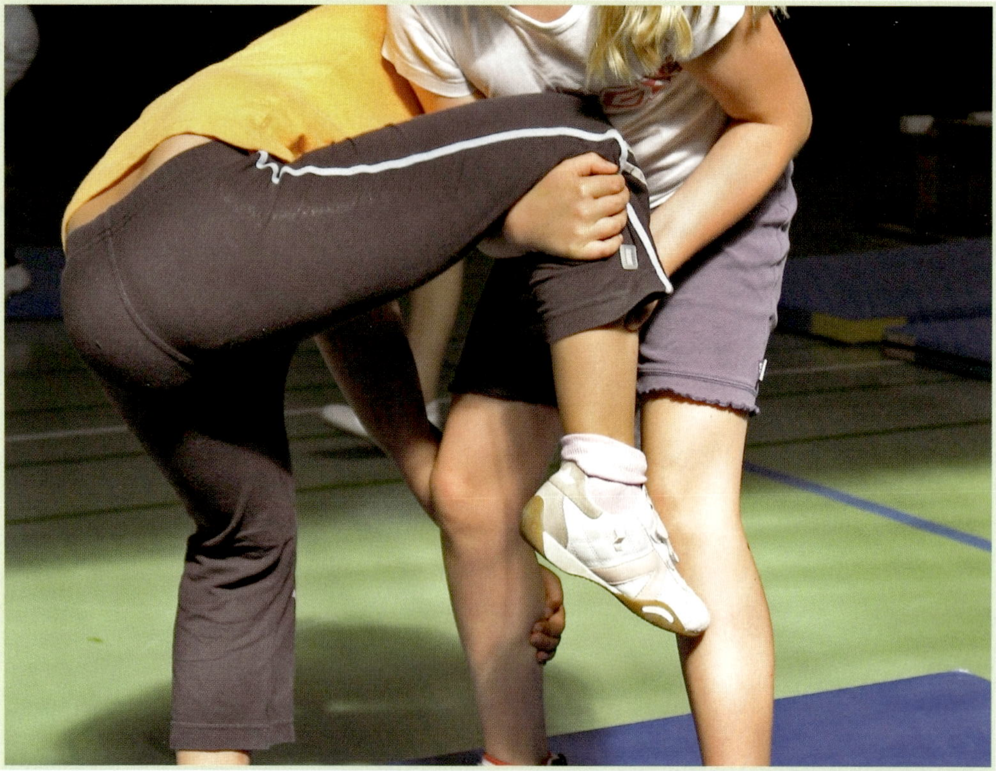

Störrischer Widder

Aufbau / Organisation:
Es werden Kleingruppen (4 bis 6 Kinder) gebildet. Jede Gruppe bekommt eine Langbank, die umgedreht auf den Hallenboden gelegt wird. Die Bank wird mit Turnmatten gesichert.

Aufgabe:
Die Bank wird an ihren beiden Enden jeweils von zwei Kindern gleichzeitig bestiegen, beide balancieren aufeinander zu und begegnen sich irgendwann in der Mitte. Dort fassen sie sich gegenseitig an den Handgelenken an. Da keiner von beiden ausweichen will, müssen sie versuchen, den anderen von der Bank herunterzuschubsen. Und zwar so, dass sie bei ihren Schubsern nicht selbst das Gleichgewicht verlieren und herunterfallen.

Variationen / eigene Ideen:

- Beide Kampfpartner bekommen zusätzlich einen Tennisring als Krone auf den Kopf. Wer seine Krone zuerst verliert, muss den Weg frei geben.
- Die Kinder fassen in der Mitte ein Parteiband und versuchen sich durch Ziehen am Band herunterzuschubsen.
- Die Kinder haben jeweils einen Medizinball in der Hand und versuchen durch den Aufprall des eigenen Balles gegen den des Gegenübers, das andere Kind von der Bank zu schubsen.

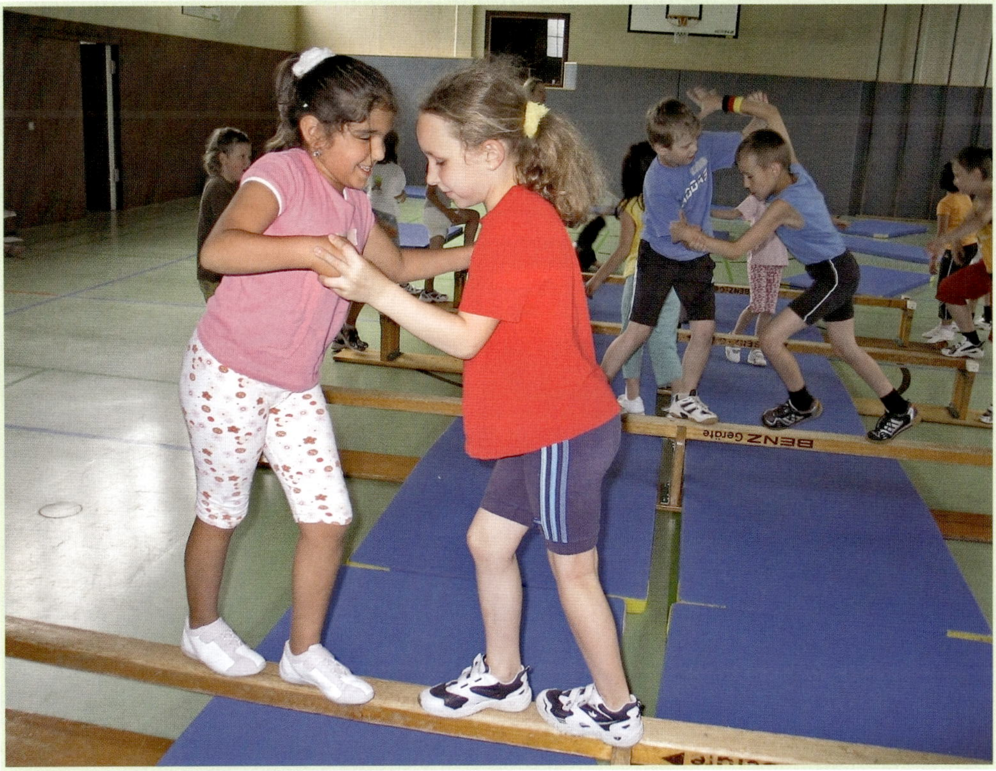

Kissenfechten

Aufbau / Organisation:
In der Halle wird ein Schwebebalken aufgestellt und ringsherum mit Weichböden und anderen Matten gesichert. Die Kinder stellen sich in zwei Gruppen an den beiden Enden des Schwebebalkens an.

Aufgabe:
Jeweils zwei Kinder besteigen den Schwebebalken an seinen beiden Enden, beide balancieren aufeinander zu und begegnen sich irgendwann in der Mitte. Da keiner von beiden ausweichen will, müssen sie versuchen, den anderen von der Bank herunterzuschubsen. Hierfür halten sie jeweils ein Kissen in den Händen, mit dem sie den Gegner schlagen und aus dem Gleichgewicht bringen können. Dabei müssen sie darauf achten, dass sie nicht selbst das Gleichgewicht verlieren und herunterfallen.

Variationen / eigene Ideen:
- Beide Kampfpartner bekommen zusätzlich einen Tennisring als Krone auf den Kopf. Wer seine Krone zuerst verliert, muss den Weg frei geben.

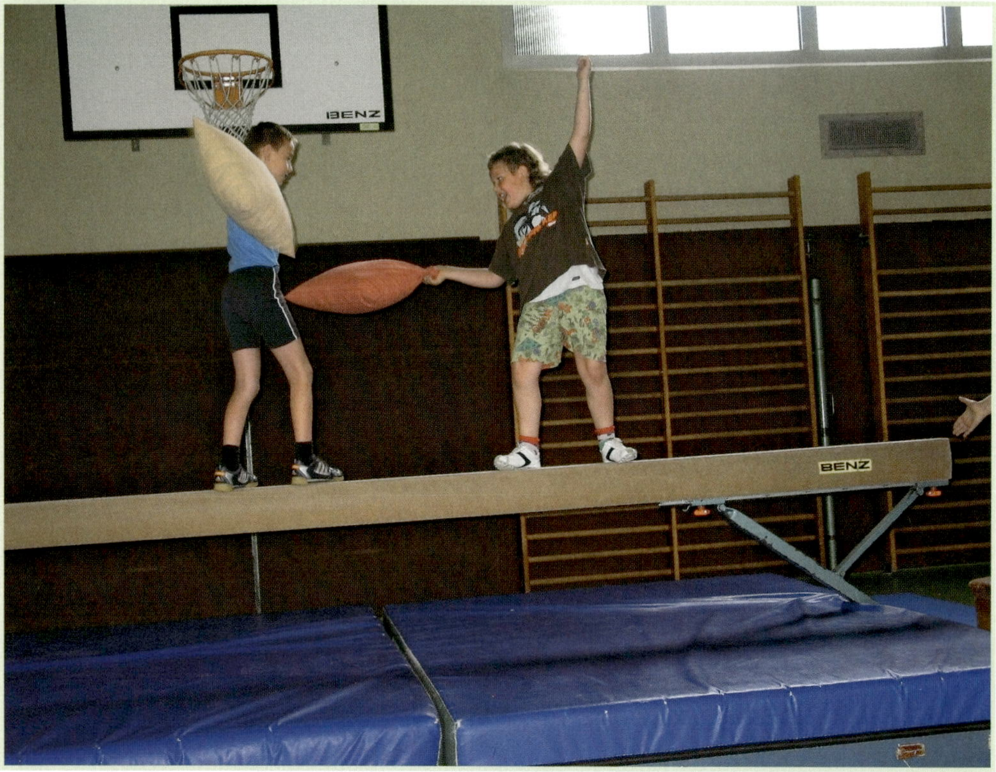

Armdrücken

Aufbau / Organisation:
Es werden Paare gebildet, die sich auf einer Turnmatte in Bauchlage gegenüber legen.

Aufgabe:
Die beiden Kinder setzen jeweils einen Ellenbogen auf dem Boden auf, beugen den Arm rechtwinklig und fassen sich an den Händen. Nach dem Starsignal soll die Hand des Partners zu Boden gedrückt werden. Dabei darf der Ellenbogen nicht vom Boden abgehoben werden (Armdrücken im Liegen).

Variationen / eigene Ideen:

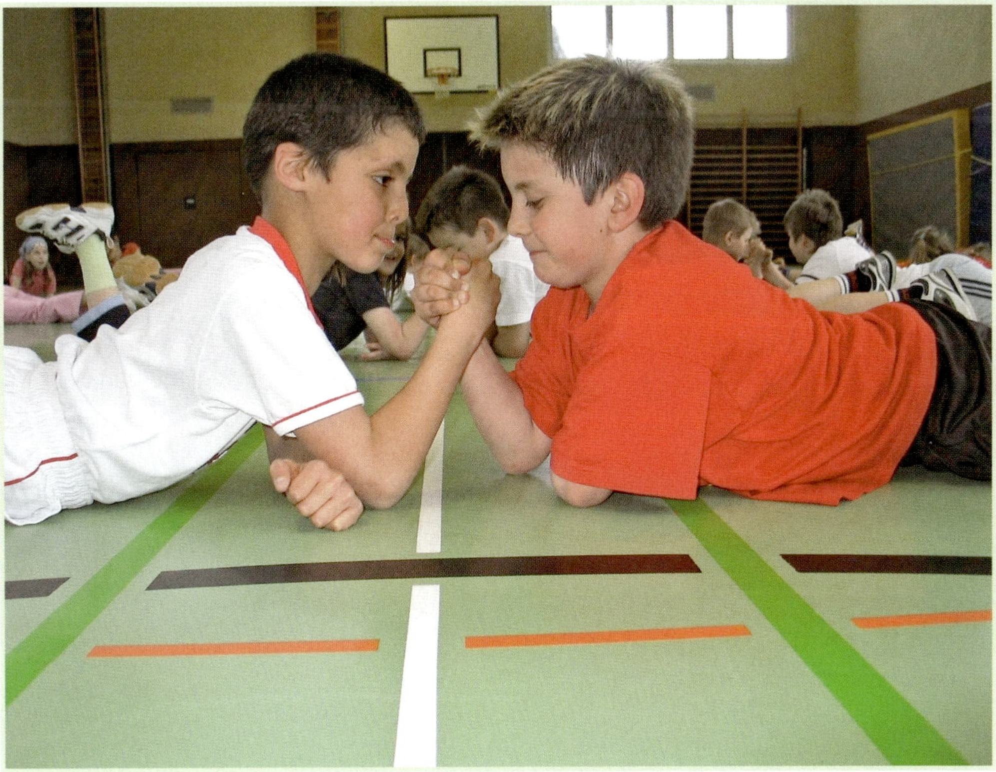

Keulen umwerfen

Aufbau / Organisation:
Es werden Paare gebildet, die sich in der Turnhalle einen freien Platz suchen. Dort stellen sie eine Keule auf, fassen sich an den Händen und nehmen die Keule in ihre Mitte.

Aufgabe:
Die beiden Kinder fassen sich an den Händen und versuchen nach dem Startsignal durch Zug, Druck oder Fintieren den Partner zu veranlassen, die zwischen ihnen stehende Keule umzustoßen.

Variationen / eigene Ideen:
- Es können mehrere Keulen in die Mitte gestellt werden.
- Die Gruppen können vergrößert werden (2 bis 4 Kinder). Wer stößt die Keule um?

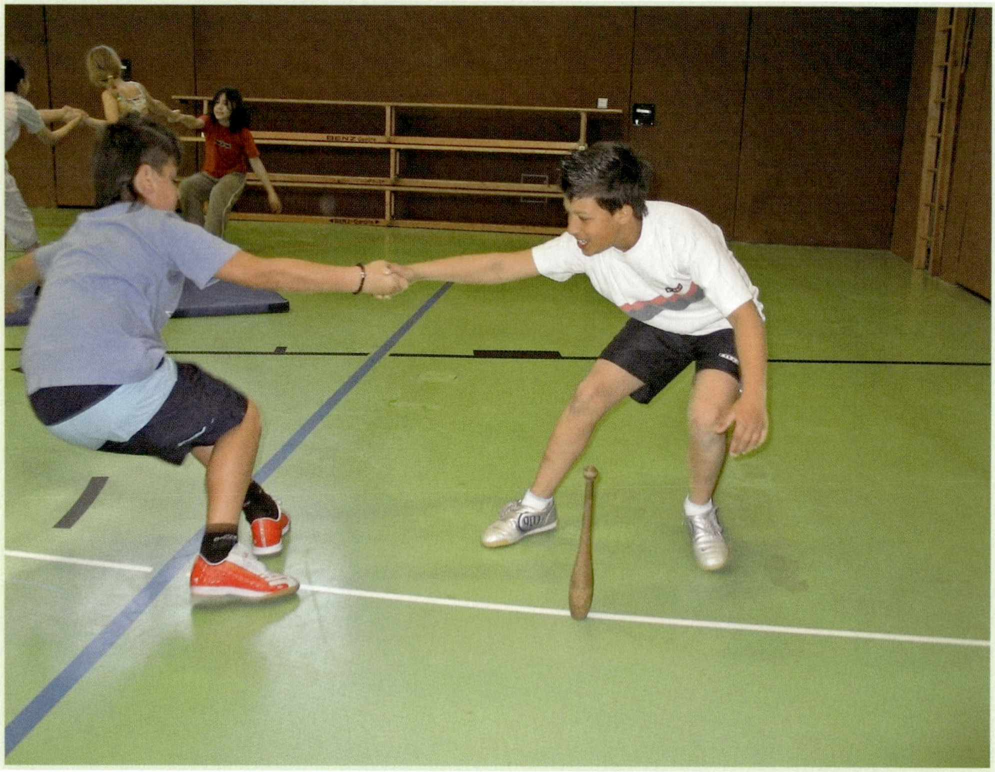

Medizinballziehen

Aufbau / Organisation:
Es werden Paare gebildet, die sich in der Turnhalle einen freien Platz suchen. Dort legen sie eine Turnmatte ab. In der Mitte wird eine ca. 30 cm breite Markierung angebracht (Kreide / Springseil).

Aufgabe:
Die beiden Kinder legen sich auf dem Bauch einander gegenüber auf die Matte. Nach einem Startsignal soll der zwischen ihnen auf dem Boden liegende Medizinball über die Markierung gezogen werden.

Variationen / eigene Ideen:
- Die Partner knien einander gegenüber und versuchen, den Ball über die Markierung zu bringen.
- Der Medizinball muss über die Markierung gedrückt werden.
- Es werden andere Bälle oder Stäbe genutzt.
- Die Partner knien einander gegenüber und versuchen, den Ball über die Markierung zu bringen.

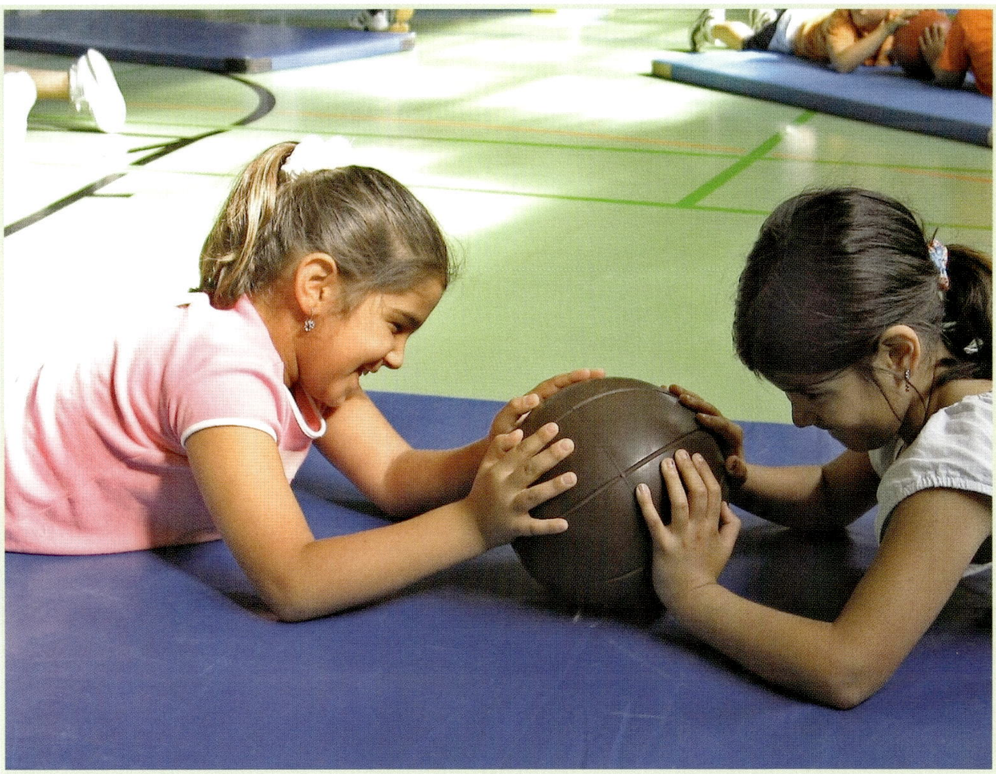

Medizinball-Rugby

Aufbau / Organisation:
Es werden Paare gebildet, die sich in der Turnhalle einen freien Platz suchen. Dort legen sie einen Gymnastikreifen ab. Ein Spieler bekommt einen Medizinball.

Aufgabe:
Nach einem Startsignal versucht derjenige, der den Medizinball hält, den Ball in den Ring (Gymnastikreifen) hinein zu legen. Der Partner versucht das durch Halten, Schieben, Blocken, Klammern usw. zu verhindern.

Variationen / eigene Ideen:
- Der Verteidiger darf seine Hände nicht einsetzen. Er muss sie hinter seinem Rücken verschränken und kann den Partner deshalb nur blocken und wegdrängen.

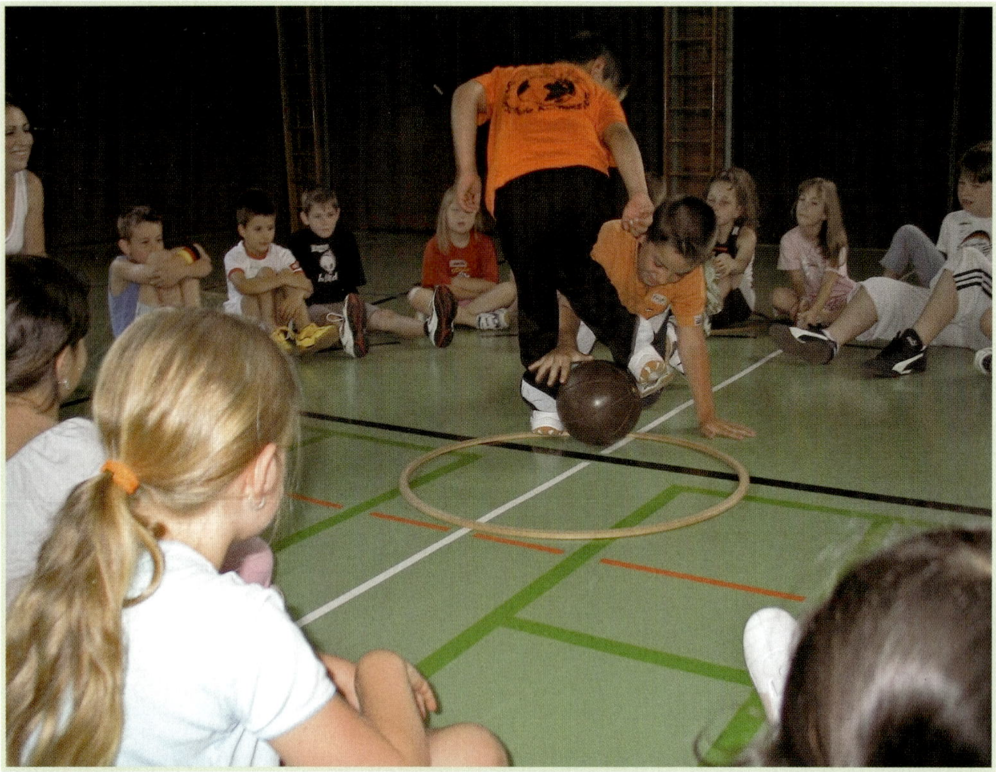

Der gehütete Schatz

Aufbau / Organisation:
Es werden Paare gebildet, die sich in der Turnhalle einen freien Platz suchen. Jedes Paar legt sich mit zwei Turnmatten eine Kampffläche aus. Auf der Kampffläche wird ein Medizinball abgelegt.

Aufgabe:
Ein Kind deckt mit seinem Körper einen auf dem Boden liegenden Medizinball ab und hütet ihn vor dem Raub durch den Partner Dieser versucht, den Schatz zu erobern und ihn unter seinen Bauch zu begraben.

Variationen / eigene Ideen:

- Anstelle des Medizinballes können auch Tücher oder andere Gegenstände als Schatz verwendet werden.
- Beide Kinder stehen und ein Kind umarmt den Ball ganz fest.
- Andere Ausgangslage. Die beiden Partner knien beispielsweise voreinander auf der Matte.

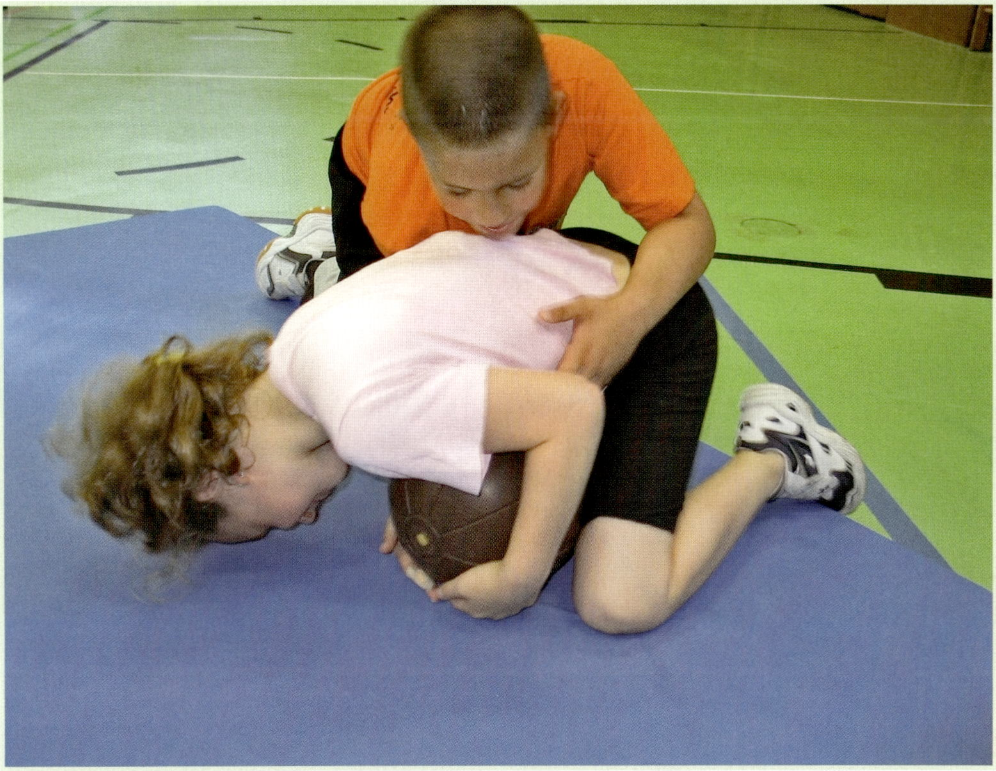

Kaninchen in der Höhle

Aufbau / Organisation:
Es werden Paare gebildet, die sich in der Turnhalle einen freien Platz suchen. Dort legen sie eine Turnmatte ab.

Aufgabe:
Ein Kind legt sich auf den Rücken (Kaninchen). Das andere Kind macht eine Bank über das Kaninchen und hält es so in der Höhle gefangen. Das unten liegende Kaninchen muss versuchen, sich aus der Höhle zu befreien.

Variationen / eigene Ideen:
- Anstatt einer Körperbrücke wird das gefangene Kind lediglich an den Unterschenkeln festgehalten. Der Gefangene muss nun versuchen, sich zu befreien oder sich bis zu einer vorher festgelegten Markierung zu schlängeln.

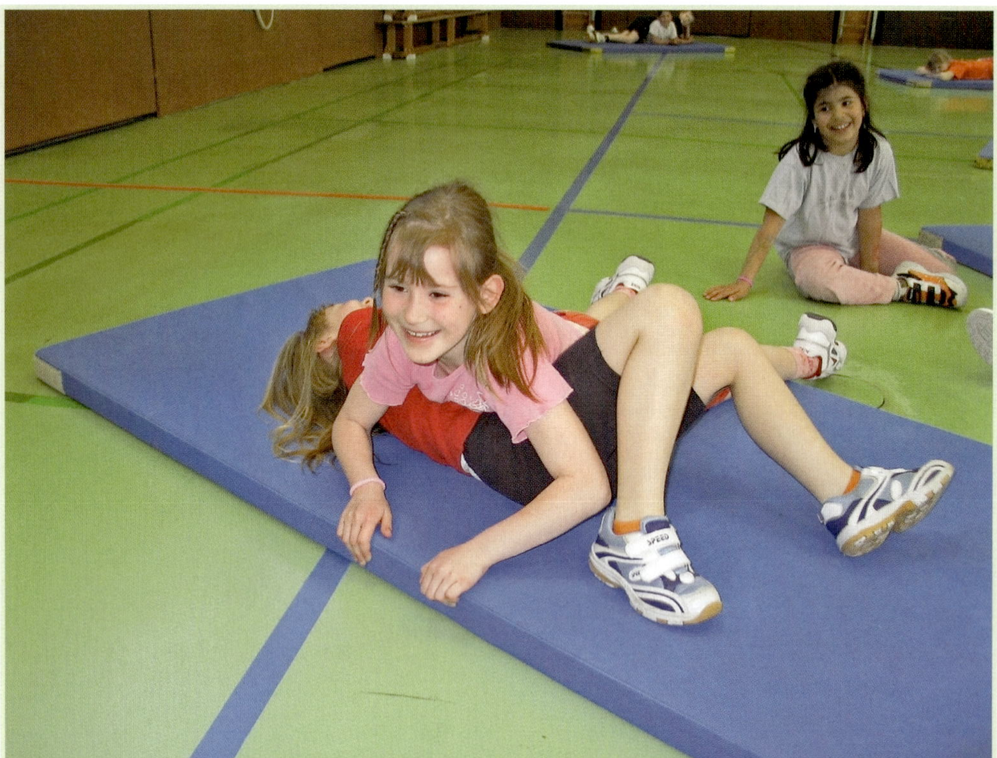

Ringen

Aufbau / Organisation:
Es werden Paare gebildet, die sich in der Turnhalle einen freien Platz suchen. Dort legen sie eine Turnmatte ab.

Aufgabe:
Die beiden Kinder stehen sich im Kniestand gegenüber und versuchen den Partner dazu zu bringen, die Matten mit der Schulter zu berühren.

Variationen / eigene Ideen:

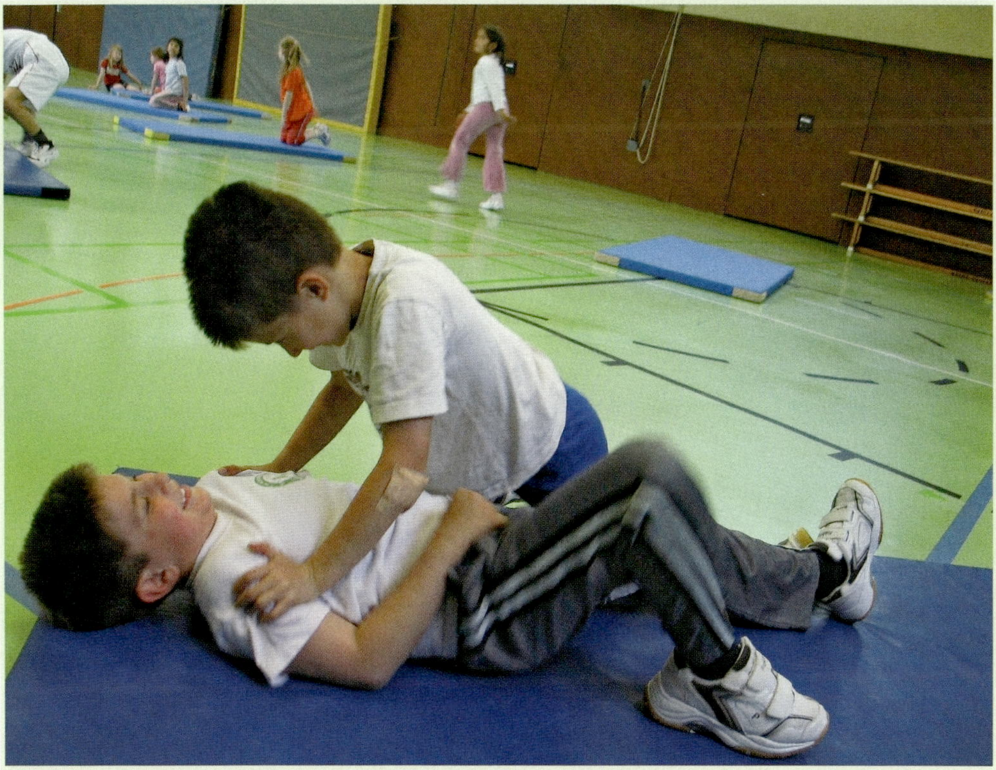

Sensibles Standhalten

Aufbau / Organisation:
Es werden Paare gebildet.

Aufgabe:
Die beiden Partner stehen in einer halben Armlänge Abstand voreinander. Sie legen die Handflächen aneinander und versuchen, den jeweils anderen aus dem Gleichgewicht zu bringen. Das geschieht durch sensibles Spüren und Führen sowie durch geschicktes Drücken mit den Händen. Der Handkontakt darf zu keiner Phase des Spiels verloren gehen.

Variationen / eigene Ideen:
- Die Augen werden geschlossen oder verbunden. Hierzu am besten eine Weichbodenmatte als Untergrund nutzen.
- Die Kinder nehmen einen Tennisball in die Hand und drücken.
- Als Spielfeld kann eine Matte dienen. Man muss versuchen, den Partner von dieser Matte herunter zu drücken.

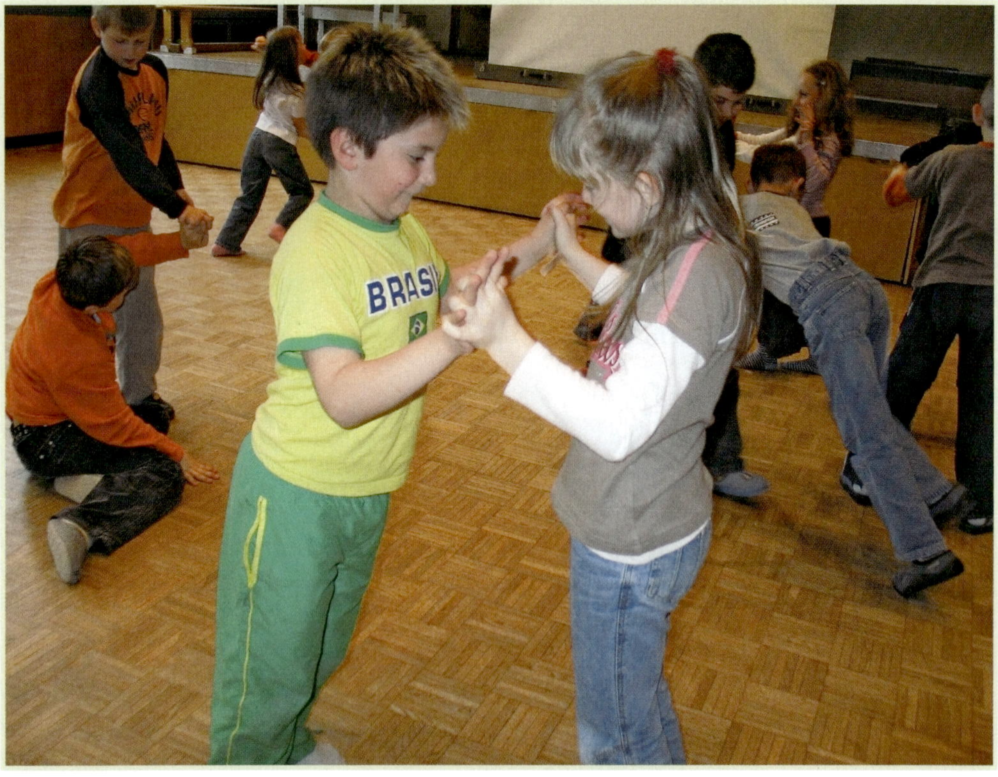

Au Backe!

Aufbau / Organisation:
Es werden Paare gebildet, die sich einander gegenüberstellen. Die beiden Partner stellen sich in gebückter Haltung, den Rücken einander zugekehrt, auf. Der Abstand zwischen den beiden Pobacken sollte relativ klein sein.

Aufgabe:
Nun muss versucht werden, den Partner mit einem geschickten Postoß aus dem Gleichgewicht zu bringen.

Variationen / eigene Ideen:
- Als Spielfeld kann eine Matte dienen. Man muss versuchen, den Partner von dieser Matte herunter zu drücken.

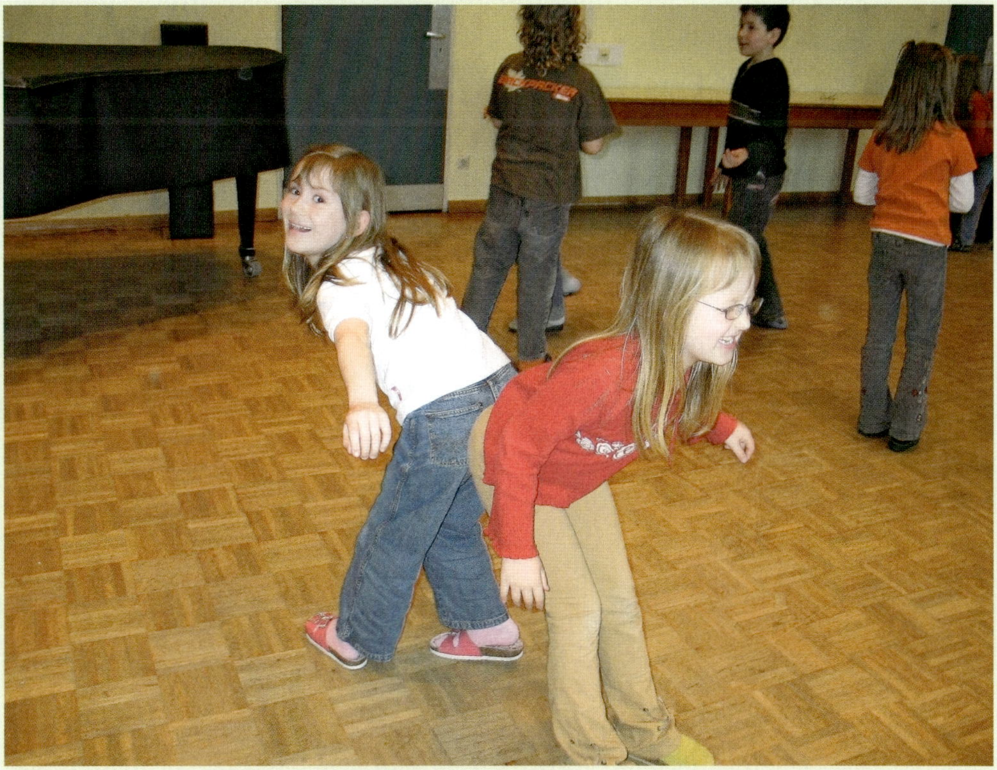

Spinnenrangeln

Aufbau / Organisation:
Es werden Paare gebildet, die sich voreinander auf eine Matte setzen und zum Schwebesitz aufsteigen. Dabei zeigen die Beine in die Luft.

Aufgabe:
Nun muss versucht werden, den Partner durch Fegen oder Drücken mit den Füßen aus dem Gleichgewicht zu bringen, so dass dieser den Schwebesitz aufgeben muss und die Beine die Matte berühren.

Variationen / eigene Ideen:
- Das Spiel wird schwerer, wenn der Einsatz der Hände nicht erlaubt wird und sich die Kämpfer damit nicht am Boden abstützen können.

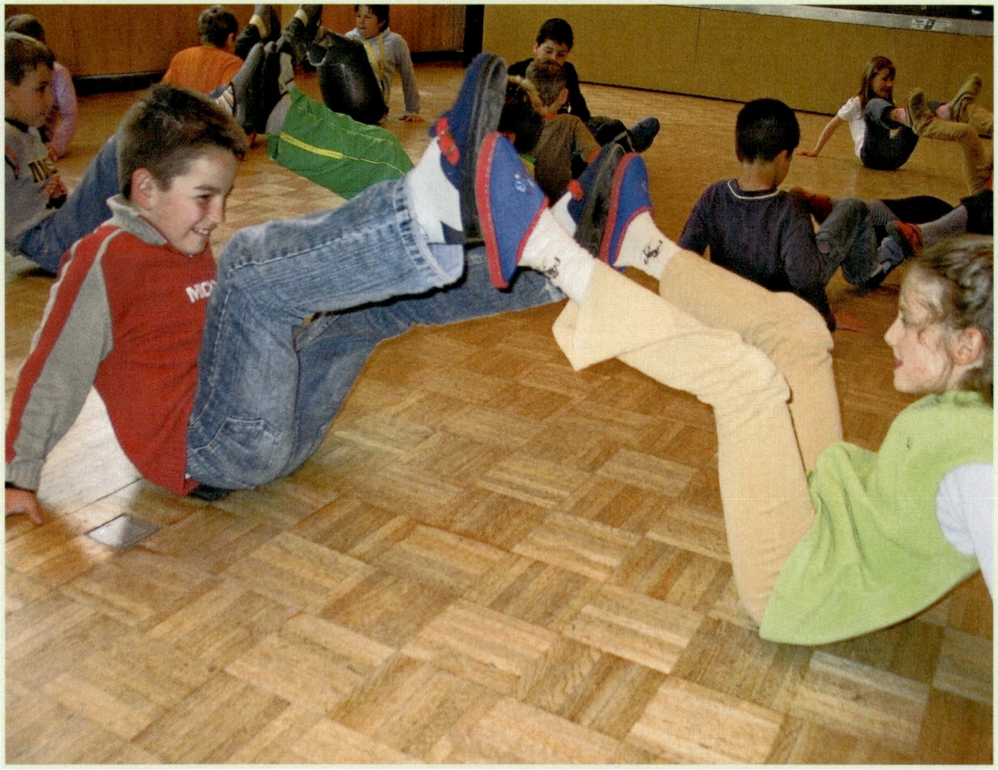

Hakelkampf

Aufbau / Organisation:
Es werden Paare gebildet. Jedes Paar legt sich mit Turnmatten eine Kampffläche aus.

Aufgabe:
Die beiden Partner stehen nebeneinander auf der Matte. Die rechte Schulter des einen wird an die rechte Schulter des anderen gelegt. Die beiden verhaken sich mit dem rechten Bein ineinander und legen die Hände locker auf den eigenen Rücken. Wem gelingt es, den Partner aus dem Gleichgewicht und zu Fall zu bringen?

Vorsicht: Für dieses Spiel müssen die Kinder bereits gut fallen und abrollen können.

Variationen / eigene Ideen:

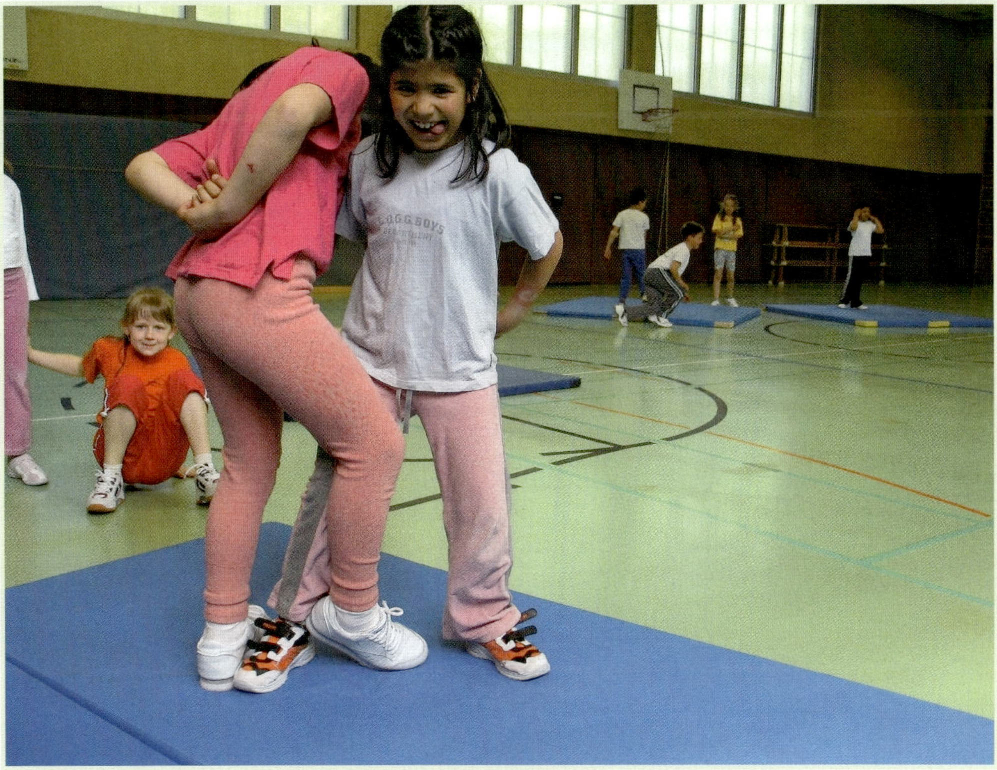

Auf den Po schubsen

Aufbau / Organisation:
Es werden Paare gebildet. Jedes Paar legt sich mit Turnmatten eine Kampffläche aus.

Aufgabe:
Beide Partner setzen sich kniend einander gegenüber. Dabei ist der Po jeweils angehoben. Sie fassen sich entweder im normalen Judogriff (eine Hand am Revers, die andere am Ärmel) oder an den Oberarmen an. Nach dem Startsignal sollen sie versuchen, den Partner auf dessen Po zu setzen.

Variationen / eigene Ideen:
- Als Spielfeld kann eine Matte dienen. Man muss versuchen den Partner von dieser Matte herunter zu drücken.

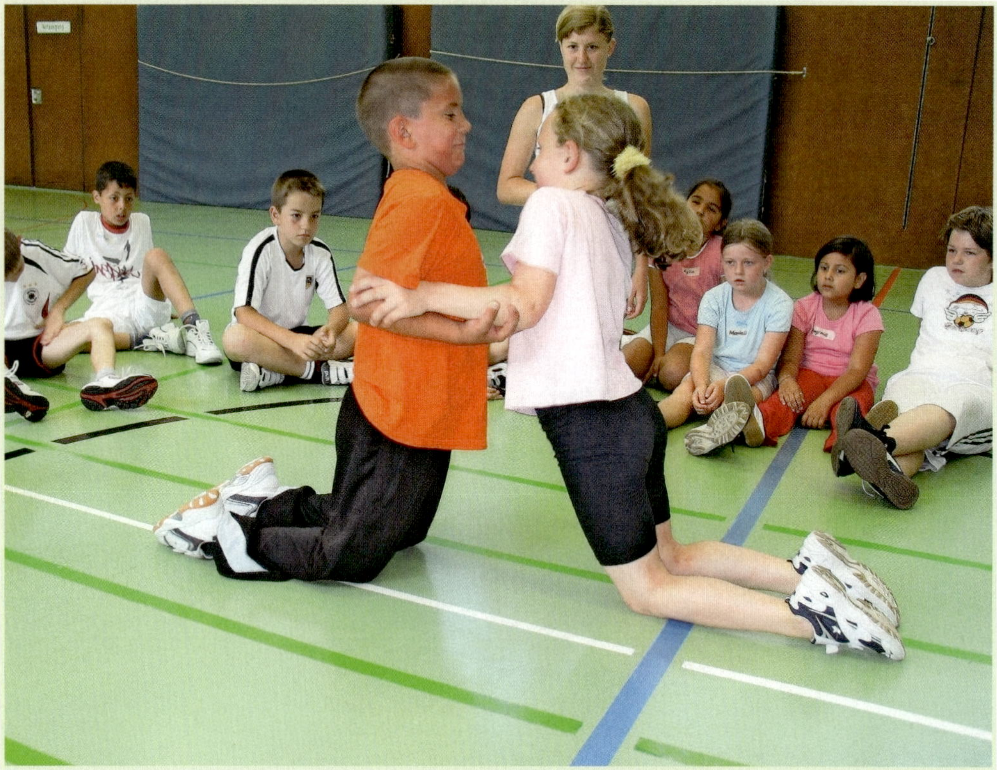

Kampf um den Kniestand

Aufbau / Organisation:
Es werden Paare gebildet. Jedes Paar legt sich mit Turnmatten eine Kampffläche aus.

Aufgabe:
Die beiden Partner befinden sich voreinander im hohen Kniestand. Dabei ist ein Knie am Boden und vom zweiten Bein ist der Fuß fest aufgesetzt. Beide fassen sich im normalen Judogriff (eine Hand am Revers, die andere am Ärmel) oder an den Oberarmen.

Nach einem Startsignal soll versucht werden, den Partner in die Bauchlage zu zwingen oder nach hinten umzustoßen und aus dem Gleichgewicht zu bringen.

Variationen / eigene Ideen:
- Als Ausgangsstellung kann auch ein kompletter Kniestand gewählt werden.

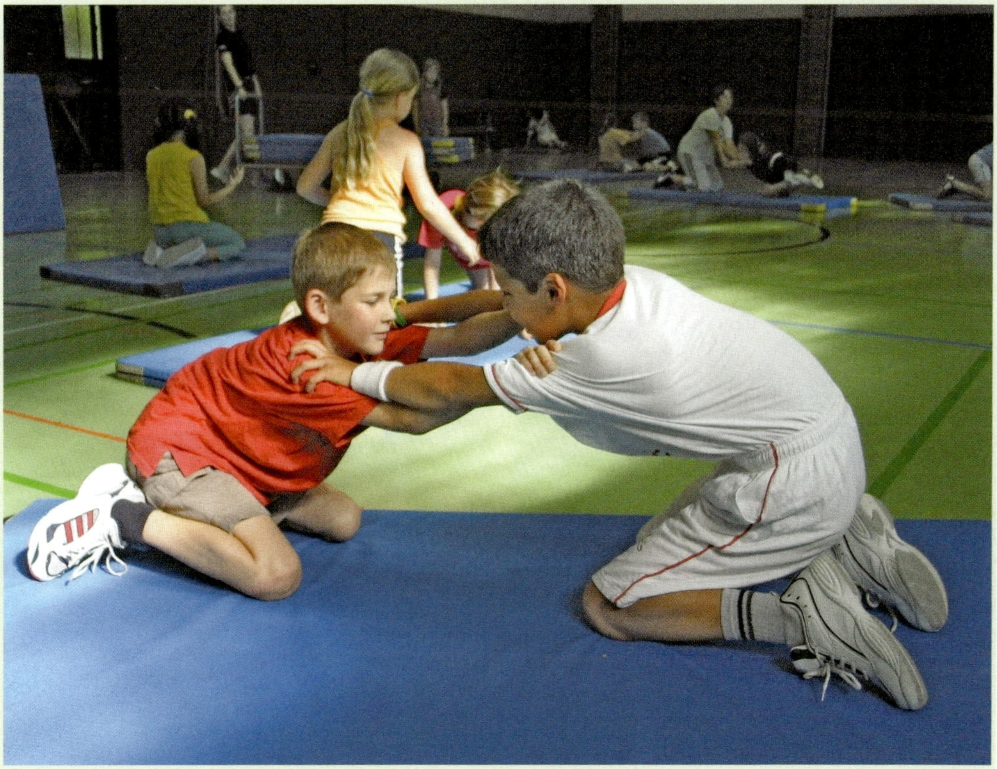

Liegestützkampf

Aufbau / Organisation:
Es werden Paare gebildet. Jedes Paar legt sich mit Turnmatten eine Kampffläche aus.

Aufgabe:
Die beiden Partner befinden sich voreinander im Liegestütz. Die Füße sind dabei möglichst eng zusammen. Beide versuchen, dem anderen die Arme wegzuziehen.

Vorsicht: Bei diesem Spiel dürfen die Ellenbogen nicht angegriffen werden.

Variationen / eigene Ideen:
- Werden die Füße breiter auseinander gestellt, resultiert aus dieser Haltung größere Standfestigkeit.
- Beide Partner gehen in den seitlichen Liegestütz auf einer Hand, fassen sich mit der anderen Hand an den Handgelenken und versuchen, sich umzudrücken oder nach vorne zu ziehen.

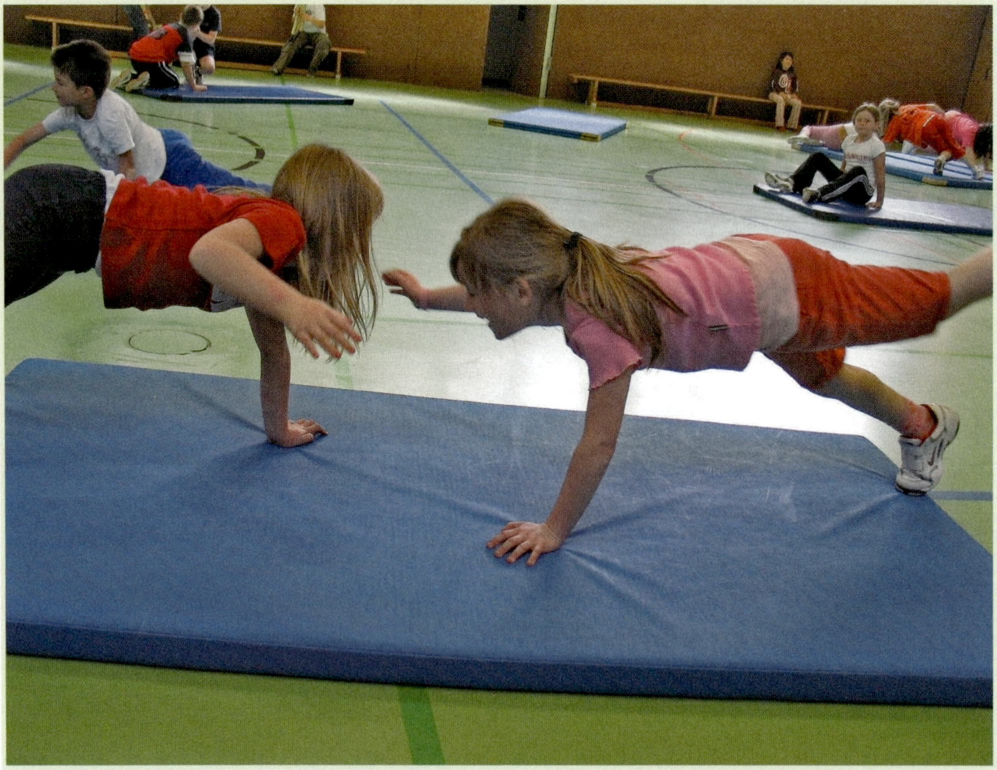

Krebskampf

Aufbau / Organisation:
Es werden Paare gebildet. Jedes Paar legt sich mit Turnmatten eine Kampffläche aus.

Aufgabe:
Die beiden Partner befinden sich im umgekehrten Liegestütz voreinander und versuchen, sich gegenseitig so wegzuziehen, dass der andere mit dem Gesäß die Matte berühren muss.

Vorsicht: Bei diesem Spiel dürfen die Ellenbogen nicht angegriffen werden

Variationen / eigene Ideen:

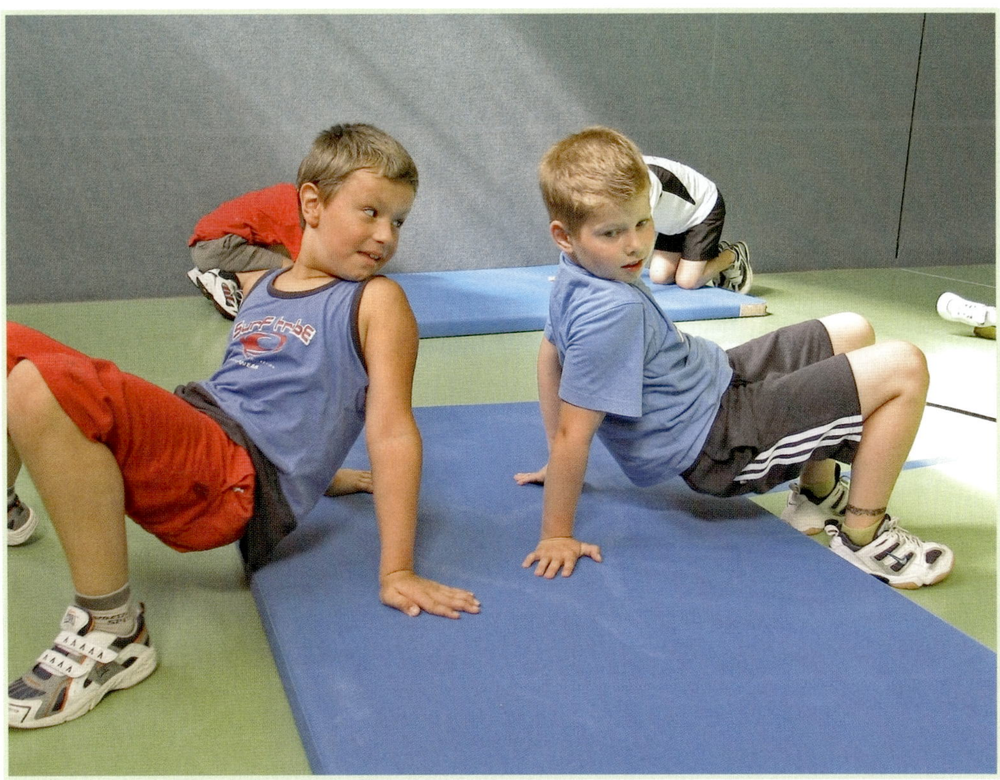

Rückenringkampf

Aufbau / Organisation:
Es werden Paare gebildet. Jedes Paar legt sich mit Turnmatten eine Kampffläche aus.

Aufgabe:
Die beiden Partner sitzen Rücken an Rücken auf der Matte und haken ihre Arme ein. Beide müssen versuchen, den Partner in die Bauchlage zu zwingen.

Vorsicht: Wenn das Spiel kippt, soll der überlegene Partner sich nicht mit dem ganzen Gewicht auf den Untenliegenden legen. Der Unterlegene muss sofort STOPP rufen, wenn die Armklammern gelöst werden sollen.

Variationen / eigene Ideen:

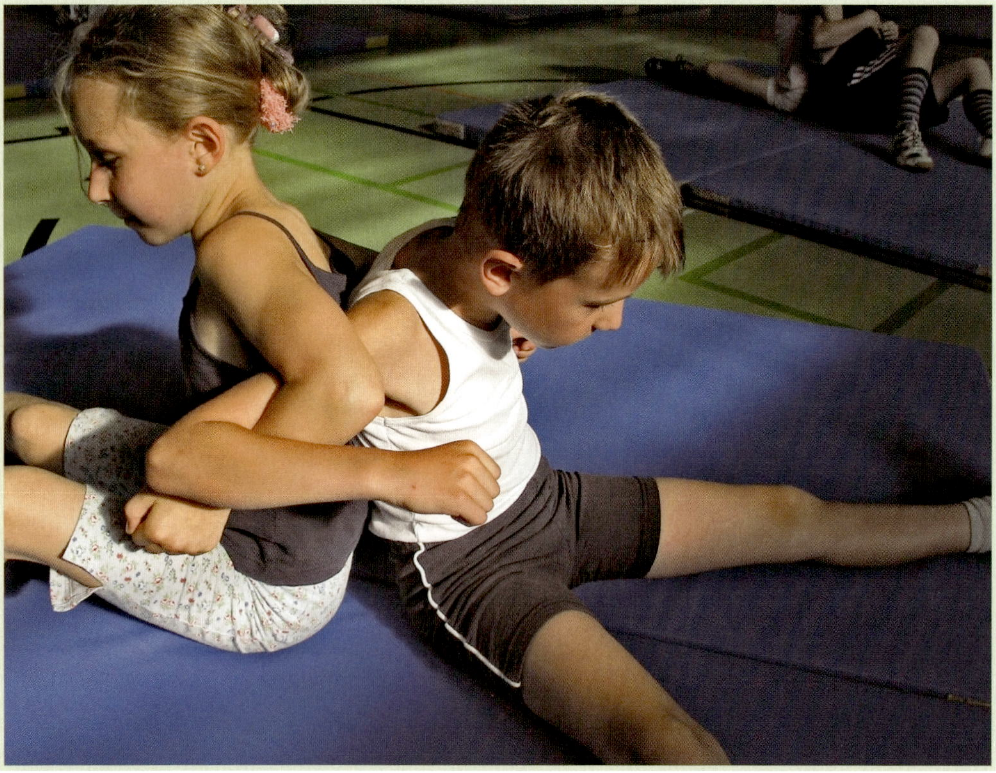

Füße grabschen

Aufbau / Organisation:
Es werden Paare gebildet. Jedes Paar legt sich mit Turnmatten eine Kampffläche aus.

Aufgabe:
Die beiden Partner sitzen Rücken an Rücken auf der Matte. Nach dem Startsignal müssen beide Kinder versuchen, den Fuß des Partners zu grabschen. Dabei dürfen sie nicht aufstehen oder in den Kniestand gehen.

Variationen / eigene Ideen:

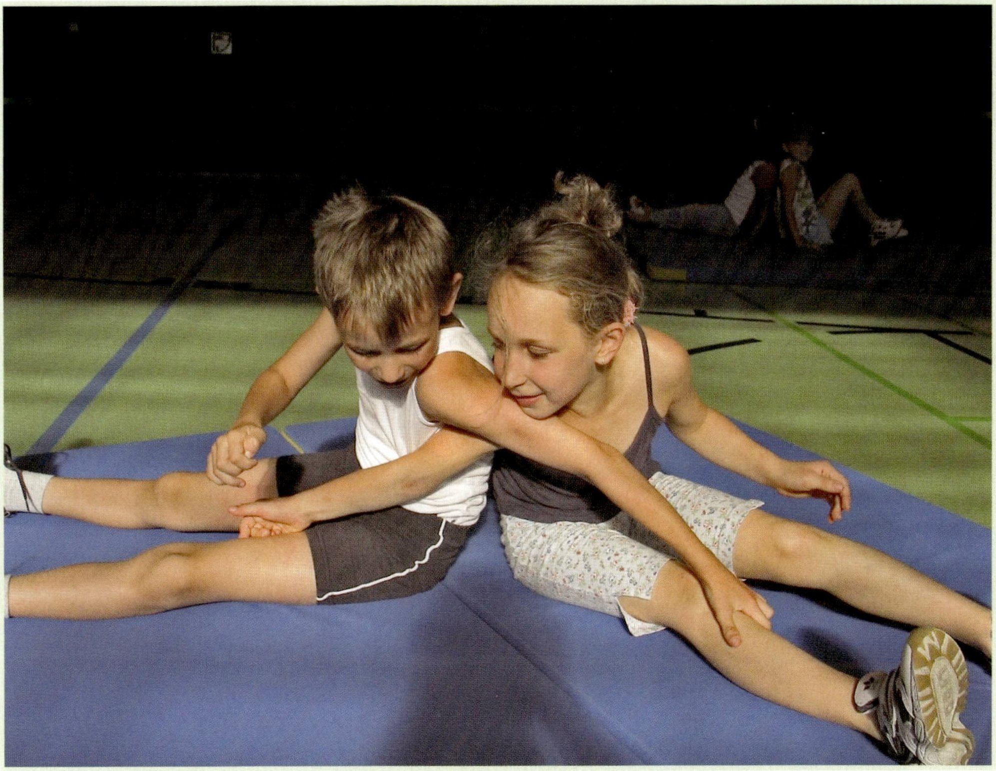

Beinhakeln

Aufbau / Organisation:
Es werden Paare gebildet. Jedes Paar legt sich mit Turnmatten eine Kampffläche aus.

Aufgabe:
Die beiden Partner liegen nebeneinander in entgegengesetzter Richtung auf der Matte. Sie haken sich mit den Armen ein. Danach holen sie mit den Beinen über den Kopf Schwung, haken gleichzeitig mit dem nahe liegenden Bein ein und versuchen, den Partner zu einer Rolle rückwärts zu zwingen.

Variationen / eigene Ideen:

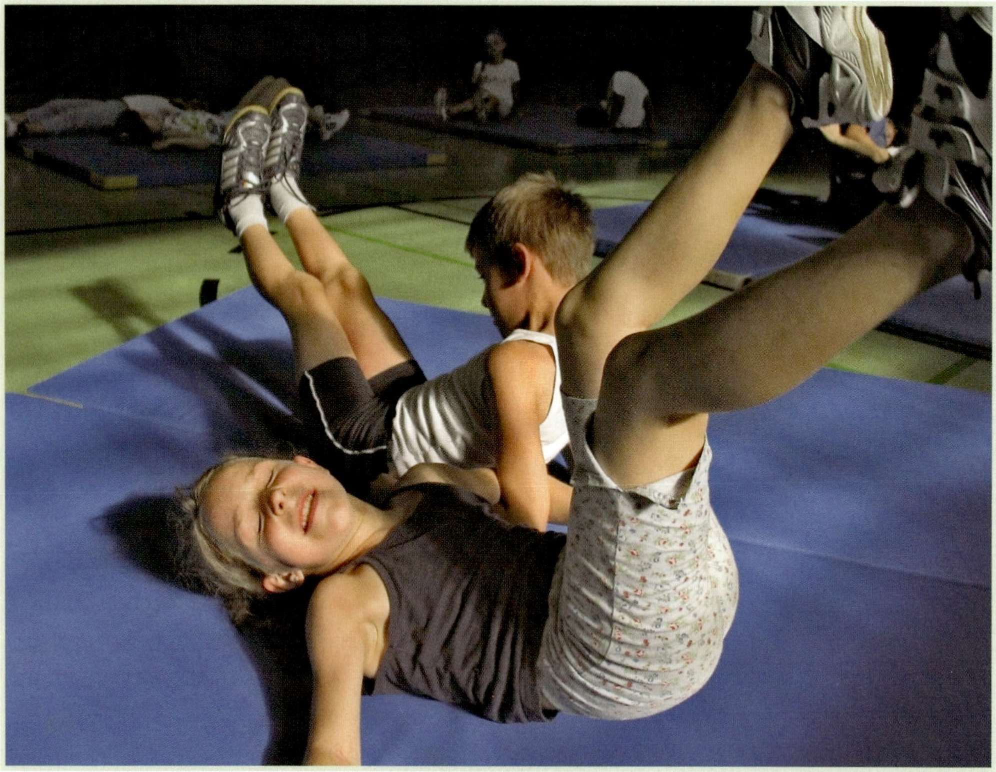

Die Uhr

Aufbau / Organisation:
Es werden Paare gebildet. Jedes Paar legt sich mit Turnmatten eine Kampffläche aus. Auf der Mattenfläche wird ein großer Kreis gezogen (Kreide).

Aufgabe:
Die beiden Partner befinden sich im Liegestütz. Die Füße stehen eng zusammen in der Mitte des Kreises, die Hände auf dessen Außenlinie. Dieses Gebilde macht eine Uhr aus, in der die beiden Kinder die Zeiger sind. Der eine Partner geht in der 12-Uhr-Position, der andere in die 6 Uhr Stellung. Nach dem Startsignal kommt es für beide darauf an, möglichst schnell und als erster im Uhrzeigersinn stützend zuerst wieder die Ausgangsposition zu erreichen.

Variationen / eigene Ideen:

- Wenn beide in Uhrzeigersinn starten, dann begegnen sie sich nicht und können sich vollends auf das Stützen konzentrieren.
- Wenn einer mit dem Urzeigersinn und einer dagegen startet, dann begegnen sich beide auf dem Weg in ihre Ausgangsposition und müssen versuchen, aneinander vorbei zu kommen.

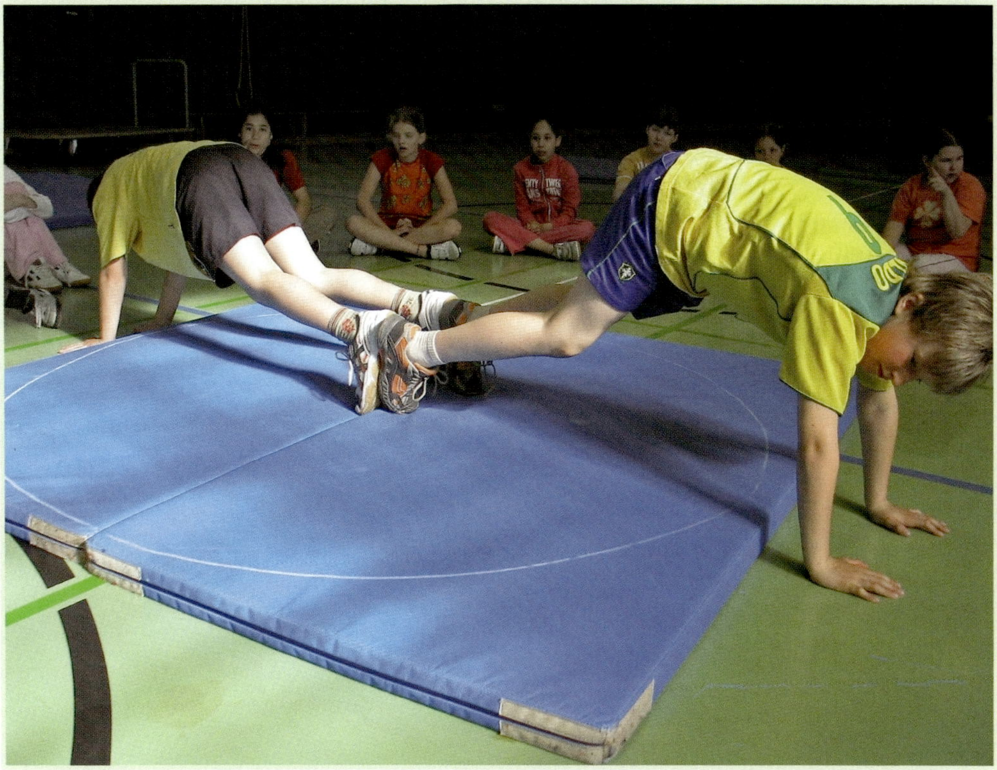

Kampf um das Tuch

Aufbau / Organisation:
Es werden Paare gebildet. Jedes Paar legt sich mit zwei Turnmatten eine Kampffläche aus. Die beiden Partner sitzen sich mit angewinkelten Beinen gegenüber. Jeder steckt ein Stofftuch hinten in seinen Gürtel.

Aufgabe:
Nach einem Startsignal sollen die beiden versuchen, jeweils das Tuch des anderen zu erbeuten. Dabei darf das Kampffeld nicht verlassen werden.

Variationen / eigene Ideen:
- Das Spiel kann auch im Stehen gespielt werden.
- Die Spieler stecken sich mehrere Tücher in den Hosenbund. Wer hat zuerst alle Tücher des Partners erbeutet?

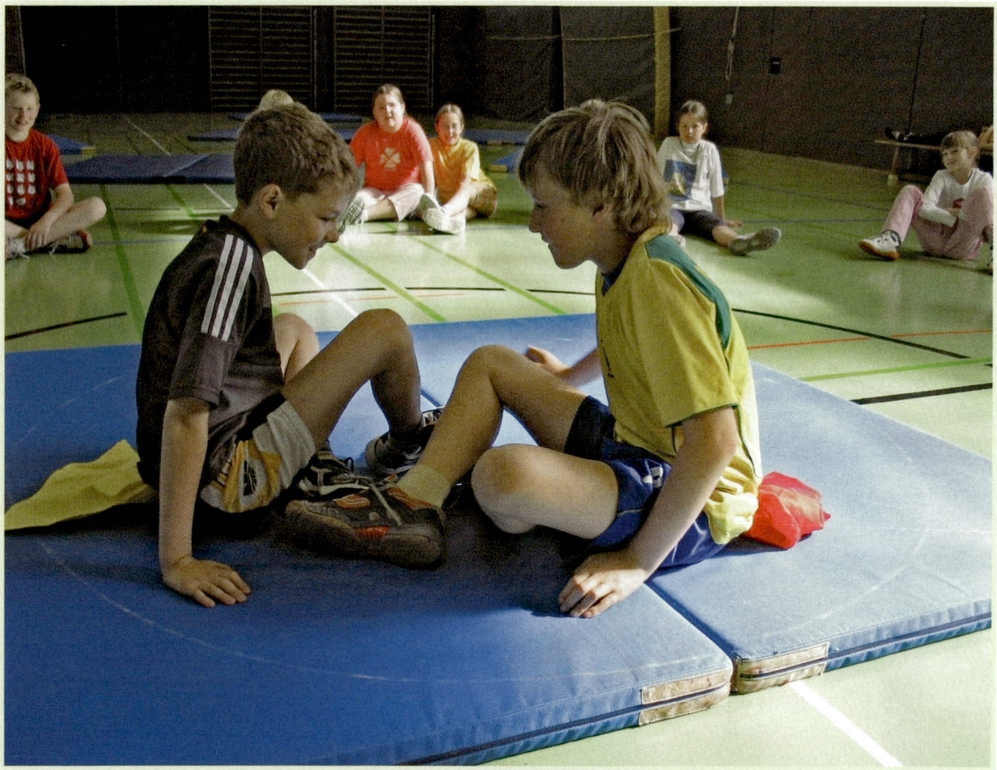

Kampf um den Ball

Aufbau / Organisation:
Es werden Paare gebildet. Jedes Paar legt sich mit zwei Turnmatten eine Kampffläche aus. Die beiden Partner liegen voreinander auf dem Bauch, die Arme sind lang ausgestreckt. In der Mitte zwischen sich halten sie einen Ball.

Aufgabe:
Nach einem Startsignal sollen die beiden versuchen den Ball bis unter ihren Bauch zu ziehen. Dabei darf das Kampffeld nicht verlassen werden.

Variationen / eigene Ideen:
- Die beiden Partner knien voreinander auf der Matte. Jeder versucht gemeinsam mit dem Ball die Kampfmatte zu verlassen und den anderen bei diesem Vorhaben zu hindern.
- Es können andere Bälle eingesetzt werden.

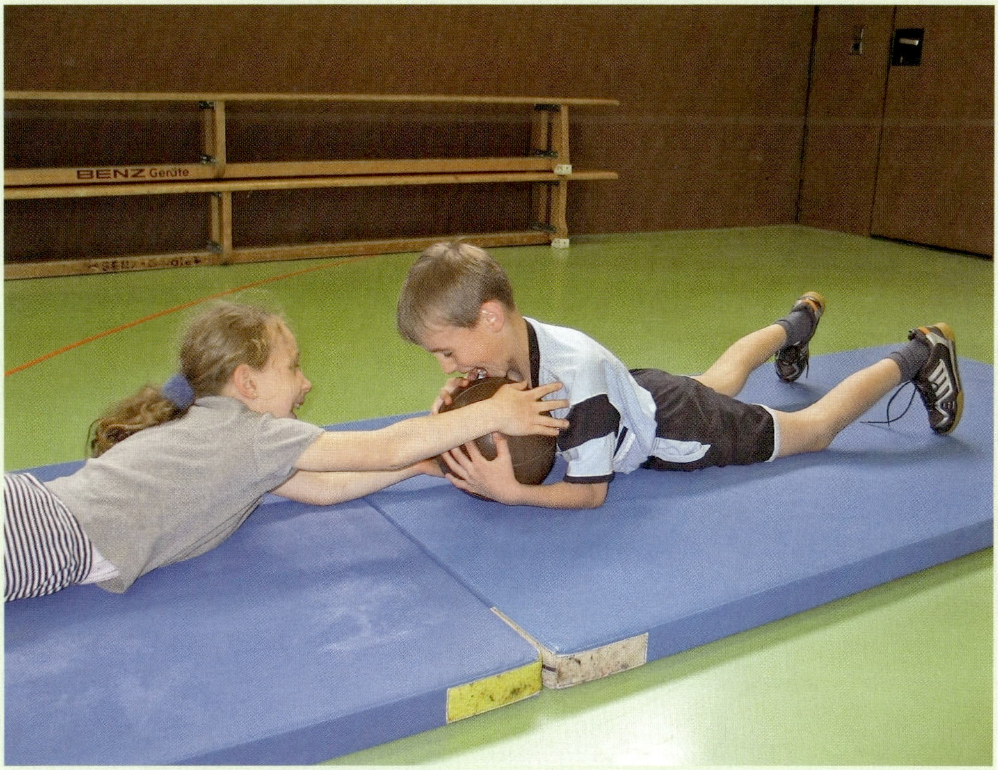

Fuß-Tauziehen

Aufbau / Organisation:
Es werden Paare gebildet, die sich innerhalb der Turnhalle einen freien Platz suchen und dort mit zwei Turnmatten eine Kampffläche bauen. Die beiden Matten werden längs aneinandergelegt. Zwischen beiden Matten bleibt ein Spalt von circa einen Meter.

Aufgabe:
Zwei Springseile werden so zusammengeknotet, dass an den beiden Enden jeweils Schlaufen entstehen. Der Mittelpunkt des Seiles wird mit einem roten Tuch markiert, das genau in der Mitte des Spalts zwischen den beiden Turnmatten postiert wird. Die beiden Kampfpartner setzten sich jeweils an das Ende einer Matte und haken mit einem Fuß in die Schlaufe ein. Das Seil wird durch vorsichtiges Anziehen auf Spannung gebracht und das Tuch wird genau in der Mitte zwischen die beiden Matten justiert. Nach einem Startsignal soll versucht werden, die rote Markierung auf die eigene Matte zu ziehen.

Variationen / eigene Ideen:
- Um dieses Spiel als Gruppenwettkampf durchzuführen, müssen entsprechend der Gruppengröße genügend viele Schlaufen an das Seil angebracht werden.

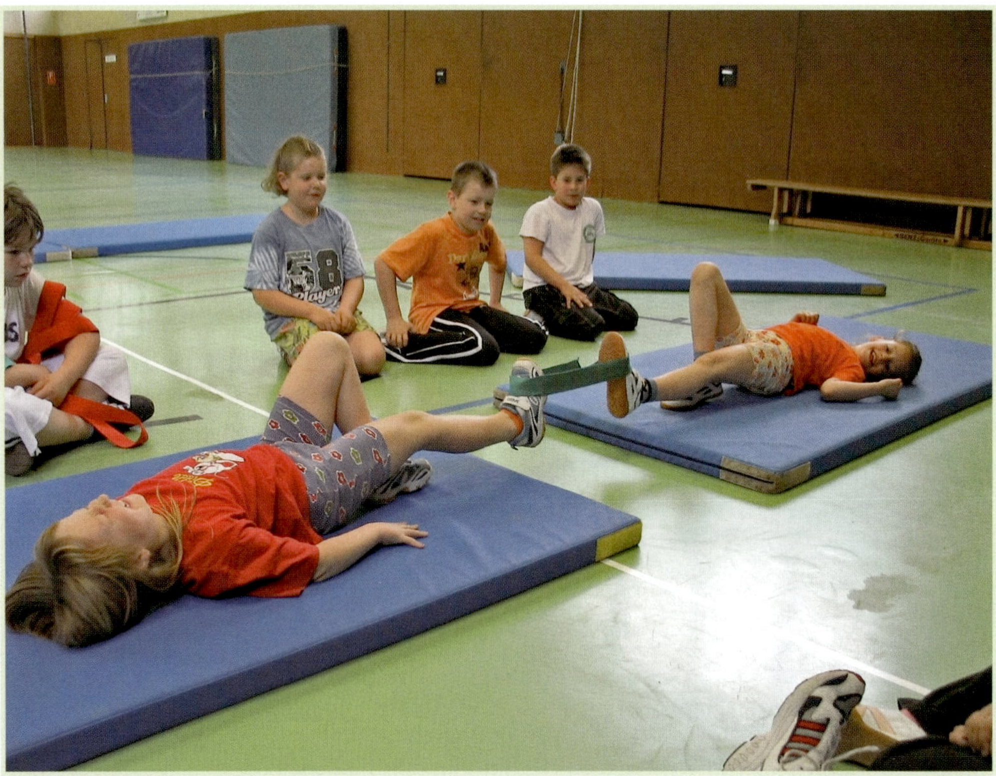

Kanaldeckel-Treten

Aufbau / Organisation:
Es werden Paare gebildet, die sich innerhalb der Turnhalle einen freien Platz suchen und dort mit Gymnastik-Reifen oder mit Springseilen einen kleinen Kreis auslegen (Kanaldeckel).

Aufgabe:
Nach einem Startsignal sollen die Kampfpartner versuchen ihren Gegner zu einem Tritt an oder in den Deckel verleiten.

Variationen / eigene Ideen:
- Das Spiel kann auch in Kleingruppen (3 bis 6 Kinder gespielt werden).
- Kanaldeckel umgekehrt: Ein Fuß steht auf dem Kanaldeckel und soll dort auch gehalten werden, was der Partner zu verhindern versucht.

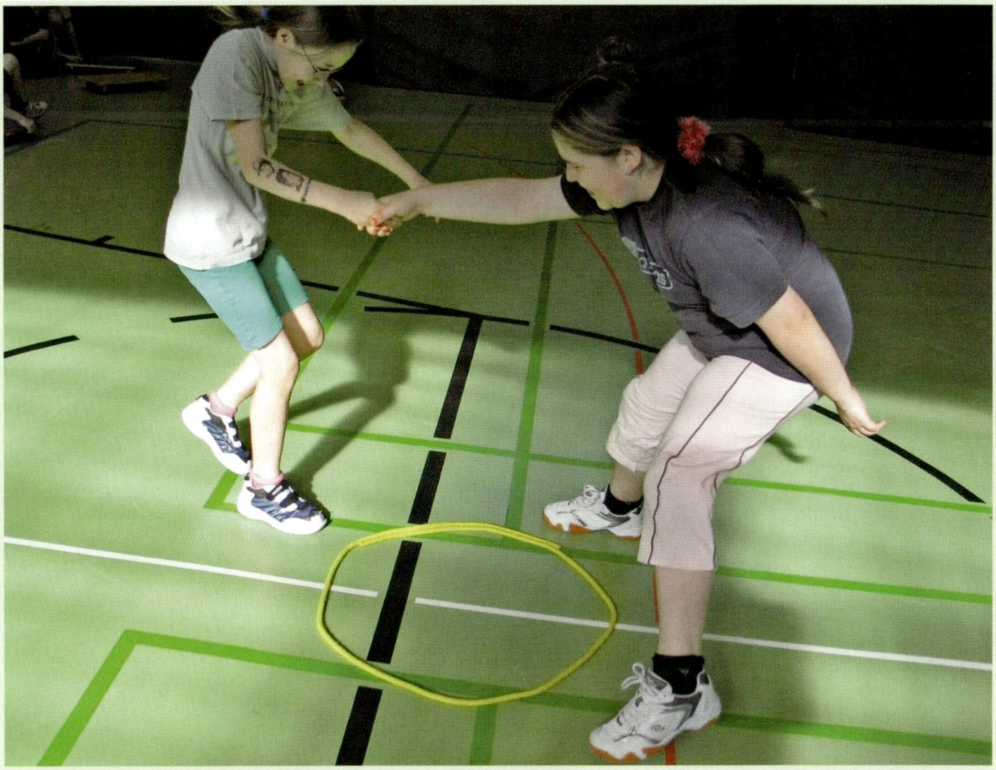

Füßchen treten

Aufbau / Organisation:
Es werden Paare gebildet, die sich innerhalb der Turnhalle einen freien Platz suchen.

Aufgabe:
Die Paare stellen sich mit dem Gesicht einander zugewandt auf, legen die Hände auf die Schultern des Partners und versuchen ihm auf die Füße zu treten, ohne selber getroffen zu werden.

Variationen / eigene Ideen:

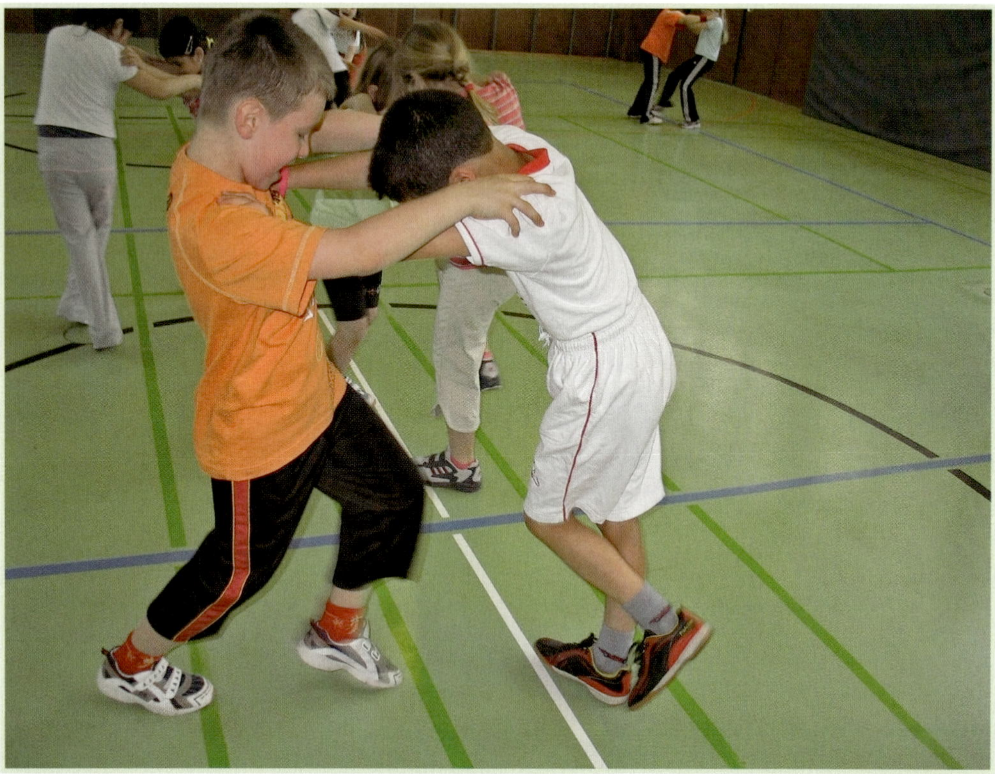

Hände treffen

Aufbau / Organisation:
Es werden Paare gebildet, die sich innerhalb der Turnhalle einen freien Platz suchen.

Aufgabe:
Die Paare stellen sich mit dem Gesicht einander zugewandt auf und versuchen sich gegenseitig die Hände abzuschlagen. Beide Kinder halten die Hände parallel (die Handinnenseiten zeigen zueinander) und berühren dabei ihre Fingerspitzen. Um dem Gegner möglichst nur eine geringe Reaktionszeit zu lassen, wird ansatzlos geschlagen. Aus diesem Grund sind keine starken, weh tuenden Schläge möglich.

Zunächst gibt es ein schlagendes und ein ausweichendes Kind. Sollte das ausweichende Kind nicht getroffen werden, erhält es das „Schlagrecht".

Variationen / eigene Ideen:
- Das Spiel kann auch aus der Liegestützposition heraus gespielt werden. Hierbei liegen beide im Stütz voreinander. Die Fingerspitzen der beiden liegen unmittelbar aneinander und der Schlagende muss versuchen, einen Handrücken des Partners zu treffen.
- Andere Handhaltung. Die Hände werden parallel gehalten, Handinnenseite zeigen aber nach oben. Es müssen beide Hände gleichzeitig getroffen werden.

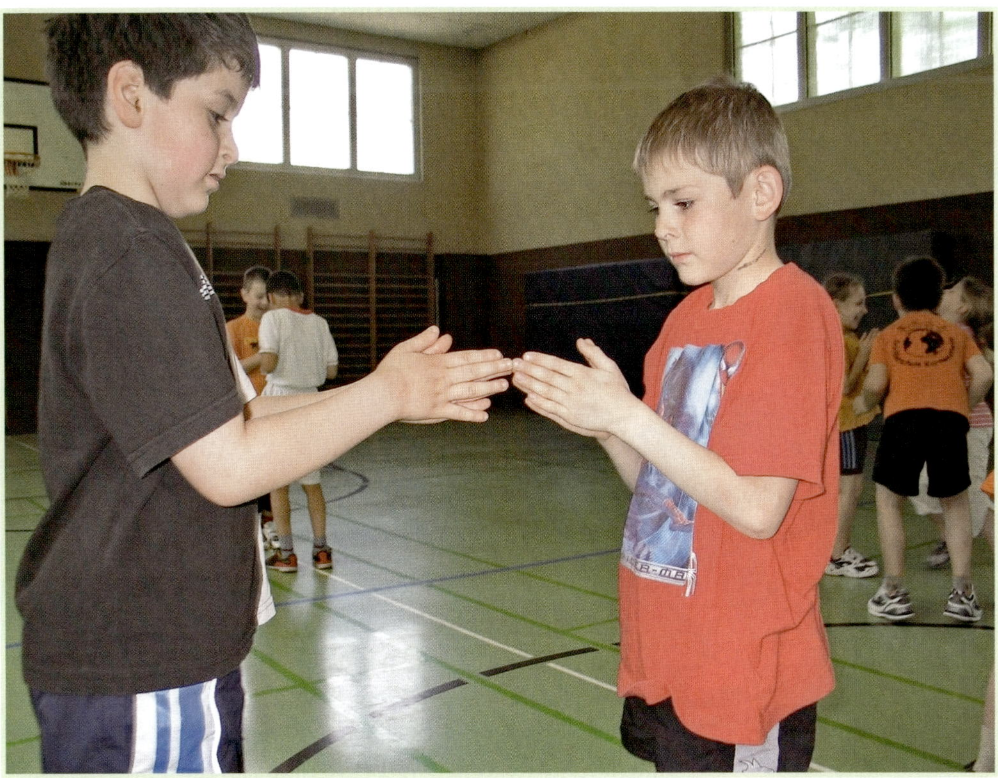

Standhaft bleiben!

Aufbau / Organisation:
Es werden Paare gebildet, die sich innerhalb der Turnhalle einen freien Platz suchen.

Aufgabe:
Die Paare stellen sich mit dem Gesicht einander zugewandt auf. Die Handflächen sind aneinander gelegt. Nach einem Startsignal soll versucht werden, den Partner durch Schieben und Drücken dazu zu bewegen, einen Fuß vom Boden zu lösen. Wichtig ist, dass man dabei selbst „standhaft" bleibt und die eigenen Füße den Bodenkontakt halten.

Variationen / eigene Ideen:
- Die Partner stellen sich seitlich zueinander auf.
- Das Spiel kann auch im Einbeinstand oder mit zusammengebundenen Beinen versucht werden.
- Mit geschlossenen Augen.

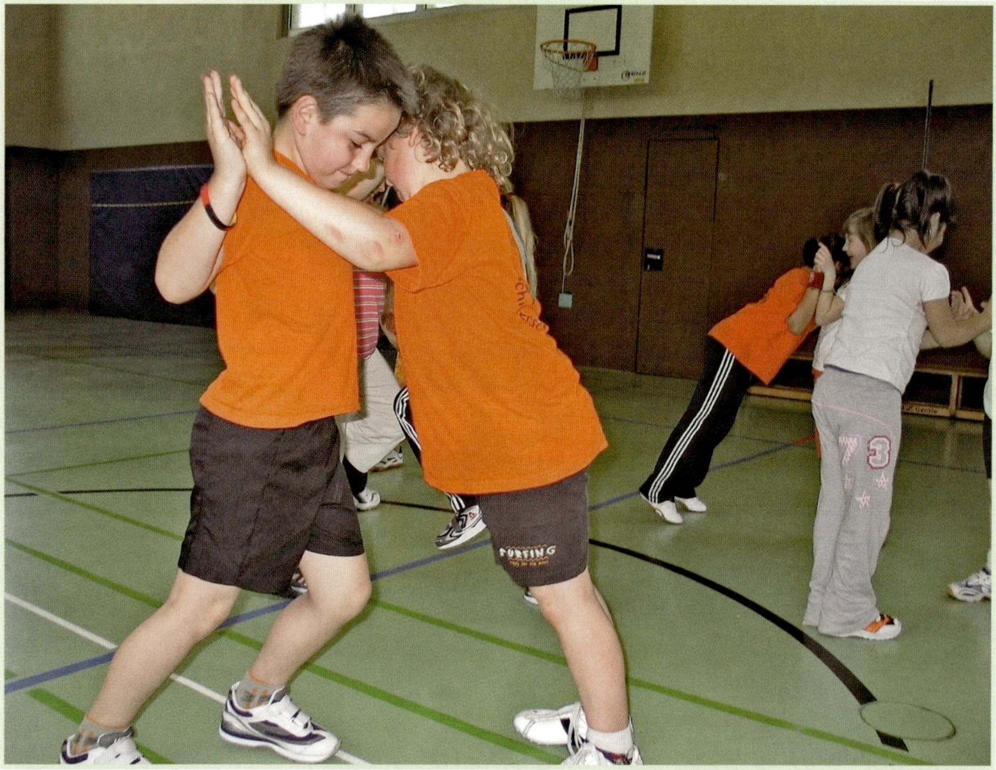

Affenschaukel

Aufbau / Organisation:
Es wird ein Hochreck aufgebaut.

Aufgabe:
Zwei Kinder hängen sich mit den Händen gleichzeitig an das Hochreck. Sie bewegen sich aufeinander zu und versuchen den Partner durch Ziehen und Drängen dazu zu bewegen, das Hochreck verlassen zu müssen. Wer länger am Reck hängen bleiben kann, hat gewonnen.

Variationen / eigene Ideen:
- Die Kinder sitzen auf dem Hochreck. Dazu wird die Stange in einer angemessenen (niedrigeren) Höhe befestigt.

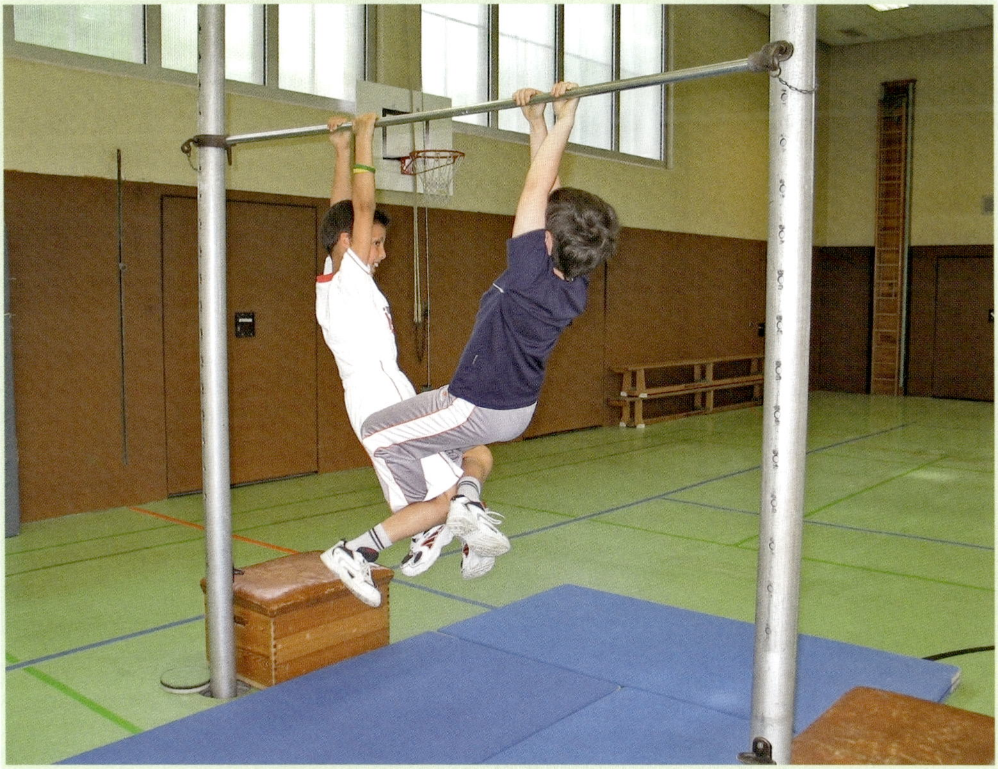

Hockkampf

Aufbau / Organisation:
Es werden Paare gebildet, die sich innerhalb der Turnhalle einen freien Platz suchen.

Aufgabe:
Die Paare stellen sich gegenüber auf, halten sich an den Unterarmen und gehen in den Hockstand. Nun versuchen sie, sich durch Ziehen oder Schieben aus dem Gleichgewicht zu bringen, so dass das Knie oder das Gesäß des Gegners den Boden berührt.

Variationen / eigene Ideen:
- Mit verbundenen Augen.
- Mit angelehnten Armen.

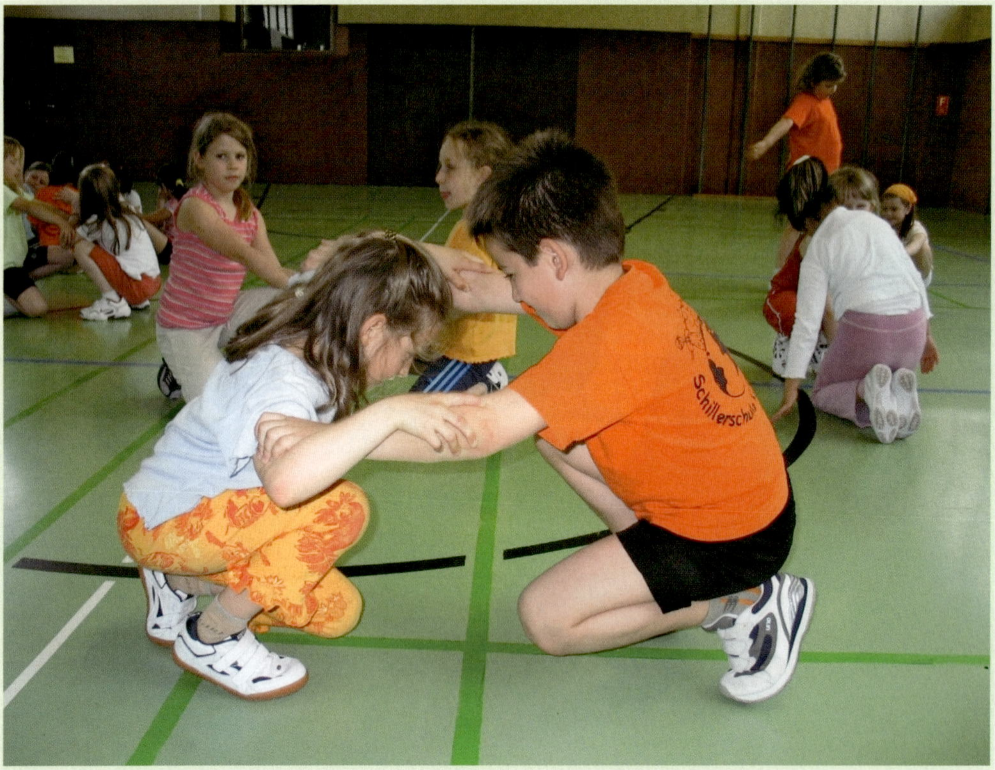

Rodeo

Aufbau / Organisation:
Es werden Paare gebildet, die sich innerhalb der Turnhalle einen freien Platz suchen.

Aufgabe:
Ein Kind schlüpft in die Rolle des Pferdes, das andere in die des Rodeoreiters. Das Pferd versucht nun, seinen Reiter so schnell wie möglich abzuwerfen. Danach werden die Rollen getauscht. Wer kann sich länger als Reiter halten?

Vorsicht: Der Reiter sollte das Gewicht auf den ganzen Rücken des Pferdes verteilen. Es sollten unbedingt gleichschwere Kinder gegeneinander antreten.

Variationen / eigene Ideen:

- Mehrere Reiter treten gegeneinander an und starten auf ein bestimmtes Zeichen. Welcher Reiter kann sich am längsten auf dem Rücken des Pferdes halten?

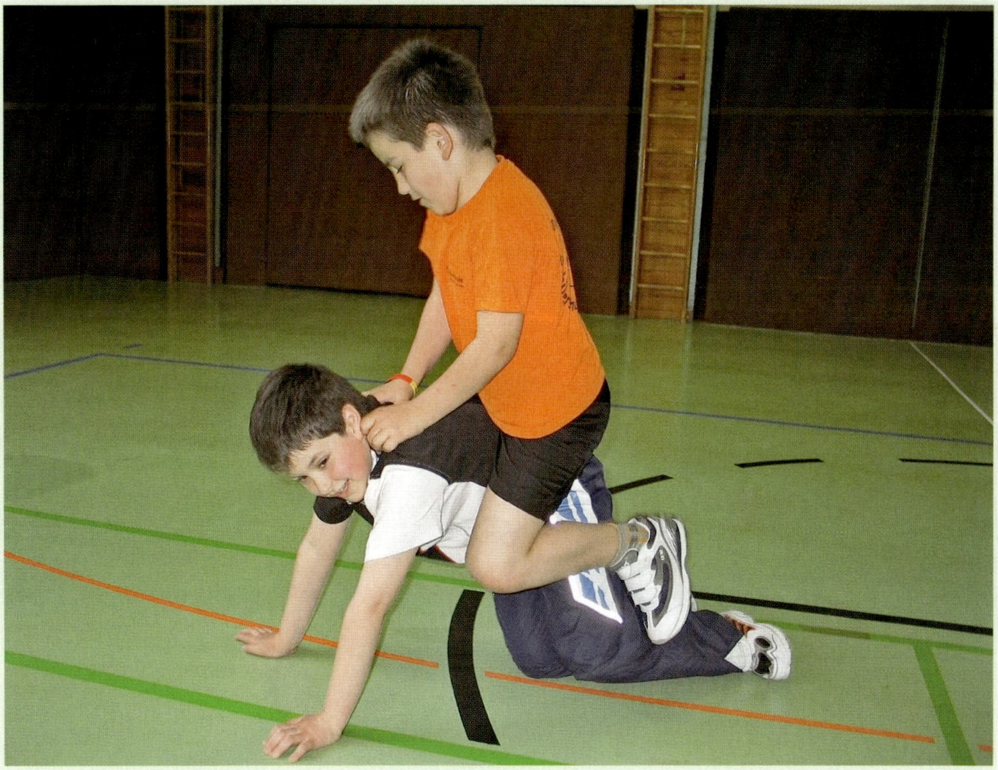

Mausefalle

Aufbau / Organisation:
Es werden Paare gebildet, die sich in der Turnhalle einen Platz suchen und mit einer Turnmatte auslegen.

Aufgabe:
Ein Spieler nimmt die Bankstellung ein (Mausefalle) und sein Partner versucht unter ihm hindurchzukrabbeln (als Maus). Sobald die Maus mit der Hüfte in der Falle ist, schnappt diese zu und die Maus ist gefangen. Die Maus soll allerdings versuchen, sich aus dieser Umklammerung zu befreien.

Variationen / eigene Ideen:

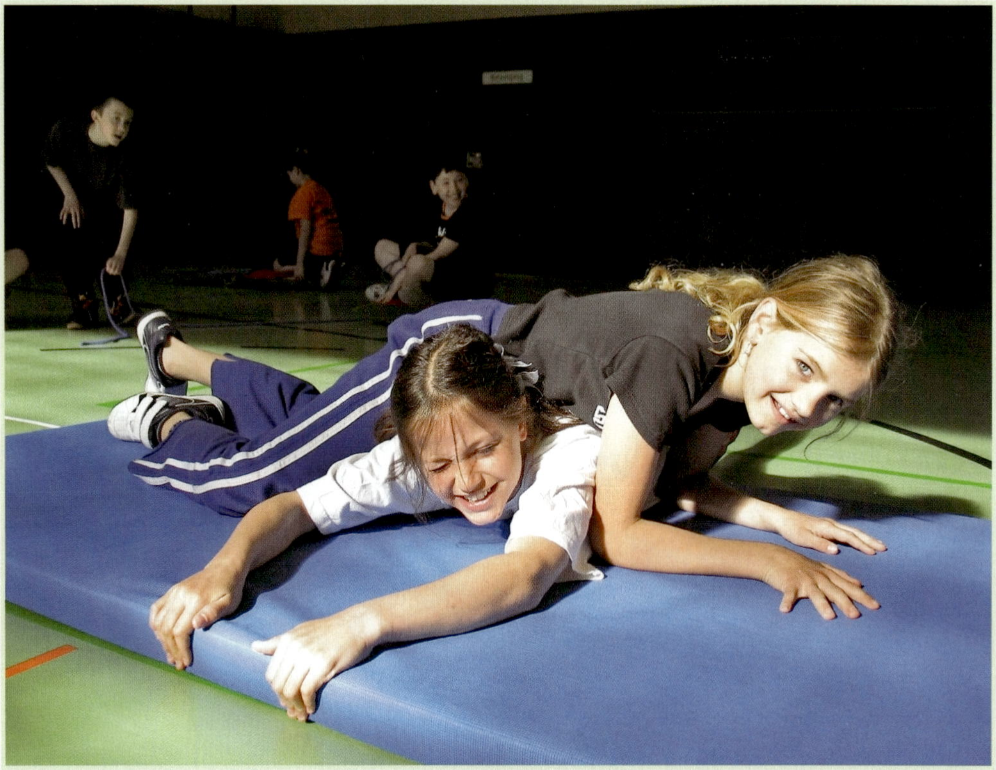

Umarmen und Umschlingen

Aufbau / Organisation:
Es werden Paare gebildet, die sich in der Turnhalle einen Platz suchen.

Aufgabe:
Die beiden Kämpfer stehen einander gegenüber und versuchen, ihren Partner zu umarmen bzw. mit beiden Armen zu umschlingen. Ziel ist es, die Arme oberhalb der Arme des Partners zu positionieren. Wer dies zuerst schafft, hat gewonnen.

Variationen / eigene Ideen:

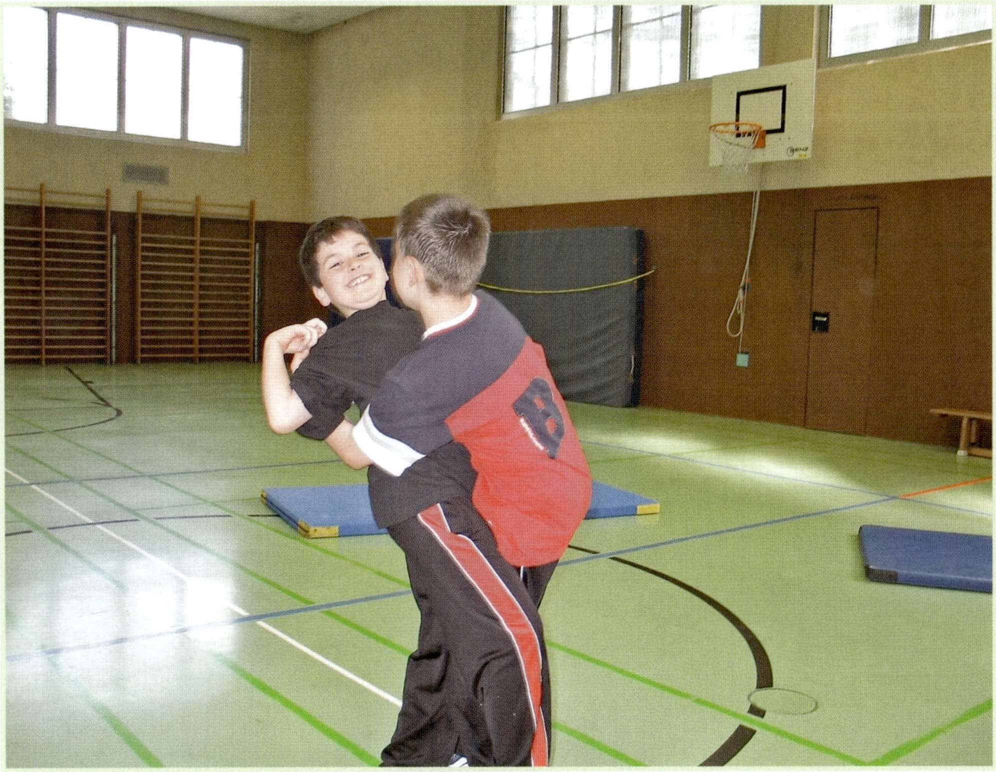

Medizinball-Tauziehen

Aufbau / Organisation:
Es werden Paare gebildet und es wird mit einem Seil und zwei Medizinbällen eine Tauziehsituation hergestellt.

Aufgabe:
Die beiden Spieler eines Paares setzen sich jeweils auf ihren Medizinball, nehmen das Seil und versuchen, nach einem Startsignal den Partner aus dem Gleichgewicht zu bringen und vom Ball herunterzuziehen.

Variationen / eigene Ideen:
- Die Sitzpositionen auf den Medizinbällen werden variiert, z. B. darf nur mit einem Fuß Bodenkontakt hergestellt werden.
- Jeder Spieler bekommt einen Tennisring auf den Kopf gelegt und muss versuchen, dass der Ring (oder ein anderer Gegenstand) während des Kampfes nicht herunter fällt.

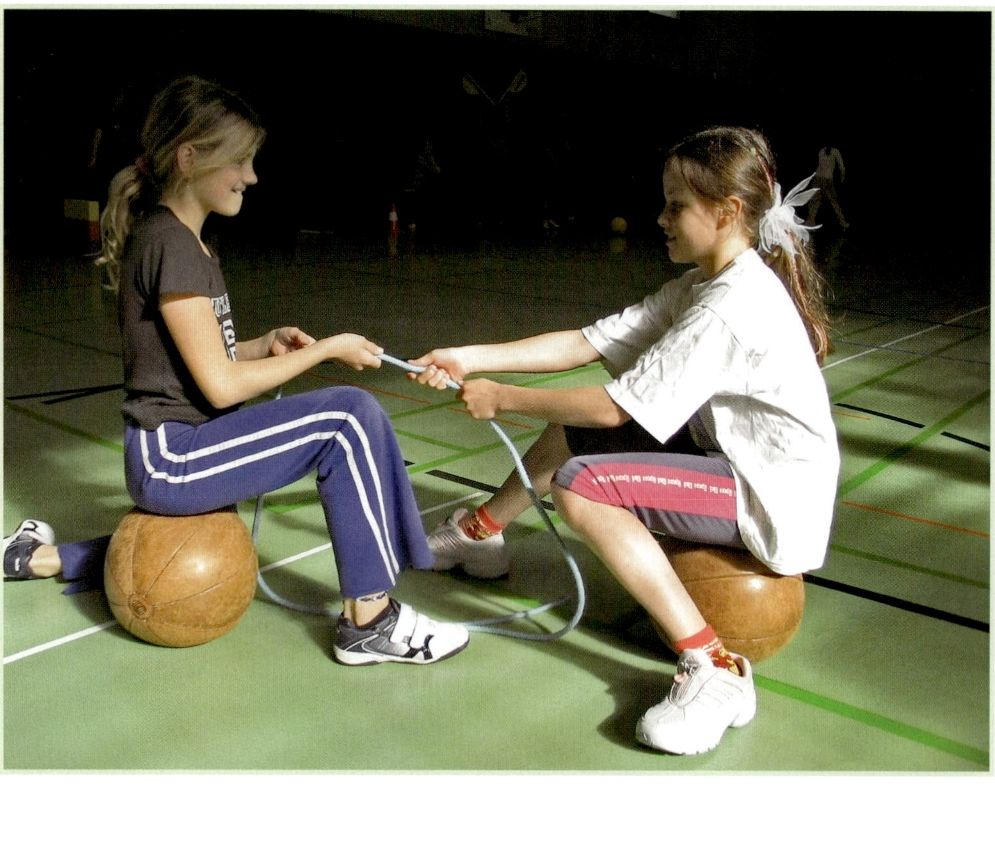

Klemmball wegschlagen

Aufbau / Organisation:
Es werden Paare gebildet, die jeweils einen Gymnastikball zwischen ihren Knien einklemmen und sich auf der Kampffläche gegenüber aufstellen.

Aufgabe:
Nach dem Startsignal sollen die Spieler versuchen, den Ball des Partners weg zu schlagen. Der eigene Ball muss allerdings gesichert werden.

Variationen / eigene Ideen:
- Statt des vergleichsweise kleinen und dehnbaren Gymnastikballes können auch größere und festere Bälle verwendet werden.
- Es können auch mehrere Spieler gleichzeitig gegeneinander spielen.
- Es können auch zwei Mannschaften gegeneinander antreten und im Teamwork versuchen die Bälle der gegnerischen Spieler weg zu schlagen.

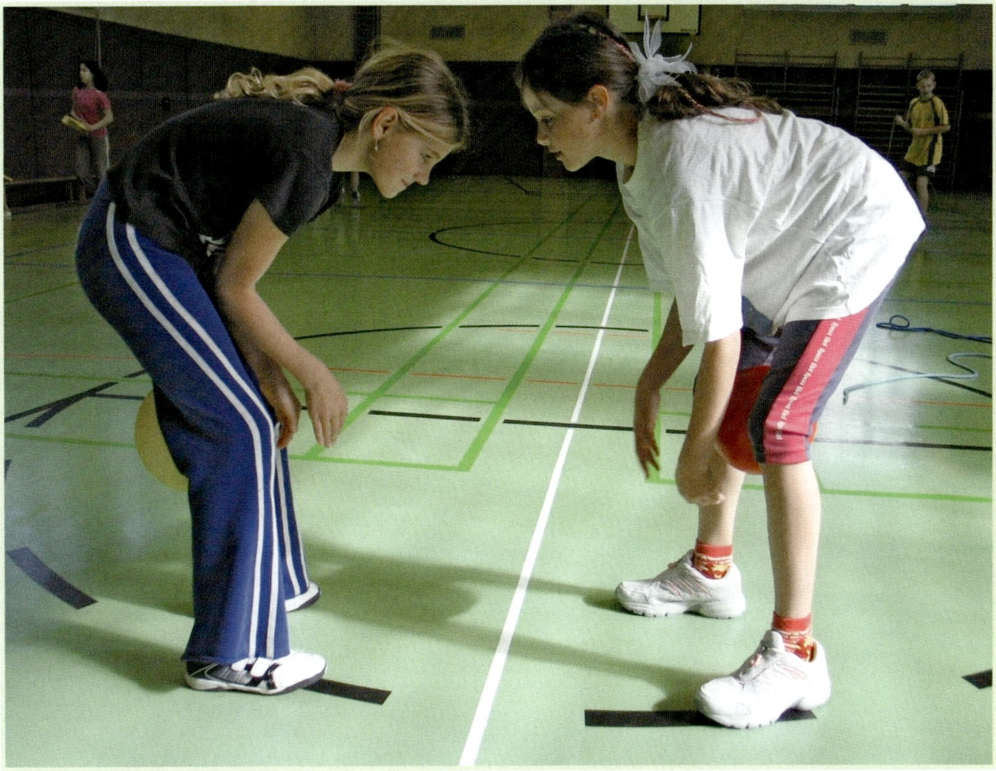

Ineinander verstrickt

Aufbau / Organisation:
Es werden Paare gebildet, die sich einen Platz in der Halle suchen und diesen mit Turnmatten auslegen. Die Beine beider Partner werden mit zwei Seilen, Tüchern oder Judogürteln aneinander gebunden. Das linke Bein des einen Partners wird mit dem linken Bein des anderen verbunden, so dass sich die Seile in der Mitte zwischen beiden Kämpfern überkreuzen.

Aufgabe:
Nach einem Startsignal sollen die Spieler versuchen, durch Ziehen und Nachgeben an den Seilen den Partner aus dem Gleichgewicht und zu Fall zu bringen.

Variationen / eigene Ideen:
- Die Länge des Seiles variieren.

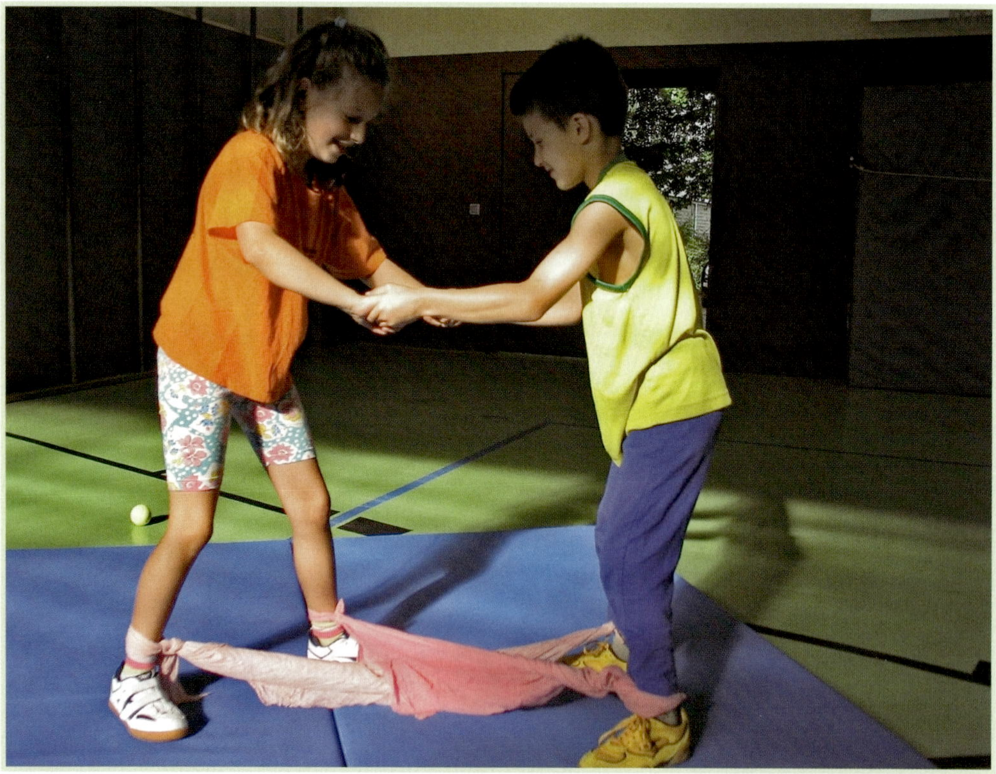

Wegschleifen und heranklimmen

Aufbau / Organisation:
Es werden Paare gebildet und es wird ein Parcours für ein Wettrennen abgesteckt. Zwischen der Start und der Zielmarkierung sollte eine Strecke von ca. 10 Metern liegen. Die Paare bekommen ein ca. 2 bis 3 Meter langes Seil, dessen Mitte markiert ist (z. B. mit einer Wäscheklammer oder einem bunten Faden). Die Spieler fassen jeweils ein Ende des Seiles. Einer steht in Richtung Ziel und der andere liegt bäuchlings in Richtung Start.

Aufgabe:
Nach einem Startsignal soll der vorn stehende Spieler versuchen, seinen Partner zum Ziel zu schleifen, während der auf dem Boden liegende Spieler versucht, in dieser Zeit bis zur markierten Mitte des Seiles zu klimmen. Gelingt dies, bevor das Paar die Ziellinie erreicht hat, hat der am Boden liegende Spieler gewonnen.

Variationen / eigene Ideen:
- Die Länge des Seiles und die zu überwindenden Strecken können variiert werden.

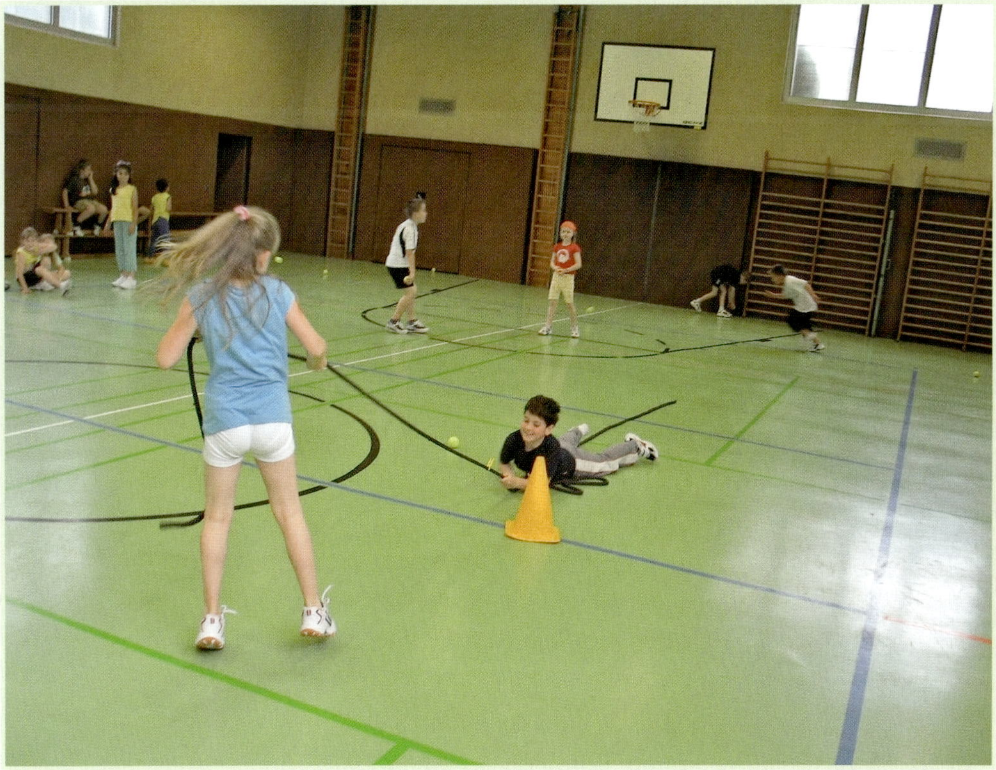

Schulterdrücken

Aufbau / Organisation:
Es werden Paare gebildet, die sich einen freien Platz auf der Kampffläche suchen.

Aufgabe:
Beide Spieler nehmen die Bankstellung ein und positionieren sich so gegeneinander, dass sie sich an einer Schulter berühren. Nach einem Startsignal versuchen sie, sich gegenseitig wegzudrücken bzw. den Partner von der Kampffläche herunter zu zwingen. Dabei dürfen sowohl die Knie als auch die Hände den Boden nicht verlassen. Um den entstehenden Druck ein wenig abzupolstern, empfiehlt es sich, ein Kissen zwischen die Schultern zu legen.

Variationen / eigene Ideen:

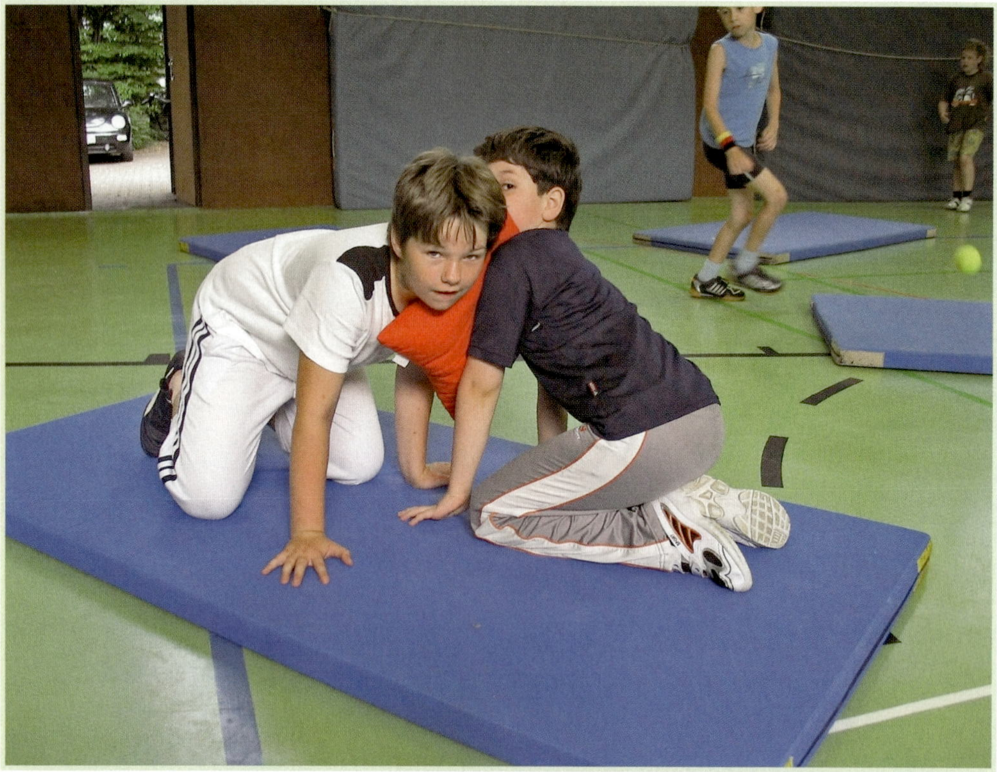

Aufstehen – Untenbleiben

Aufbau / Organisation:
Es werden Paare gebildet, die sich einen freien Platz auf der Kampffläche suchen.

Aufgabe:
Die Partner hocken sich voreinander auf die Matte und halten jeweils ein Fußgelenk des Gegenspielers fest. Nach einem Startsignal sollen beide versuchen, möglichst rasch aufzustehen und dabei gleichzeitig die Aufstehversuche des Partners durch das Festhalten am Fußgelenk zu stören. Wer als Erster aufrecht steht, hat gewonnen.

Variationen / eigene Ideen:
- Beide Spieler halten das rechte / linke Fußgelenk des Gegners fest.
- Ein Spieler hält das rechte, das andere Kind das linke Fußgelenk fest.

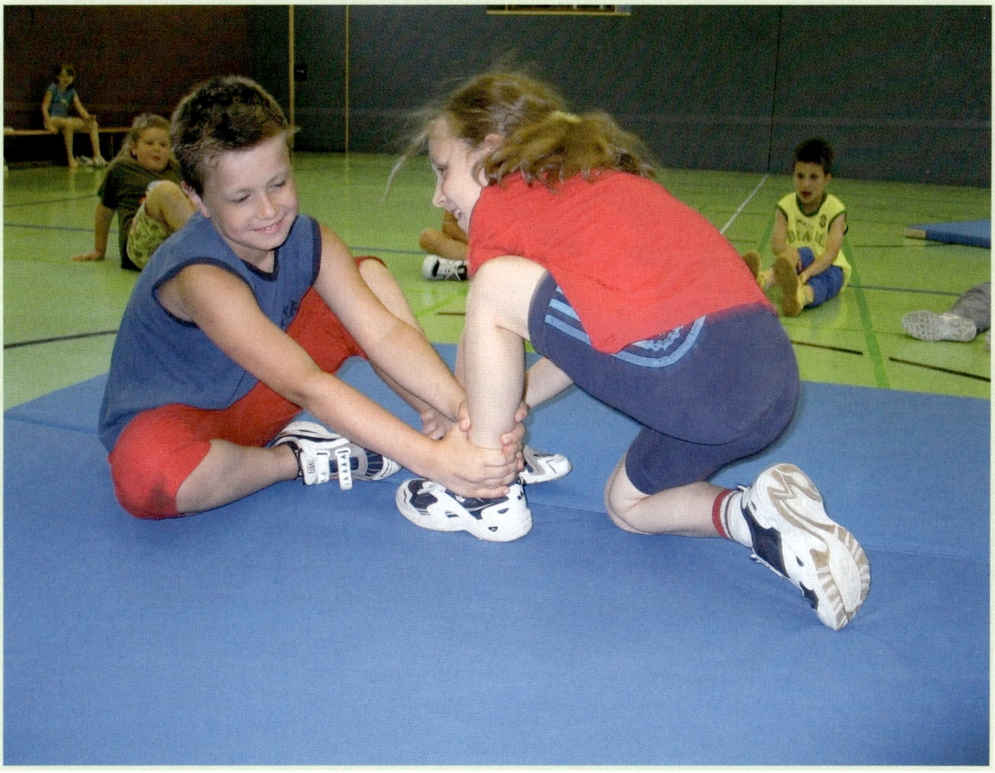

Mützen mopsen

Aufbau / Organisation:
Es werden Paare gebildet, die sich einen freien Platz auf der Kampffläche suchen. Beide Spieler tragen Pudelmützen auf ihren Köpfen.

Aufgabe:
Die Partner fassen sich mit einer Hand an und versuchen, nach einem Startsignal die Mütze des anderen herunter zu ziehen (mopsen). Die Verbindung über die beiden Hände muss während des gesamten Spieles gehalten werden.

Variationen / eigene Ideen:
- Den Gegner an der gleichen (rechten linken) Hand fassen.
- Den Gegner an der gegenüberliegenden (rechten / linken) Hand fassen.

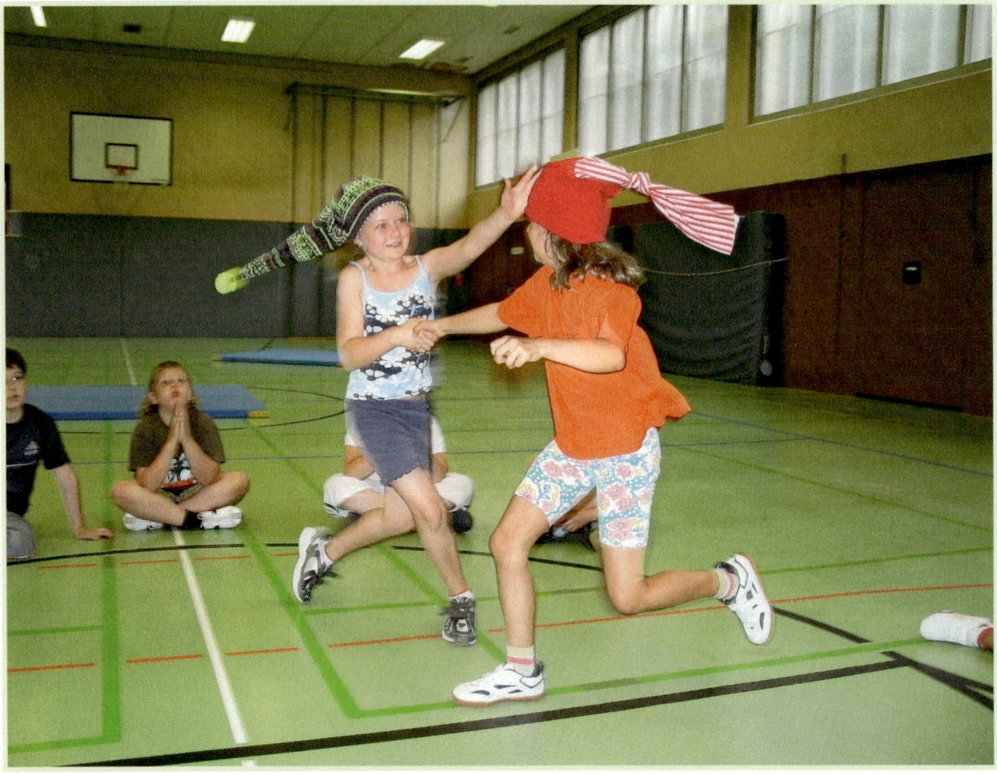

Bleib auf dem Teppich

Aufbau / Organisation:
Es werden Paare gebildet, die sich einen freien Platz in der Halle suchen. Jeder Spieler nimmt eine Teppichfliese mit, auf die er sich draufstellt.

Aufgabe:
Die Partner stellen sich, auf den Fliesen stehend, gegenüber auf, fassen sich an den Schultern oder Händen und versuchen sich – nach einem Startsignal – gegenseitig von den Fliesen herunter zu schubsen.

Variationen / eigene Ideen:

- Die Spieler können auch andere Körperteile des Gegners zu fassen versuchen, um ihn von den Fliesen hinunter zu ziehen.
- Wenn ein Angriff erfolgreich war und der Gegner von den Fliesen abspringen musste, soll versucht werden, ihm am erneuten Aufsteigen zu hindern.

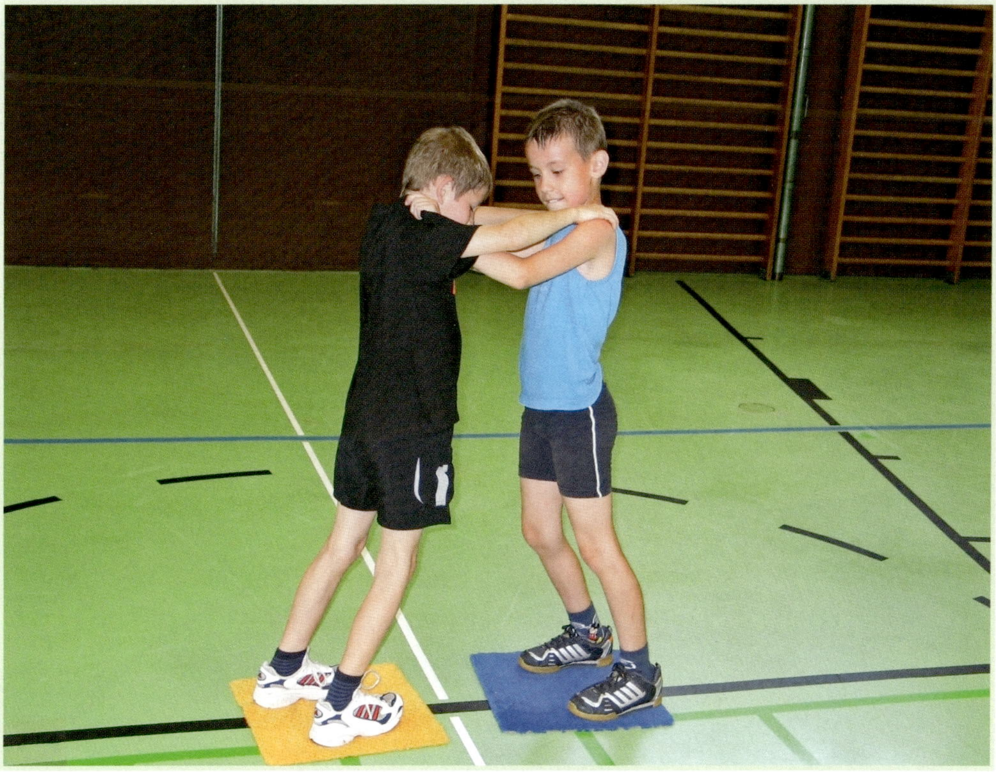

Hol dir den Schnatz

Aufbau / Organisation:
Es werden Paare gebildet, die sich einen freien Platz in der Halle suchen. Dort bauen sie sich eine Kampffläche von ca. 4 Quadratmetern auf (mit Matten oder durch Markierungen am Hallenboden).

Aufgabe:
Einer der beiden Spieler hält einen Ball (Schnatz) in den Händen. Nach einem Startsignal muss der zweite Spieler versuchen, sich diesen Schnatz zu holen. Der Besitzer des Schnatzes kann ihn überall an und hinter seinem Körper halten, darf sich wegdrehen usw. Er darf aber das Spielfeld (2 x 2 Meter) nicht verlassen.

Variationen / eigene Ideen:
- Andere Gegenstände oder Bälle als Schnatz verwenden.
- Das Spiel darf von beiden Partnern jeweils nur mit einer Hand gespielt werden, während die andere passiv auf den Rücken gehalten wird.

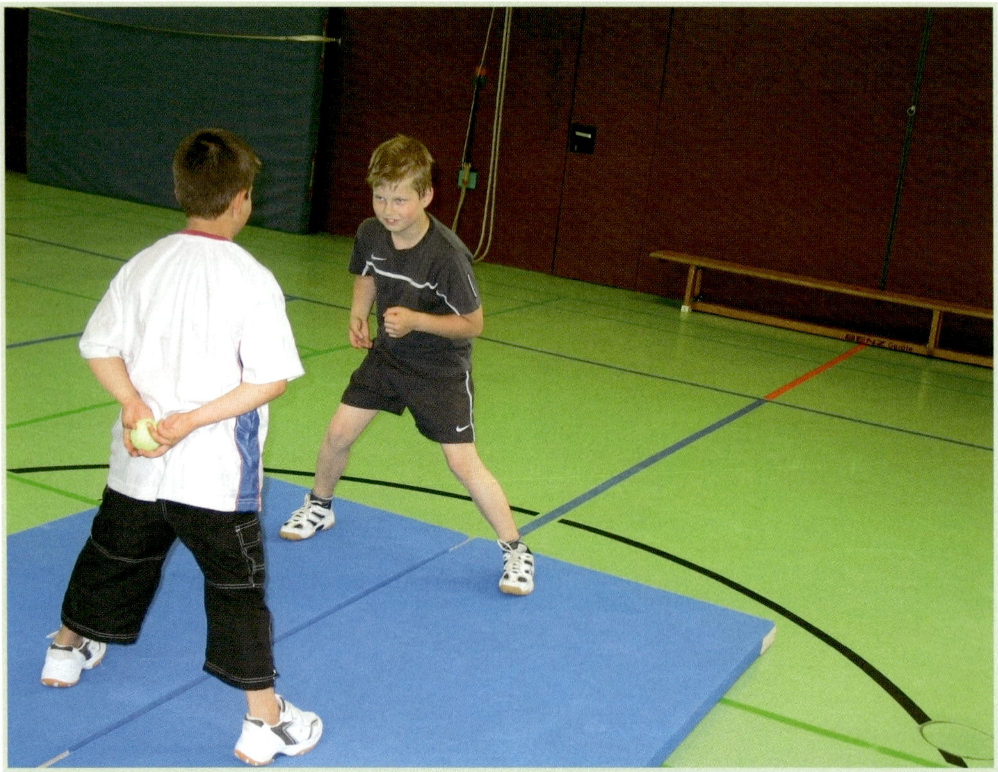

Wenn die Gruppe ins Spiel kommt, wird die Anforderungsstruktur des Kämpfens weitaus komplexer. Andererseits ergeben sich weitergehende Lernmöglichkeiten, die man in der Sportdidaktik unter dem Begriff des Gruppenlernens gefasst hat (vgl. Lange 2005). Die Bewegungsaufgaben und Spielprobleme werden hier nicht mehr allein gelöst, sondern gemeinsam mit den anderen. Das heißt auch, dass sich alle anderen daran beteiligen müssen, wenn die Spielstrategie der Gruppe verbessert werden soll. D.h. alle Schüler müssen einerseits aufmerksam beobachten, wie das Spiel verläuft, was die Spieler der gegnerischen Mannschaft tun und welche Kompetenzen und Stärken in der eigenen Gruppe zur Geltung kommen bzw. vermehrt zur Geltung kommen sollten.

Da die Rückmeldungen aus dem Spielverlauf für alle Beteiligten in der Regel sehr eindrücklich und deutlich ausfallen, zeigen alle taktischen Veränderungen sofort und manchmal sogar spürbare Veränderungen. Von daher gesehen sind die Gruppenkämpfe ein sehr prägnantes Inhaltsfeld für das Gruppenlernen und das Auslösen von Gruppenprozessen.

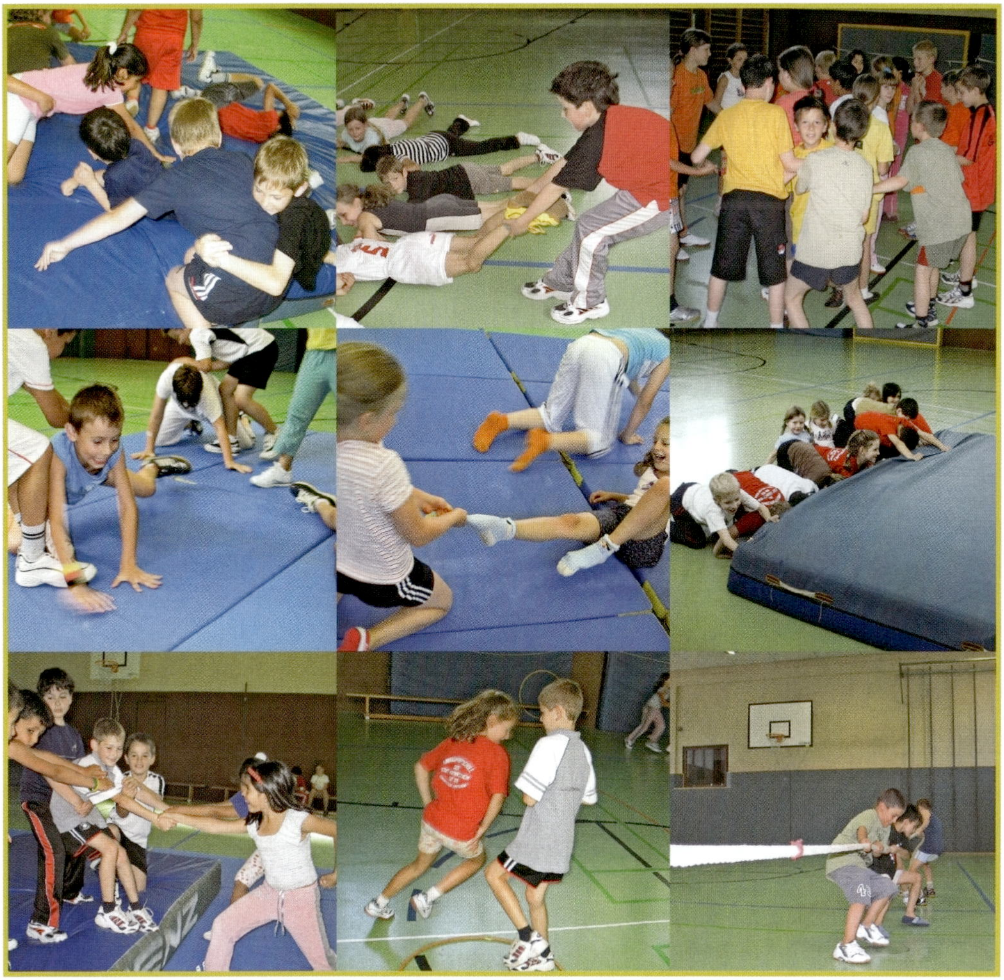

Löwenspiel

Aufbau / Organisation:
Es wird eine Spiel- bzw. Kampffläche mit Turnmatten ausgelegt. Darauf dürfen sich die Teilnehmer frei (z. B. durcheinander laufend) bewegen.

Aufgabe:
Ein Kind (Löwe) bewegt sich auf allen Vieren über die Matten und versucht, die anderen Kinder zu fangen und zu Boden zu ziehen. Die zu Fangenden versuchen ihrerseits durch Weglaufen und Ausweichen dieses zu verhindern. Sie dürfen dabei allerdings die Matte nicht verlassen.

Diejenigen, die einmal zu Boden gezogen wurden wechseln ihre Rolle und werden ebenfalls Löwen und versuchen, die anderen Mitspieler zu fangen und zu Boden zu bringen. Das Spiel wird so lange fortgesetzt, bis alle Spieler in die Rolle der „Löwen" gewechselt sind.

Variationen / eigene Ideen:
- Bei dem zu Fangenden kann auch die Weise der Fortbewegung verändert werden. (z. B. Krabbeln).
- Wird beim Löwen die Fortbewegungsweise verändert (z. B. Laufen), dann fällt es ihm leichter die Mitspieler zu fangen.

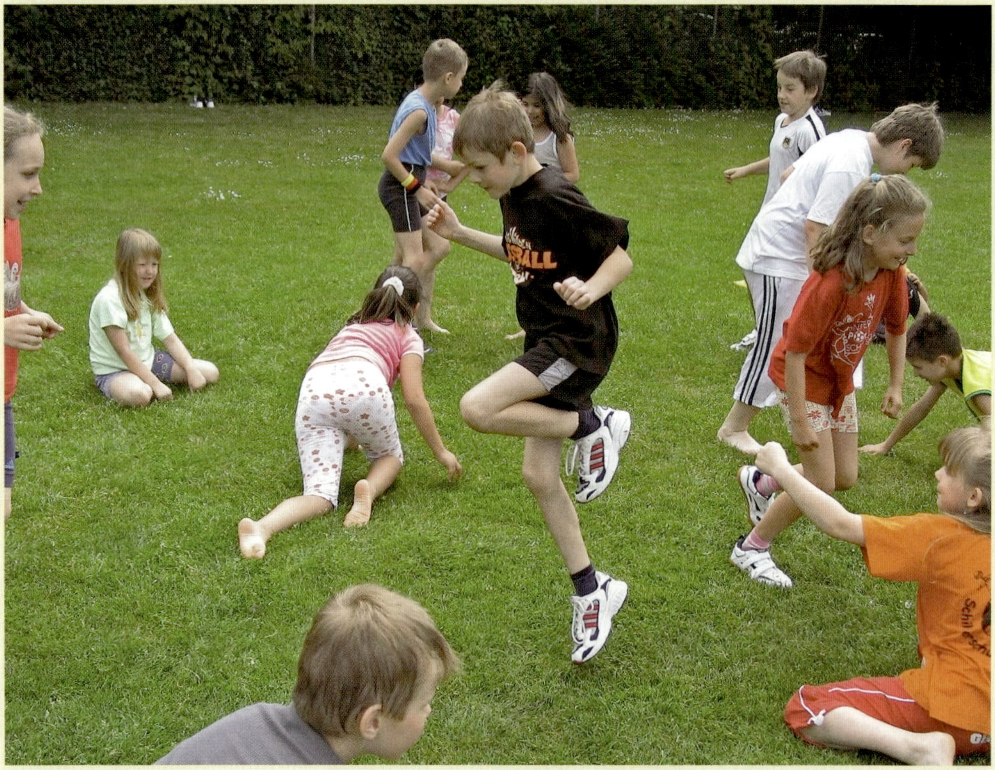

Wäscheklammern klauen

Aufbau / Organisation:
Es werden 2 Mannschaften gebildet und innerhalb der Turnhalle ein Spielfeld abgesteckt.

Aufgabe:
Die Spieler der Mannschaften bekommen jeweils zwei Wäscheklammern, die sie an ihrer Kleidung festmachen. Die Spieler einer Mannschaft bekommen Wäscheklammern der gleichen Farbe. Nach einem Startsignal versuchen sie sich gegenseitig die Klammern abzuziehen. Erbeutete Klammern dürfen in die Hosentasche gesteckt werden. Die eigenen Klammern dürfen nicht mit den Händen festgehalten und geschützt werden. Die Mannschaft, deren Spieler die letzte Klammer an ihrer Kleidung haben, gewinnt dieses Spiel.

Variationen / eigene Ideen:
- Der Spielraum kann enger begrenzt werden (z. B. auf eine Mattenfläche).
- Die Fortbewegungsart wird verändert (z. B. auf allen Vieren krabbeln).
- Man kann dieses Spiel auch in der gesamten Gruppe (jeder gegen jeden) spielen.
- Die erbeuteten „Trophäen" werden nicht in die Tasche gesteckt, sondern an der Kleidung angebracht. Wer dann nach 2 Minuten Spielzeit die meisten Wäscheklammern hat, ist der Gewinner des Spiels.
- Man kann dieses Spiel auch als Partnerkampf spielen.

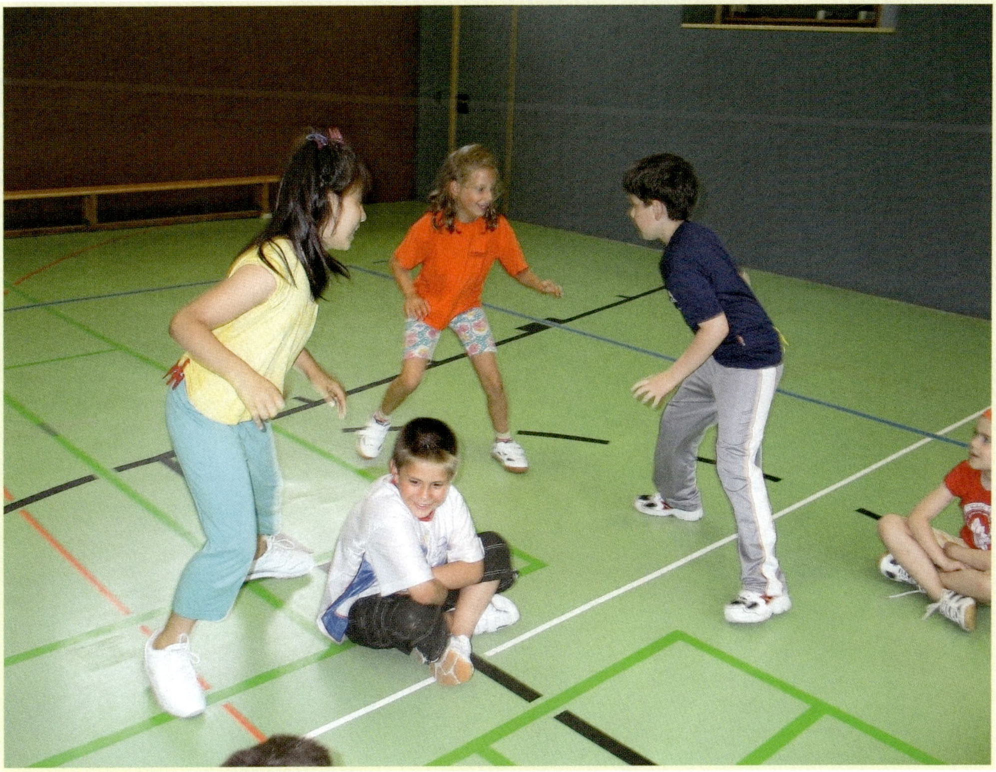

Partnerschaftliches Storchenhüpfen

Aufbau / Organisation:
Es werden zwei Mannschaften gebildet. Innerhalb der Mannschaften gehen die Teilnehmer paarweise zusammen. Spielort ist eine große Mattenfläche in der Turnhalle. Die gebildeten Paare, greifen sich jeweils an den Revers und verschränken sich zueinander: Dabei nehmen sie jeweils das rechte Bein des Partners unter den linken Arm.

Aufgabe:
Die auf diese Weise gebildeten Storchenpaare bewegen sich hüpfend über die Matte und versuchen, andere Paare der gegnerischen Mannschaft umzuschubsen. Es dürfen maximal zwei Paare auf ein Paar schubsend einwirken.

Variationen / eigene Ideen:
- Es können mehr als zwei Mannschaften gegeneinander kämpfen.
- Das Spiel wird in der gesamten Gruppe (jeder gegen jeden) gespielt.

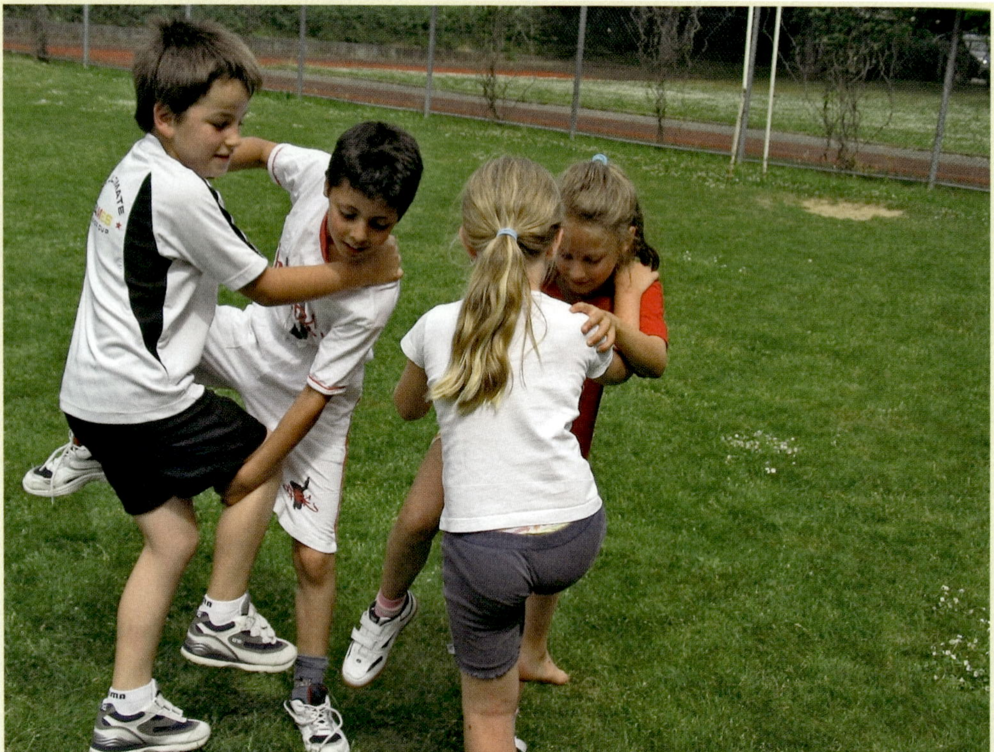

Auf die Matte ziehen

Aufbau / Organisation:
In der Turnhalle werden mehrere Matten bzw. Weichböden verteilt. Es werden zwei Mannschaften gebildet. Jedes Kind sucht sich in der gegnerischen Mannschaft einen Partner.

Aufgabe:
Alle Kinder aus Mannschaft A müssen ihre Partner aus der Mannschaft B auf die Matte bringen. Hierzu müssen sie ihre Partner zunächst fangen und abticken. Daraufhin darf der getickte Partner nur noch passiv bleiben und der Fänger muss versuchen, ihn auf eine nahe gelegene Matte zu ziehen. Wie lange benötigt Mannschaft A? Anschließend wird die Aufgabenstellung getauscht.

Variationen / eigene Ideen:
- Ohne vorgeschaltetes Fangspiel: Ein Partner befindet sich bereits auf einer Matte und versucht, den Gegner auf die Matte hinauf zu ziehen. Diese darf sich auch wehren. Beide Partner müssen sich anfassen.

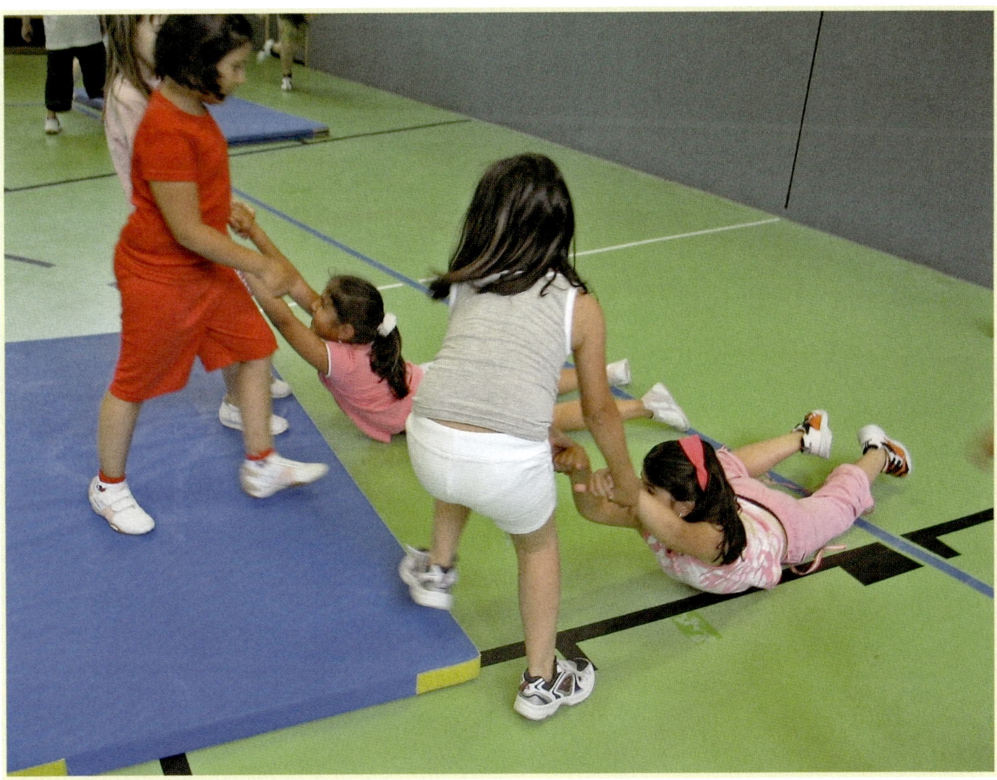

Indianer zähmen Wildpferde

Aufbau / Organisation:
Es werden zwei Mannschaften gebildet. Eine Gruppe sind die Indianer, die anderen die Wildpferde. Als Spielfeld dient eine große Mattenfläche.

Aufgabe:
Die Wildpferde nehmen die Bankstellung ein. Die Indianer schleichen sich an und versuchen, die Wildpferde an deren Hüften zu umklammern. Wenn dieses gelingt, gilt das Pferd als gezähmt und kann vom Indianer von der Matte geführt werden. Die Wildpferde versuchen das zu verhindern, indem sie den Umklammerungsversuchen ausweichen.

Variationen / eigene Ideen:
- Das Spiel kann auch als Partnerspiel gespielt werden. Wie lange benötigt dann der Partner, um das Wildpferdchen dreimal zu zähmen? Anschließend wechseln die Partner die Aufgabe.

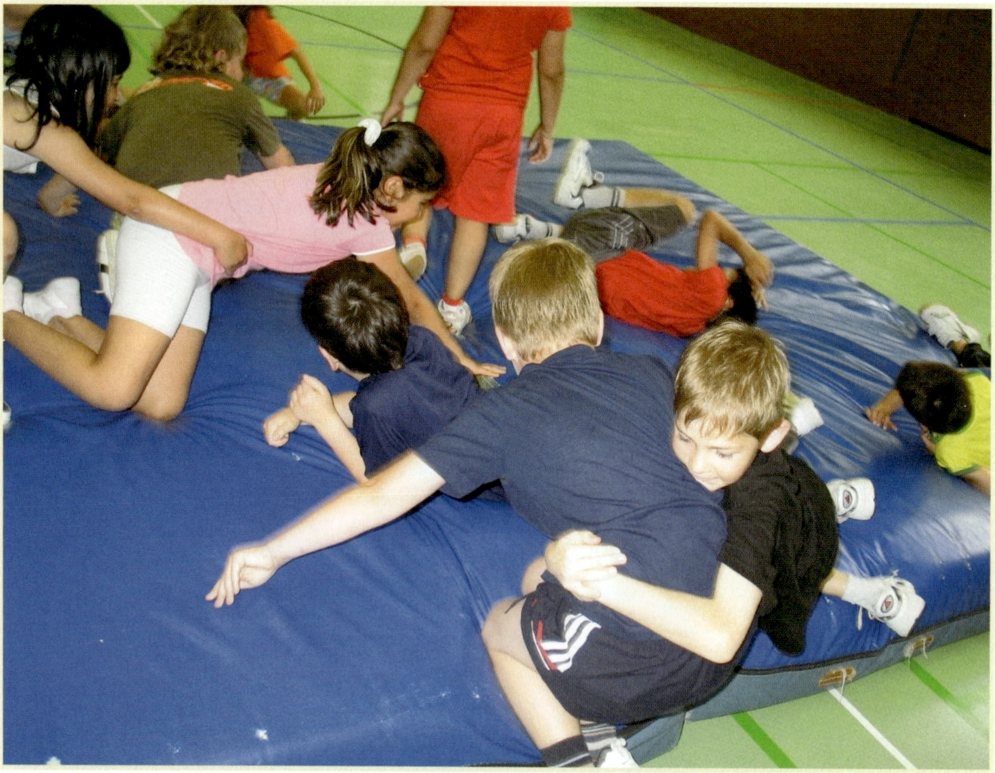

Riesenkrake

Aufbau / Organisation:
Es gibt einen Fänger (die Riesenkrake) und beliebig viele, die gefangen werden können („Fische"). Die Krake rennt den Fischen frei hinterher, um sie abzuticken.

Aufgabe:
Wird jemand von dem Meerestier gefangen, wird er zu einem kleinen Untertanen der Riesenkrake. Er muss in die Knie gehen und Armbewegungen einer Krake nachmachen. Berührt ein „Fisch" (z. B. bei einem Ausweichmanöver) eine kleine Krake, wird er ebenfalls zu einem Untertan der Riesenkrake. Die Fische sollten in einem begrenzten Raum immer wieder von links nach rechts und zurück laufen, bis nur noch ein Fisch übrig ist, der dann z. B. im nächsten Spiel die Krake sein könnte.

Variation/eigene Ideen:
- Das Spiel „Habicht und Maus" ist eine Variante von Riesenkrake. Hier laufen die Mäuse von einer Seite zur anderen. Der Habicht versucht, die Mäuse zu ticken. Fängt er eine Maus, dann wird sie zu einem Baum, der nur noch regungslos da stehen darf. Die Mäuse können die Bäume als Schutz beim Herüberlaufen benutzen. Berührt der Habicht bei einer Jagd nach einer Maus einen Baum, dann wird dieser sofort wieder zu einer Maus und darf weiterspielen.

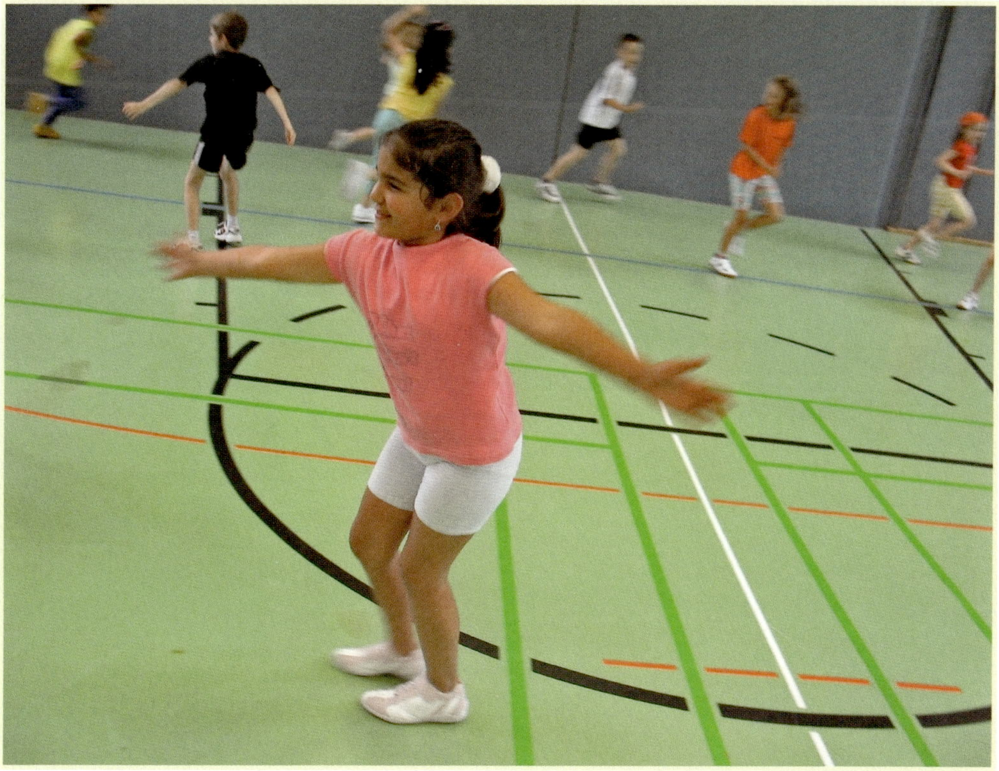

Raufbasketball

Aufbau / Organisation:
Als Spielfeld dient der Raum zwischen zwei Basketballkörben. Bis auf die Mittellinie verlieren alle Spielfeldlinien ihre Bedeutung, d.h. es gibt kein „Aus“. Zwei Mannschaften spielen gegeneinander.

Aufgabe:
Es wird auf zwei Körbe Basketball gespielt. Der Charakter des „körperlosen Spiels“ wird allerdings aufgegeben, denn die Gegner dürfen Klammern, Sperren und Festhalten. Dabei darf allerdings ein Spieler jeweils nur einen anderen sperren oder festhalten. Ansonsten würde der Spielfluss zum Erliegen kommen. Außerdem dürfen, wenn man einmal im Ballbesitz ist, auch mehrere Körbe unmittelbar hintereinander erzielt werden. Ansonsten gelten die Basketballregeln.

Variationen / eigene Ideen:

- Punkte zählen nur dann, wenn alle Mitglieder der angreifenden Mannschaft über die Mittellinie gelaufen sind und sich damit in der gegnerischen Hälfte befinden. Dies kann durch Sperren verhindert werden.
- Man kann dieses Spiel auch auf vier Körbe gleichzeitig spielen.

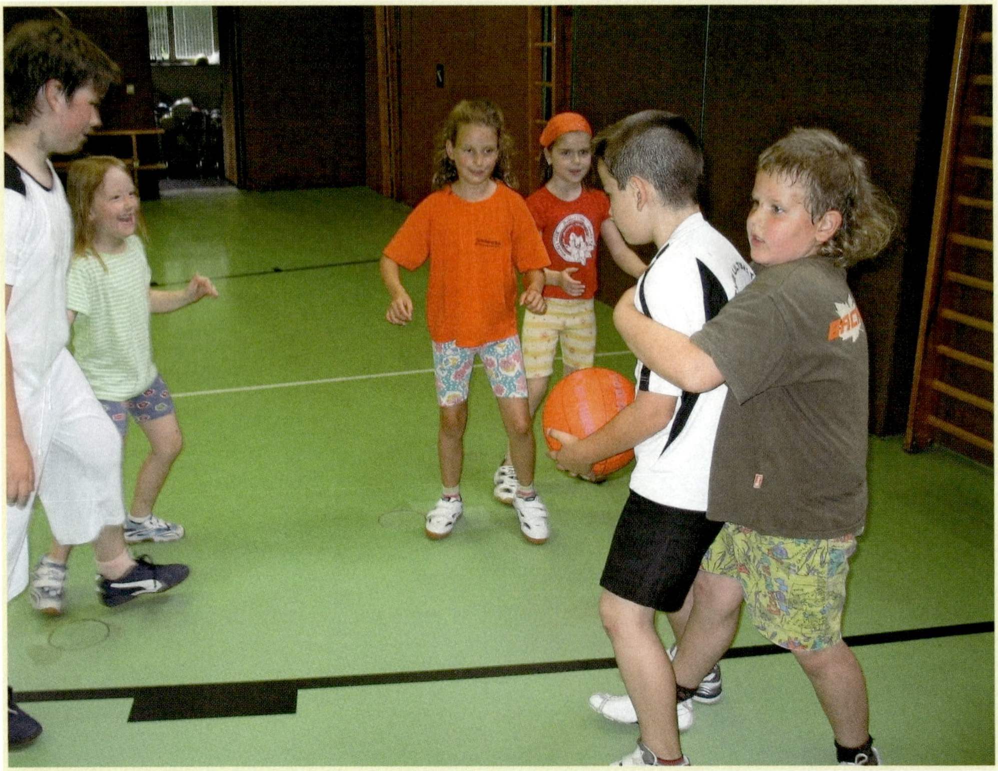

Touch down Raufen

Aufbau / Organisation:
Als Spielfeld dient ein Handballfeld. Es werden zwei Mannschaften gebildet, die gegeneinander spielen.

Aufgabe:
Jede Mannschaft muss versuchen, einen Volleyball hinter der Grundlinie des gegnerischen Halbfeldes abzulegen (Touch down).
Der Ball darf mit allen Körperteilen bewegt, geschlagen und geschossen werden. Klammern, Sperren, Festhalten sind erlaubt. Mit dem Ball in der Hand dürfen nicht mehr als fünf Schritte gelaufen werden.

Variationen / eigene Ideen:
- Punkte zählen nur dann, wenn alle Mitglieder der angreifenden Mannschaft über die Mittellinie gelaufen sind und sich damit in der gegnerischen Hälfte befinden. Dies kann durch Sperren verhindert werden.
- Wird der Ball innerhalb der Mannschaft zugepasst, darf er – wie beim Rugby – nur nach hinten abgegeben werden.
- Die Ablagestelle für den Touch down wird verkleinert: Es zählt nicht mehr der gesamte Bereich hinter der Grundlinie, sondern nur ein kleineres Mal (z. B. eine Weichbodenmatte).

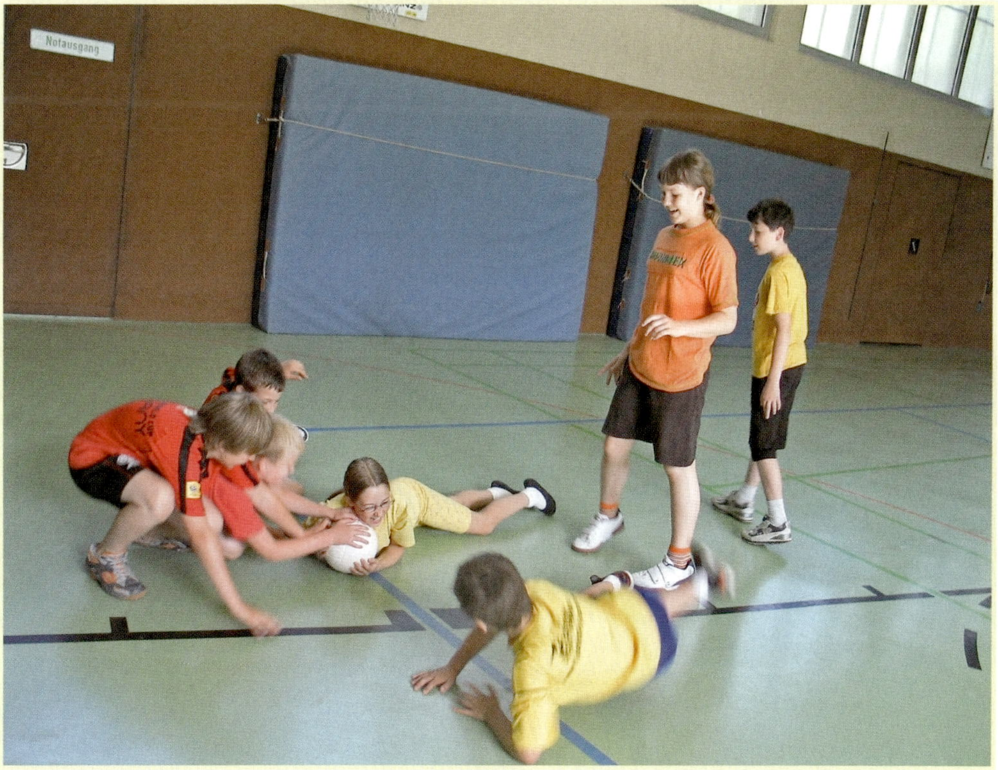

Burgball

Aufbau / Organisation:

Als Spielfeld dient ein mit Matten bzw. Weichböden ausgelegtes Feld. In der Mitte liegt ein Medizinball. Es werden zwei Mannschaften gebildet, die gegeneinander spielen.

Aufgabe:

Eine Mannschaft muss versuchen, den Medizinball so lange wie möglich auf der Matte zu halten, während die andere Mannschaft versucht, ihn von der Matte herunterzubringen. Die den Ball verteidigende Mannschaft verkeilt sich deshalb ineinander, um den Ball optimal zu sichern.

Die angreifende Mannschaft versucht dagegen anzukämpfen, indem die Verteidiger von dem Ball bzw. dem Weichboden gezogen werden. Wer einmal heruntergezogen wurde, darf nicht mehr zurück auf die Matte. Sobald der Medizinball den Bereich außerhalb des Kampffeldes berührt, ist der Spieldurchgang beendet und die Mannschaften tauschen ihre Rollen (Angriff-Verteidigung).

Variationen / eigene Ideen:

- Es wird mehrfach gewechselt und die jeweiligen Zeiten zu einer Gesamtzeit addiert.

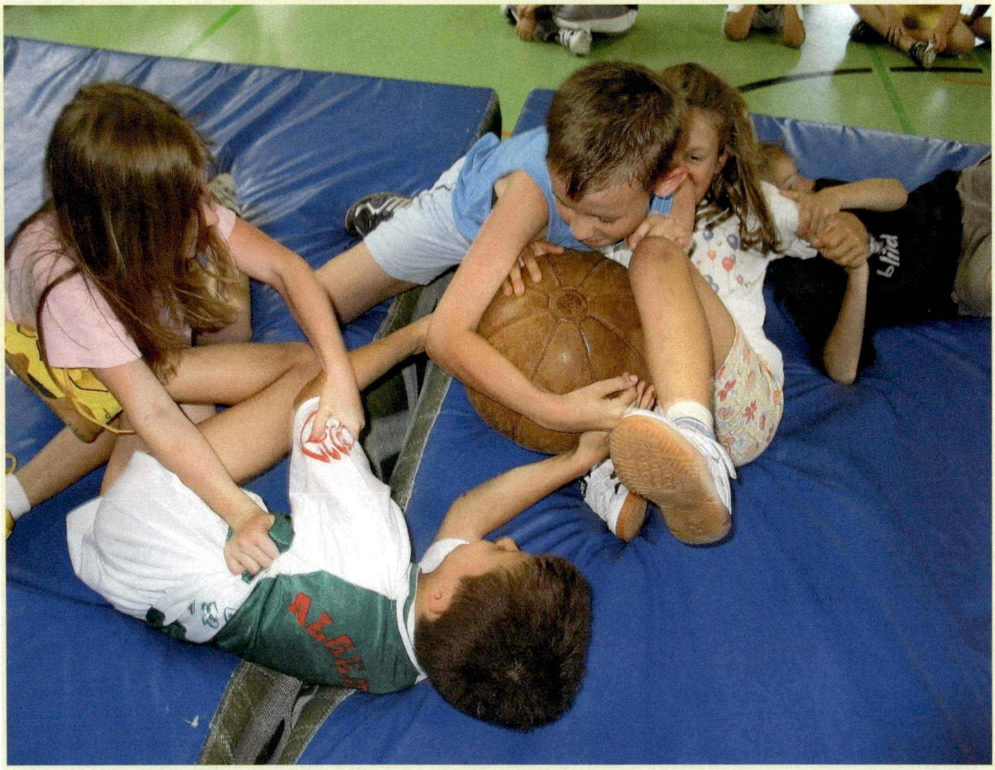

Möhrenziehen

Aufbau / Organisation:
Alle Kinder legen sich in Bauchlage in einen Kreis auf den Hallenboden und halten sich ganz fest an den Händen. Das sind die Möhren in diesem Spiel.

Aufgabe:
Ein Kind wird vom Spielleiter als Gärtner bestimmt und muss versuchen, eine Möhre bei den Füßen zu packen und aus dem Boden (dem Kreis) heraus zu ziehen. Die anderen Kinder versuchen, dies durch gegenseitiges Festhalten zu verhindern.

Variationen / eigene Ideen:
- Mit zwei Gärtnern beginnen.
- 2 Mannschaften, die jeweils einen Kreis bilden. Ein – zwei Gärtner werden zur gegnerischen Mannschaft geschickt, um dort die Möhren zu ziehen. Welche Gärtner sind schneller?

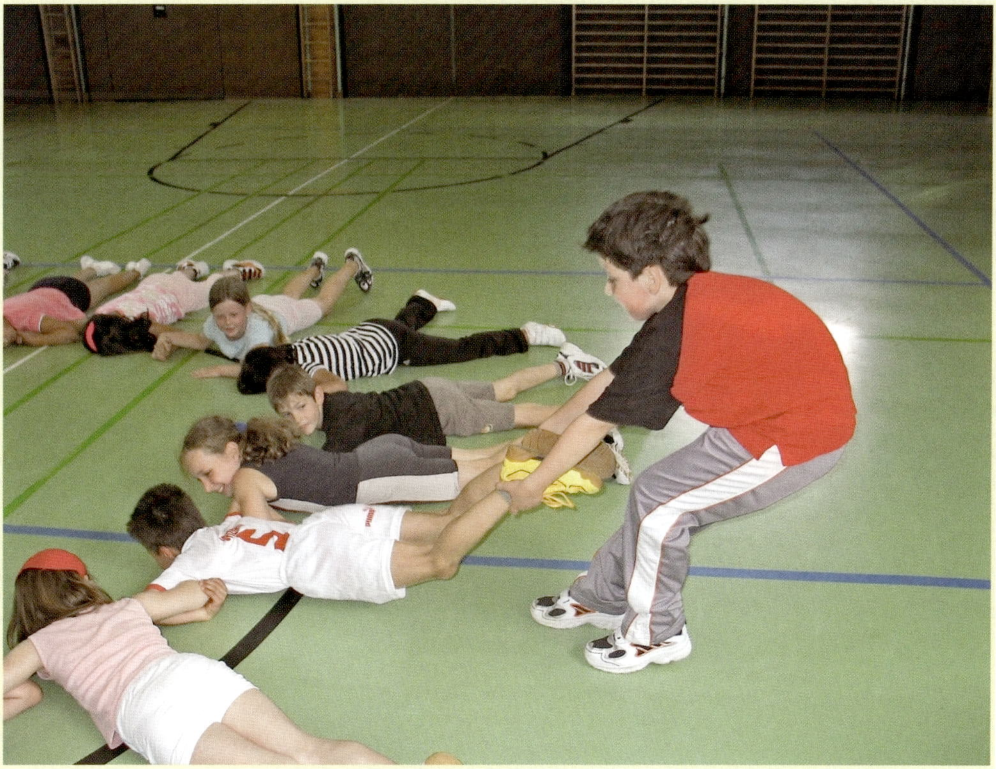

Ringender Kreis

Aufbau / Organisation:
Es werden Kleingruppen gebildet (6 – 8 Kinder), die sich in der Turnhalle einen freien Platz suchen. Dort legen sie eine kleine Matte in ihre Mitte und fassen sich an den Händen.

Aufgabe:
In dieser Kreisaufstellung wird versucht, ein Kind dazu zu bewegen, auf die Matte zu treten.

Variationen / eigene Ideen:
- Das zu treffende Mal kann verkleinert werden, indem mit einem Springseil oder mit Kreide ein Kreis auf die Matte gelegt bzw. markiert wird.
- Es werden zwei Mannschaften gebildet (A, B, ...). Bei der Kreisaufstellung steht abwechselnd ein Kind der Mannschaft A, B, usw. Die Mannschaft, deren Spieler auf die Matte treten, erhält einen Minuspunkt.

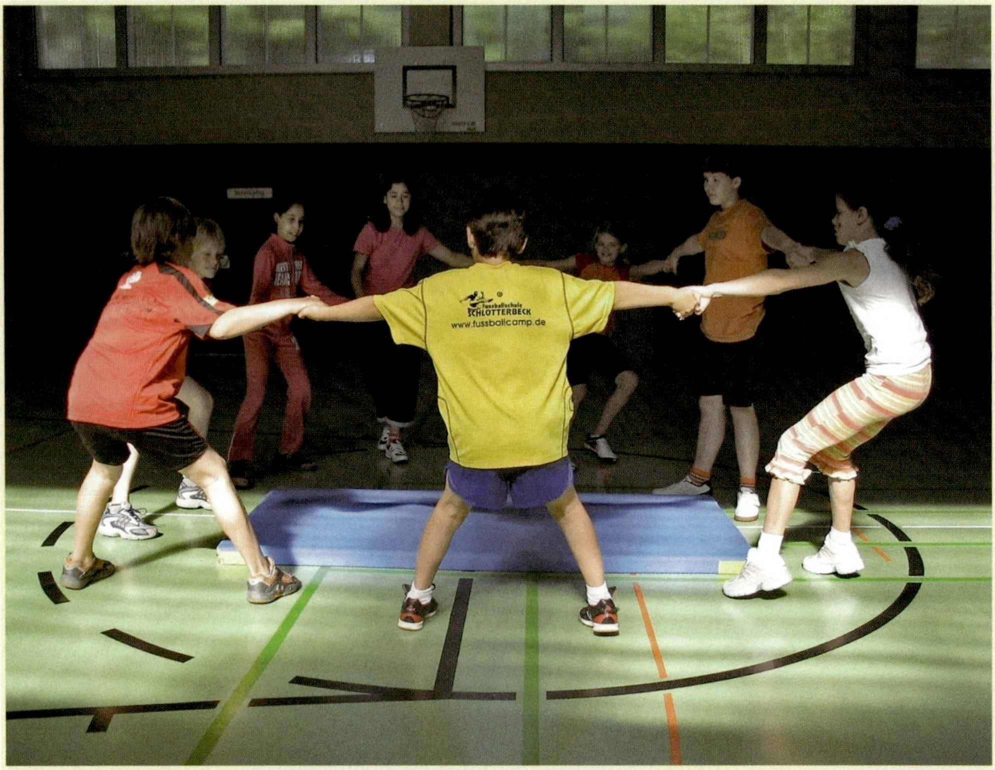

Ausbrechen

Aufbau / Organisation:
Es werden zwei Gruppen gebildet. Eine Gruppe von mindestens 12 Kindern bildet einen Außenkreis. Die Festigkeit dieses Kreises wird durch einhaken bzw. „an den Händen fassen“ gesichert. Die zweite Gruppe steht innerhalb des Kreises.

Aufgabe:
Nach einem Startsignal sollen die im Kreis stehenden Kinder versuchen, aus dem Kreis auszubrechen.

Die Gruppe, die den Außenkreis bildet, muss versuchen, ihre Lücken zu schließen.

Variationen / eigene Ideen:

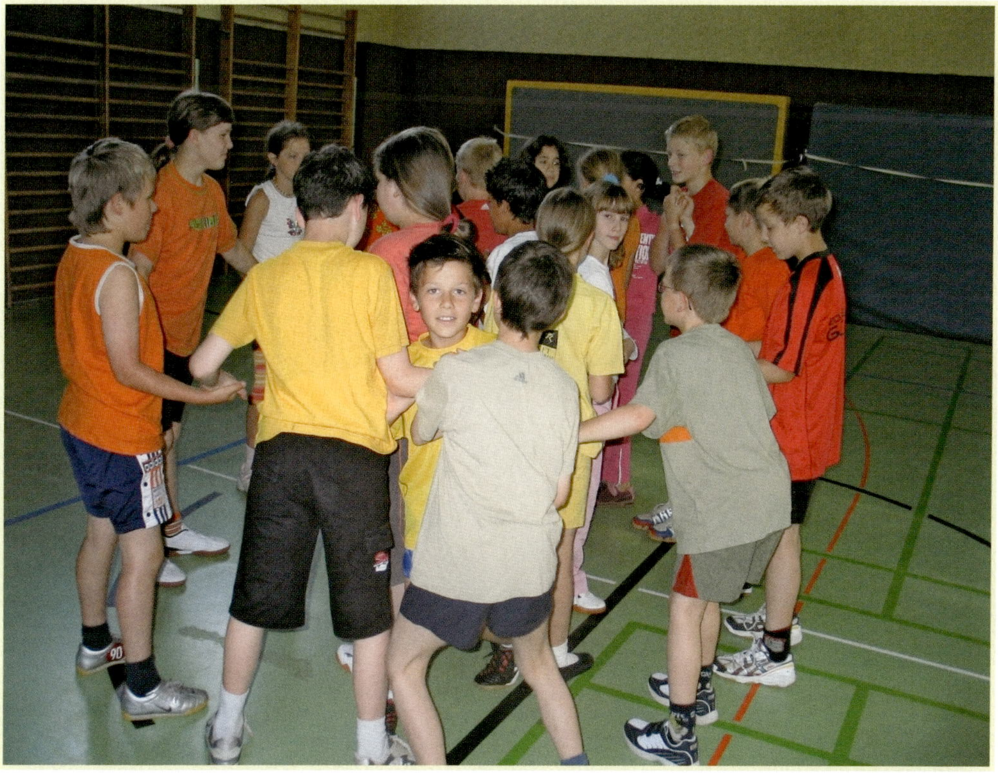

Melonenrollen

Aufbau / Organisation:
Die Gruppe wird in zwei gleich starke Mannschaften aufgeteilt. Spielort ist eine große Mattenfläche in der Turnhalle. Die Mannschaften stehen sich an den beiden Außenseiten der Mattenfläche gegenüber.

Aufgabe:
Ein Medizin- oder Basketball (Melone) muss über die jeweils gegenüberliegende Außenseite der ausgelegten Mattenfläche gerollt werden. Die gegnerische Mannschaft versucht dies durch Festhalten, Umklammern, Sperren des Gegners, allein oder mit mehreren zu verhindern. Die Spieler dürfen sich selbst rollend (vorwärts-, seitwärts- oder rückwärts) über die Matte bewegen. Das Aufstehen ist verboten. Der Ball darf nur gerollt werden.

Variationen / eigene Ideen:
- Beide Mannschaften stehen sich zu Spielbeginn im Kniestand gegenüber. Alle Spieler dürfen sich dabei nur auf allen Vieren fortbewegen.
- Der Ball liegt beim Start in der Mitte der Mattenfläche. Nach dem Startsignal kann er von den konkurrierenden Mannschaften über jeweils zwei gegenüber liegende Außenkanten zu einem Punktgewinn hinausgerollt werden.
- Auf der Matte selbst darf der Ball zugeworfen, über die Ziellinie aber nur gerollt werden.
- Statt zwei können auch vier Mannschaften gegeneinander spielen (dann wird jeder Mannschaft eine Außenseite der viereckigen Mattenfläche zugeordnet).
- Anstelle des Mannschaftswettkampfes kann auch in der Organisationsform „jeder gegen jeden“ gespielt werden.

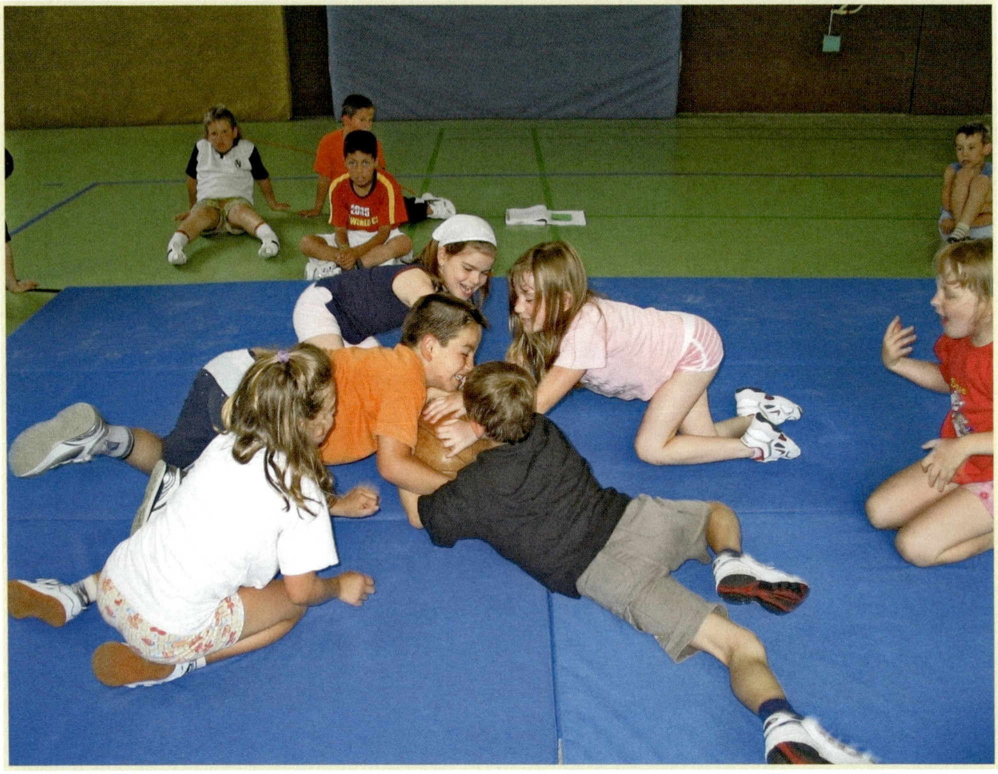

Linienkämpfen

Aufbau / Organisation:
Alle Kinder verteilen sich in der Halle. Sie dürfen nur auf den Linien gehen.

Aufgabe:
Wenn sich zwei Kinder auf einer gemeinsamen Linie begegnen, müssen sie versuchen, den jeweils anderen aus dem Gleichgewicht zu bringen, so dass er den Weg frei gibt. Hierzu halten beide einen Arm gestreckt vor sich und versuchen, durch Fassen, Ziehen, zur Seite drücken oder Fintieren den Partner aus dem Gleichgewicht zu bringen.

Variationen / eigene Ideen:

- Es werden zwei Mannschaften gebildet. Die Kinder versuchen, nur Kinder der gegnerischen Mannschaft von der Linie zu ziehen. Welche Mannschaft hat nach z. B. 5 Minuten die meisten Kinder von der Linie gezogen?

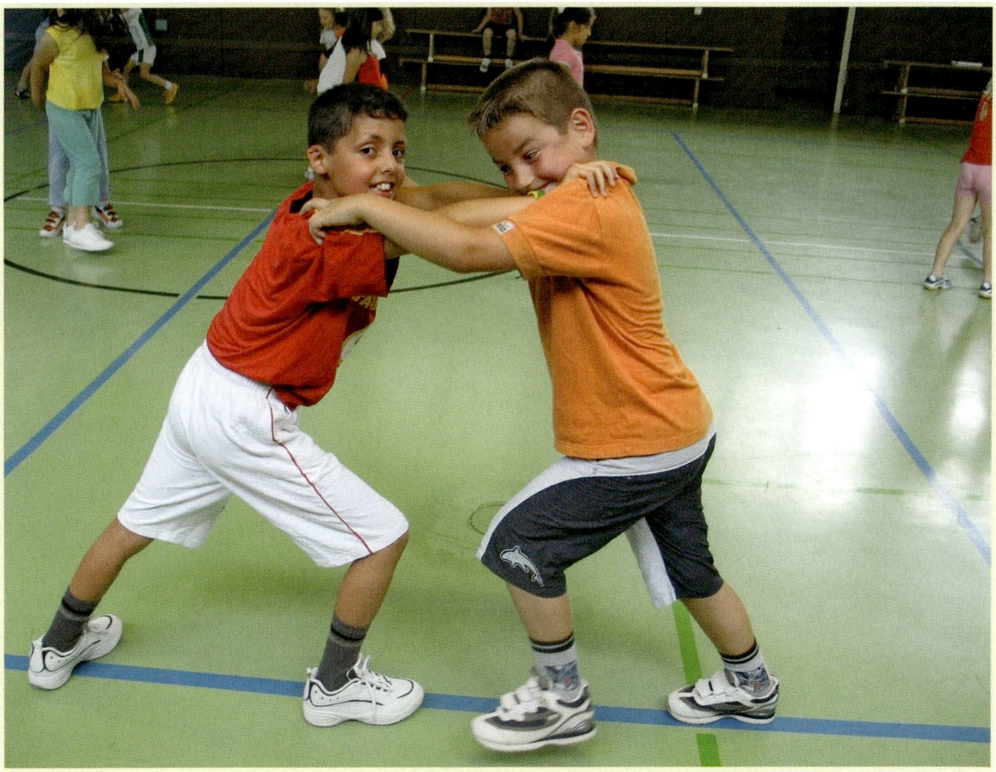

Reiter-Krabbel-Kampf

Aufbau / Organisation:
Es wird ein Kampffeld mit vielen Turnmatten ausgelegt. Anschließend werden Paare gebildet.

Aufgabe:
Die Paare bilden Pferd und Reiter: Einer krabbelt auf allen Vieren, der andere sitzt auf ihm ohne die Beine einzuhaken. Im Gegeneinander der Paare geht es darum, möglichst viele Reiter von ihren Pferden zu ringen und im Gegenzug möglichst lange selbst „im Sattel" zu bleiben,

Vorsicht: Der Reiter sollte sein Gewicht auf dem Pferd gut verteilen. Außerdem sollte der Reiter ein geringeres Gewicht als das Pferd aufweisen.

Variationen / eigene Ideen:

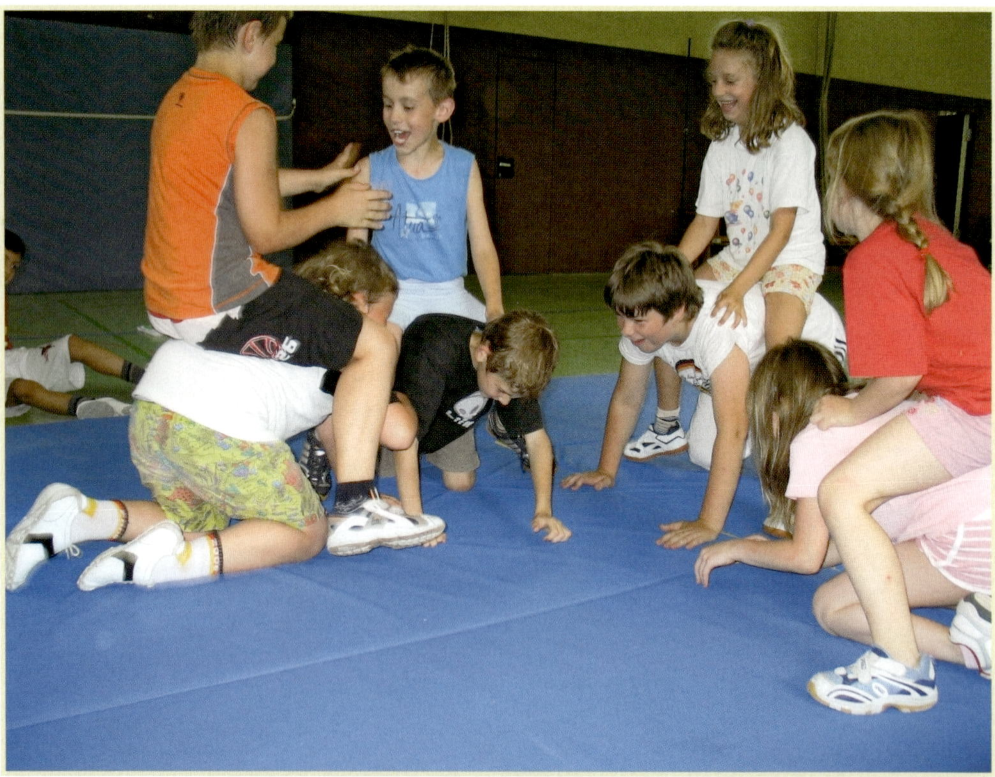

Reiter-Huckepack-Kampf

Aufbau / Organisation:
Die gesamte Halle dient als Spielfeld. Es werden Paare gebildet.

Aufgabe:
Die Paare bilden Pferd und Reiter: Einer steht (Pferd), der andere (Reiter) springt Huckpack auf den Rücken des Pferdes. Im Gegeneinander der Paare sollen möglichst viele andere Reiter vom Pferd gebracht werden, ohne selbst zu fallen. Hierbei können auch die Pferde aktiv in das Kampfgeschehen eingreifen.

Variationen / eigene Ideen:

- Dieses Spiel kann auch sehr gut im Schwimmbad (im brusthohen Wasser) gespielt werden.
- Kaiserturnier: Zwei Reihen gegenüber, Gewinner steigt auf, Verlierer steigt ab.
  Wer wird das beste Gespann?

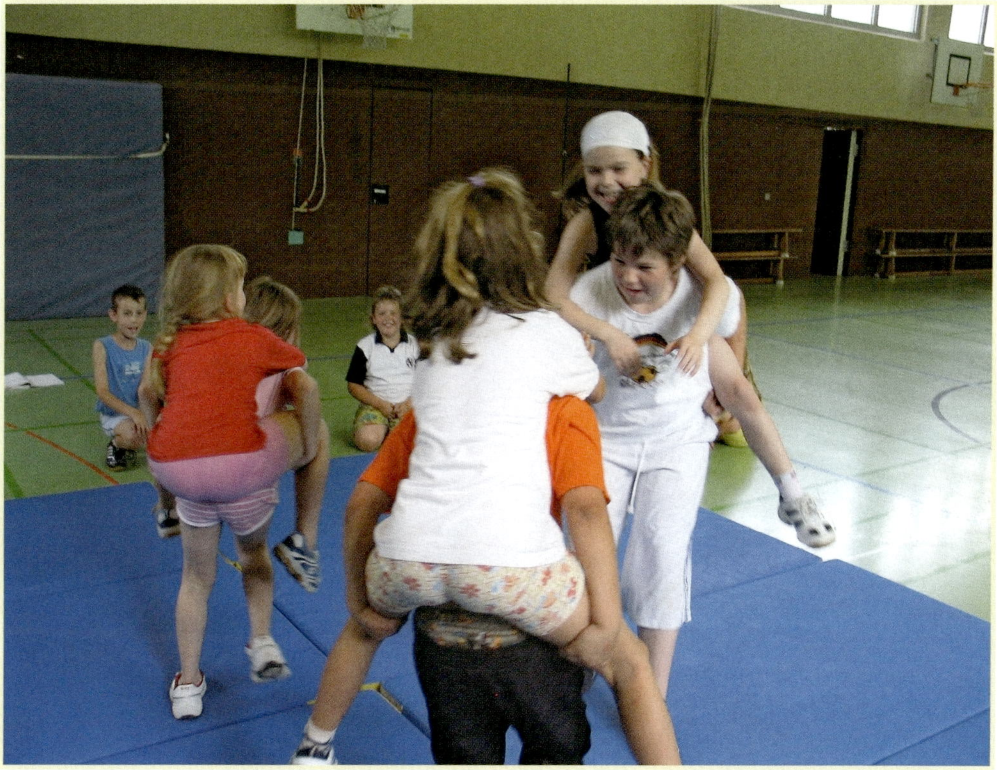

Diebe fangen

Aufbau / Organisation:
Zwei bis drei Gruppen von jeweils 6 Kindern bilden einen Halbkreis. Die Festigkeit des Halbkreises wird durch Einhaken gesichert. Die restlichen Kinder laufen als Diebe auf dem Spielfeld.

Aufgabe:
Nach einem Startsignal sollen die im Halbkreis stehenden Kinder die Diebe in die Enge treiben, sie einfangen und den Kreis schnell schließen. Der Dieb bzw. die gefangenen Diebe haben anschließend 30 sec Zeit, um ausbrechen. Gelingt es ihnen, so müssen sie erneut gefangen werden. Gelingt es ihnen nicht, so müssen sie sich in den Halbkreis einbinden. Welcher Dieb bleibt bis zum Schluss übrig?

Variationen / eigene Ideen:

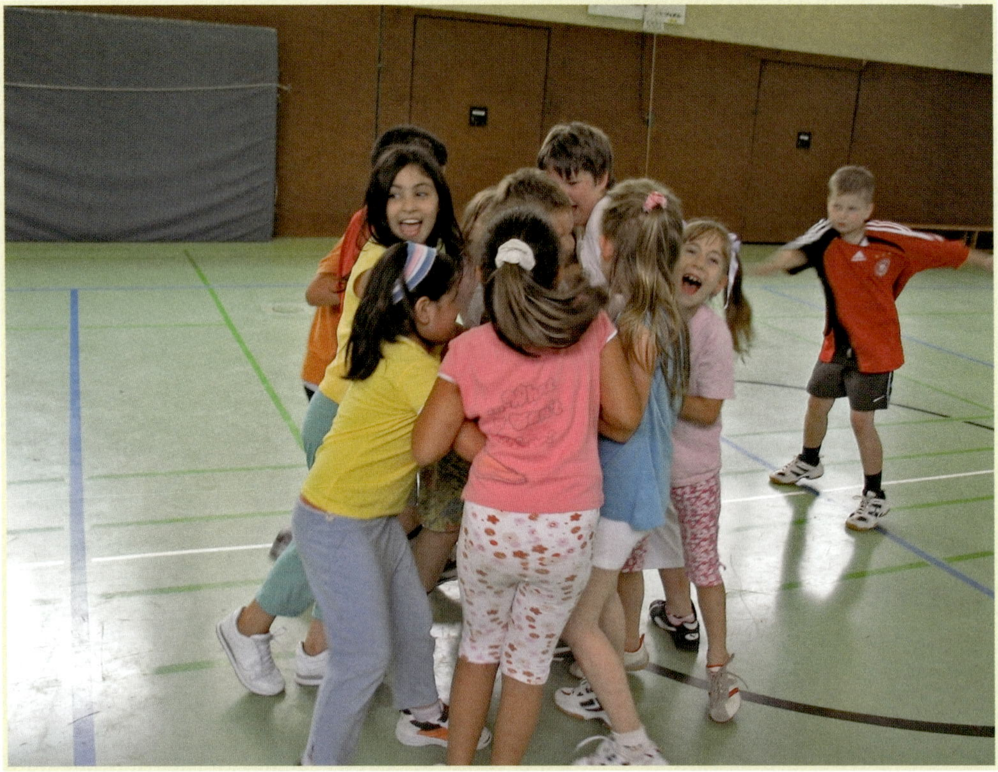

Schildkrötenjagd

Aufbau / Organisation:
Es werden zwei gleich große Mannschaften gebildet und die Spiel- bzw. Kampffläche wird mit Turnmatten ausgelegt.

Aufgabe:
Die Spieler einer Mannschaft übernehmen zunächst die Rolle der Schildkröten. Sie verteilen sich auf der Mattenfläche und bewegen sich auf Händen und Knien vorwärts. Nach einem Startsignal (Zeitstoppung) dürfen die Spieler der anderen Mannschaft versuchen, in möglichst kurzer Zeit alle „Schildkröten" auf den Rücken zu drehen. Einmal gedrehte Schildkröten müssen bis zum Ende des Durchgangs auf dem Rücken liegen bleiben. Die benötigte Gesamtzeit wird gestoppt. Welche Mannschaft ist die schnellere?

Variationen / eigene Ideen:

- Die Schildkröten dürfen sich nur auf Händen und Knien verteidigen.
- In weiteren Durchgängen sollen die Schildkröten herausfinden, wie sie sich besser vor dem Umdrehen schützen können (z. B. „Kampfgemeinschaften" bilden, Beine breit auf den Boden stellen (Standsicherheit) oder sich auf den Boden legen).
- Die Schildkröten liegen wie kleine Käfer auf dem Bauch und müssen nur umgedreht werden.
- Es können auch mehrere Mannschaften gegeneinander spielen.
- Man kann dieses Spiel auch zu zweit spielen. Nach einem erfolgreichen Umdrehen werden die Rollen gewechselt.

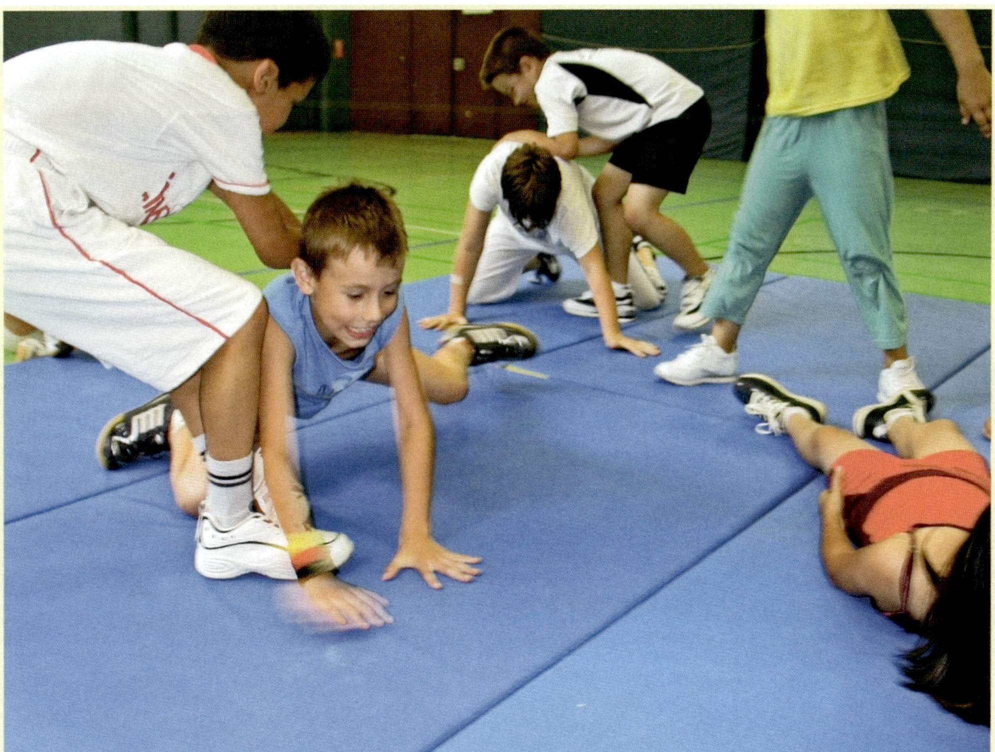

Kämpfender Kreis

Aufbau / Organisation:
Es wird ein Kampffeld mit vielen Turnmatten ausgelegt. Anschließend bilden alle Kinder einen großen Kreis. Dabei greift die eigene rechte Hand das linke Revers des rechten Nebenmannes, die linke Hand das rechte Revers des linken Nebenmannes. Der Kreis wird auf diese Weise sehr stabil.

Aufgabe:
Die Teilnehmer versuchen nun, sich gegenseitig durch Beinhakeln zu Boden zu bringen. Wer den Boden mit dem Gesäß berührt, scheidet aus.
Sobald 5 Personen ausgeschieden sind, bilden diese sofort einen zweiten Kreis, in dem immer wieder neu Ausgeschiedene aufgenommen werden.

Variationen / eigene Ideen:

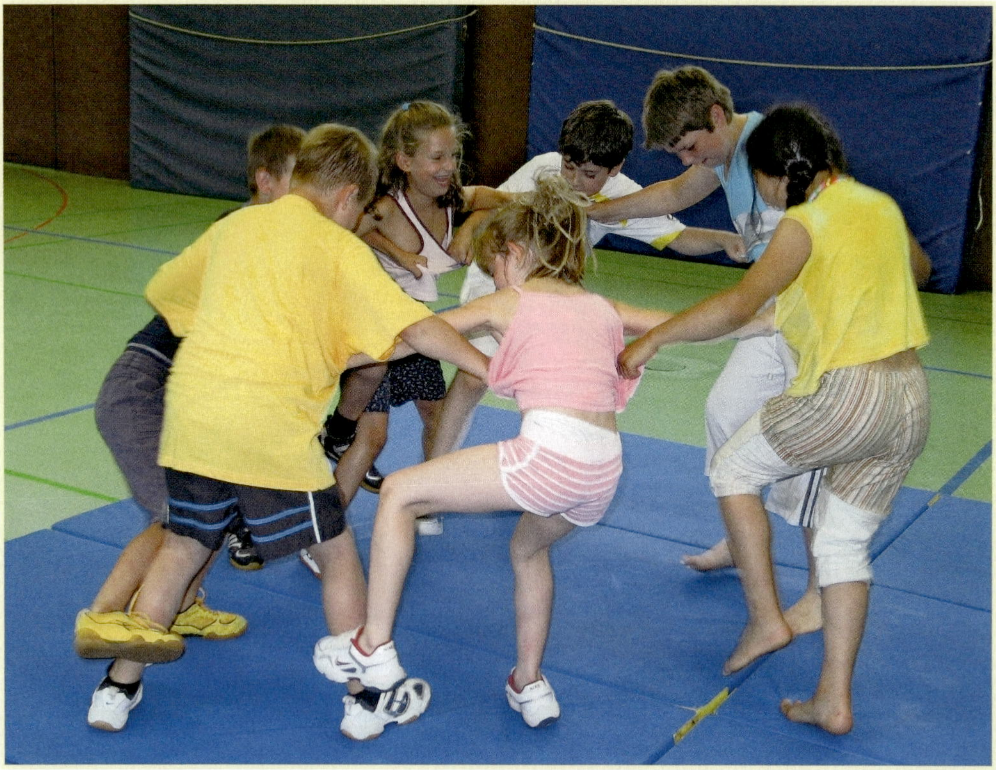

Kreis sprengen

Aufbau / Organisation:
Alle spielen gemeinsam und nehmen mitten in der Halle Platz. Die Kinder bilden einen Innenstirnkreis und haken sich mit den Armen ein. Die Hände werden aber nicht miteinander verschränkt. Sie liegen lediglich so vor der Brust, dass sich die Fingerspitzen berühren.

Aufgabe:
Die Kinder bewegen sich alle ein stückweit nach außen, sodass der Kreis gedehnt wird. Und zwar so weit, bis jedes Kind mit ganzer Kraft gegen das mögliche Aufbrechen des Kreises halten muss.
Im Zuge der weiteren Steigerung der Schwierigkeit sollen sich alle auch noch etwas mit dem Oberkörper zurücklehnen und somit die Spannung erhöhen. Wo reißt der Kreis?

Variationen / eigene Ideen:
- Die Größe der Gruppe kann verändert werden (z. B. 2 bis 6 Kinder).
- Homogene Gruppen bilden.
- Jedes Kind fasst die beiden Nachbarkinder ganz fest am Handgelenk an.

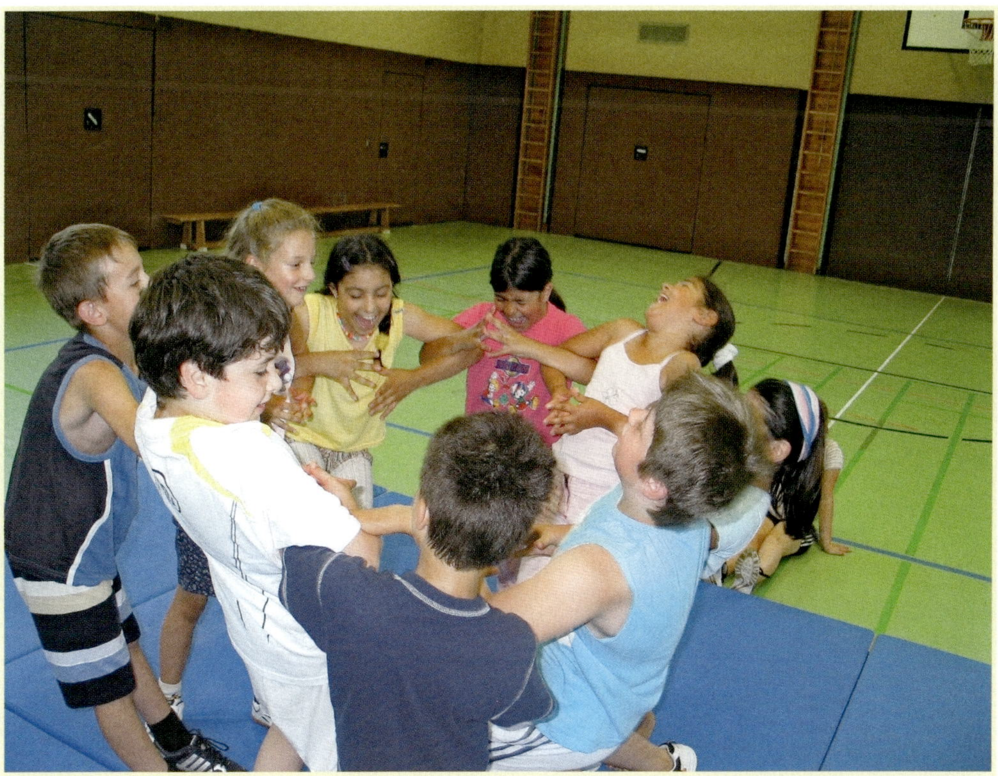

Sockenraub

Aufbau / Organisation:
Alle spielen gemeinsam und legen eine große Mattenfläche aus. Jeder sucht sich einen Platz auf dem Mattenfeld und wartet auf das Startsignal.

Aufgabe:
Nach dem Startsignal müssen alle Kinder versuchen, den anderen Mitspielern die (hoffentlich frischen) Socken auszuziehen. Gleichzeitig ist es aber wichtig, die eigenen Socken anzubehalten. Wer hat am Schluss des Spieles noch eine Socke an? Während des gesamten Spiels dürfen sich die Kinder nur auf allen Vieren fortbewegen.

Variationen / eigene Ideen:
- Das Spiel kann auch als Partnerwettkampf durchgeführt werden. Hierbei befinden sich zwei Partner in einem Mattenviereck und kämpfen nur in diesem Territorium um die Socken.

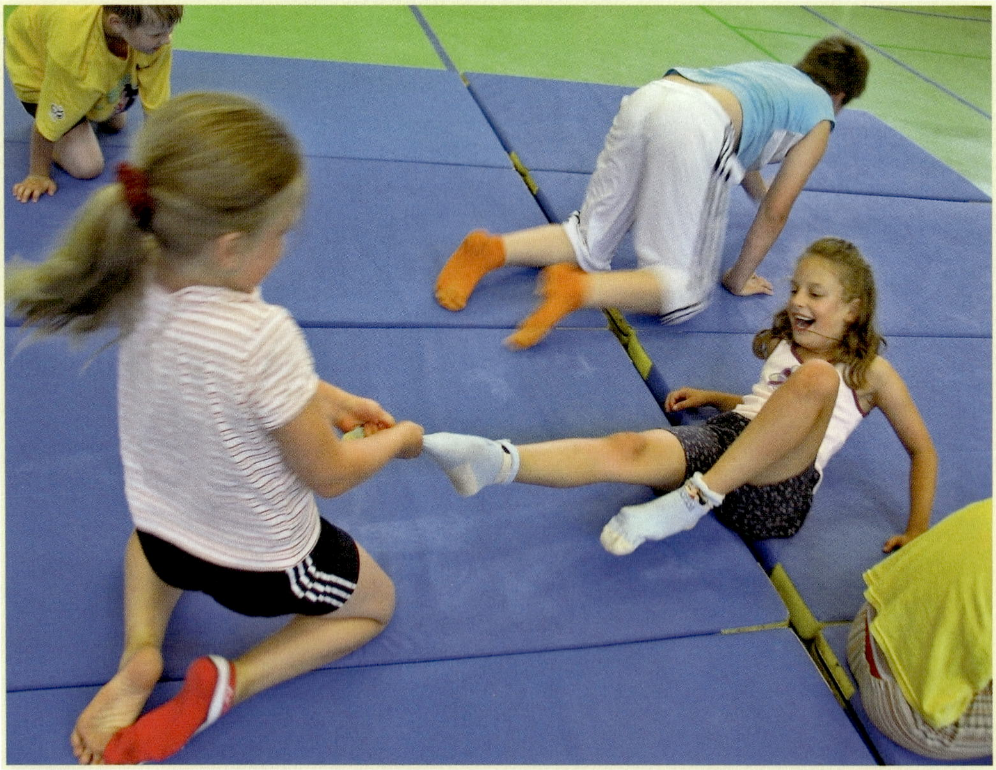

Schatzwache

Aufbau / Organisation:
Es werden zwei Mannschaften gebildet.

Aufgabe:
Eine der beiden Mannschaften verteidigt einen Schatz (z. B. Medizinball), indem sie dicht und untergehakt einen Kreis um diesen Ball bildet. Sie versucht, dadurch alle Lücken zu schließen und darf die angreifende Mannschaft nicht mit den Händen abwehren, schubsen, schlagen oder treten. Gleiches gilt für die angreifende Mannschaft, die versuchen muss, im gegnerischen Kreis Lücken zu schaffen und zu nutzen, um an den Ball zu kommen.

Variationen / eigene Ideen:
- Es können mehrere kleine Abwehrmannschaften gebildet werden, die jeweils einen Schatz hüten. Wie lange benötigt die angreifende Mannschaft, um alle Schätze zu erobern?

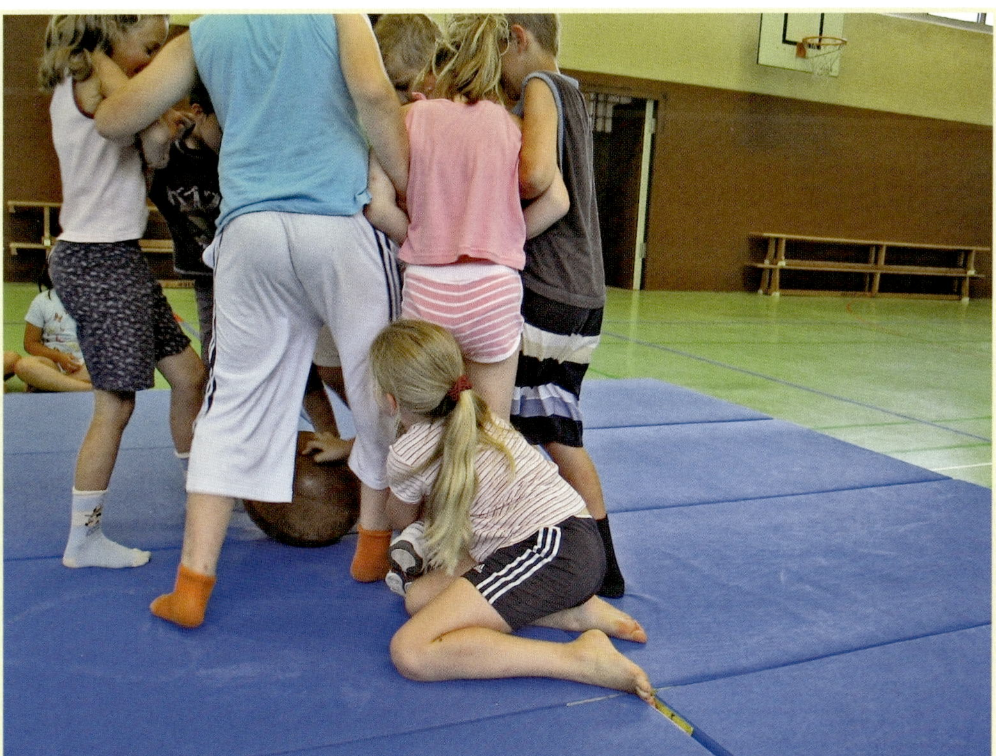

Drei-Felder-Kampf

Aufbau / Organisation:
Alle spielen gemeinsam und legen eine große Mattenfläche aus, die in drei gleichgroße Felder aufgeteilt wird (z. B. durch Kreidemarkierungen). Jeder sucht sich einen Platz in dem ersten Feld und wartet auf das Startsignal.

Aufgabe:
Nach dem Startsignal soll versucht werden, die Mitspieler mit angelehnten Armen aus dem Feld zu drängen und selbst darauf zu achten, dass das nicht mit einem selbst geschieht. Herausgedrängte wechseln in das zweite Feld und versuchen dort das gleiche. Wer aus dem zweiten Feld herausgedrängt wird, muss ins Dritte wechseln. Gewonnen hat derjenige, der zuletzt in Feld eins ist, zweiter, wer zuletzt im Feld zwei übrig bleibt.

Variationen / eigene Ideen:
- Wer im zweiten/dritten Feld einen Mitspieler herausgedrängt hat, darf wieder ein Feld nach oben wechseln.
- Alle Kinder bewegen sich auf allen Vieren, im Kniestand, ...

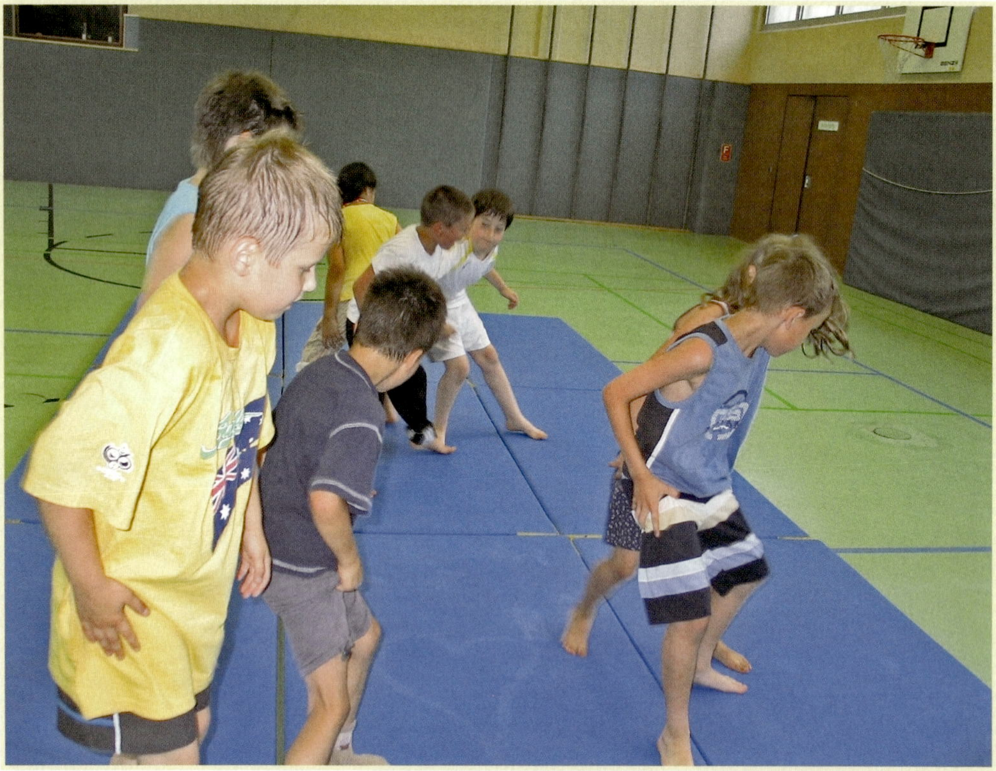

Kampf um den Kreis

Aufbau / Organisation:
Es werden vier Mannschaften gebildet und eine große Mattenfläche ausgelegt. In der Mitte der Mattenfläche wird ein Kreis gemalt (Kreide).

Aufgabe:
Die Kinder der gebildeten Kleingruppen versammeln sich an den vier Ecken der Mattenfläche und verhaken sich mit den Armen zu je einem Kreis. Nach einem Startsignal sollen die Gruppen versuchen, den Innenkreis zu besetzen. Die Mannschaft, die den Kreis zuerst besetzen kann, hat gewonnen.

Variationen / eigene Ideen:

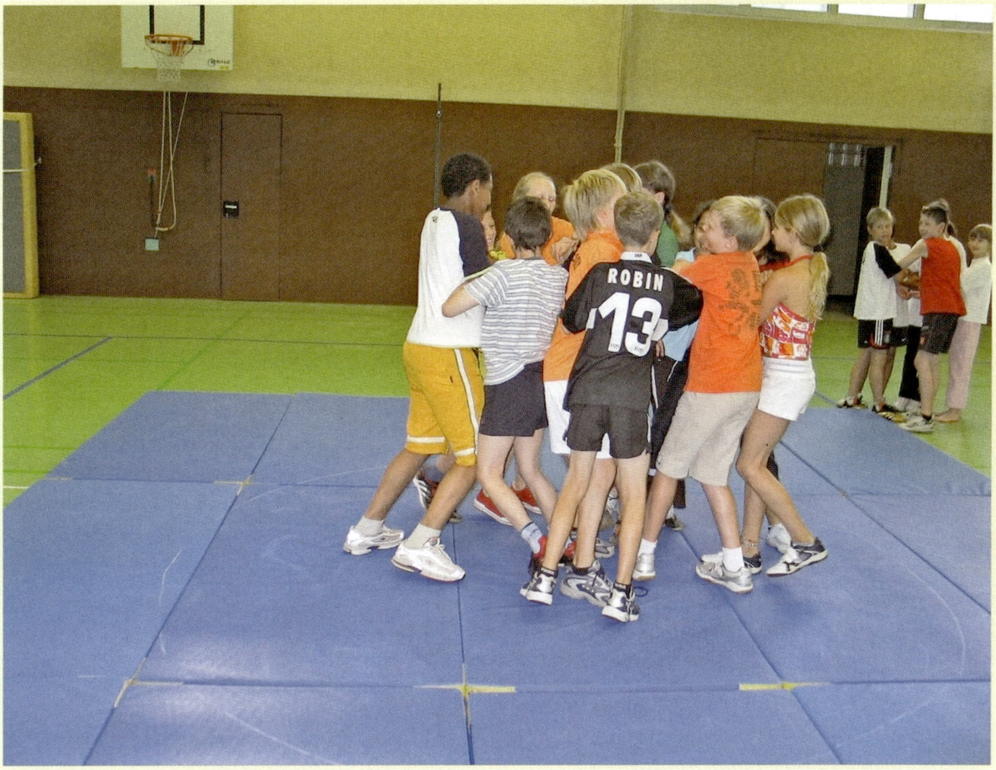

Kämpfende Rugby-Reihe

Aufbau / Organisation:
Es werden zwei Mannschaften gebildet, die sich an einer Mittellinie gegenüber stehen. Jedem Spieler stehen jeweils zwei Gegenspieler Schulter gegen Schulter gegenüber. Jeweils acht Meter hinter der Mittellinie befindet sich für jede Mannschaft eine Auslinie.

Aufgabe:
Nach einem Startsignal sollen die beiden Mannschaften versuchen, die gegnerische Mannschaft hinter die gegenüberliegende Auslinie zu drängen. Die Mannschaft, die zuerst dorthin gedrängt wurde oder deren Kette reißt, hat verloren.

Variationen / eigene Ideen:
- Das Spiel kann auch in „Rücken-an-Rücken-Aufstellung“ gespielt werden. In diesem Fall muss die gegnerische Mannschaft rückwärts gedrängt werden.

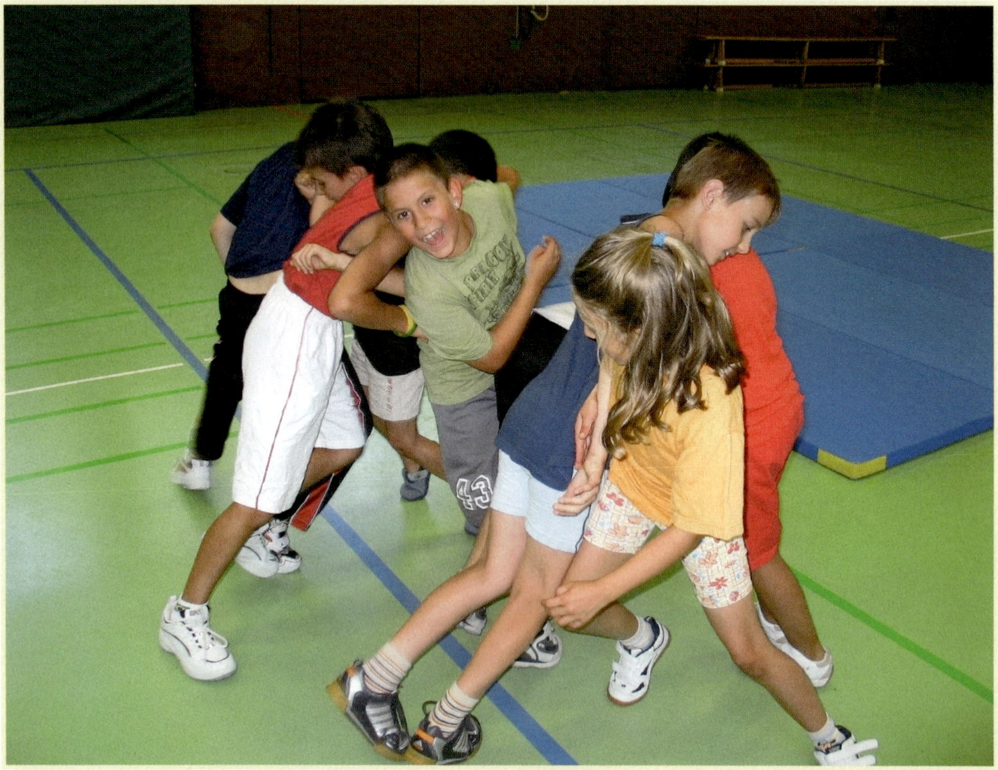

Kokosnüsse klauen

Aufbau / Organisation:
Es werden zwei Mannschaften gebildet. Eine Mannschaft besorgt sich paarweise je zwei Medizinbälle. Die zweite Mannschaft baut mit zwei Turnmatten ein Mal. Das Medizinballteam bildet in weitmöglichster Entfernung zum Mal eine Gasse. Jedes Paar klemmt sich zwei Medizinbälle zwischen die Körper.

Aufgabe:
Die Spieler aus der zweiten Mannschaft versuchen, nacheinander die eingeklemmten Medizinbälle zu erobern. Hierfür wird eine Pendelstaffel eingerichtet, die am Mal beginnt. Dorthin darf pro Lauf jeweils nur ein Ball gebracht werden. Die Medizinballgruppe darf bei diesem Ballraub keinen Widerstand leisten. Sie dürfen lediglich die Bälle ganz fest zwischen ihre Körper drücken. Wie viel Zeit benötigt die Gruppe, um alle Medizinbälle zum Mal zu bringen?

Variationen / eigene Ideen:
- Die Spielzeit pro Durchgang kann variiert werden: Wie viele Kokosnüsse klaut ihr innerhalb von ... Minuten / Sekunden?

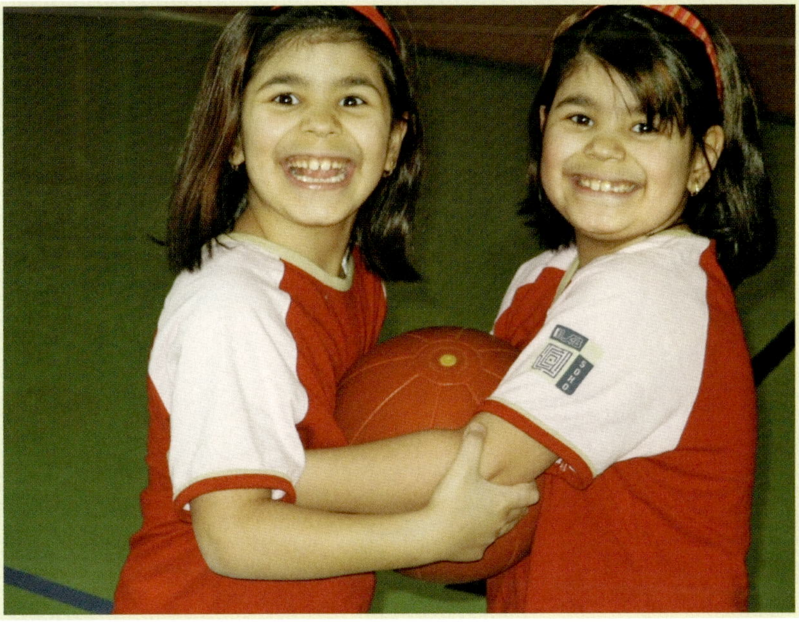

Matten schieben

Aufbau / Organisation:
Es werden zwei Mannschaften gebildet. Auf der Mittellinie der Halle liegt eine große Weichbodenmatte.

Aufgabe:
Die Mannschaften stehen sich gegenüber. Zwischen ihnen befindet sich die Weichbodenmatte, die sie über die Mittellinie schieben müssen. Die Mannschaft, die zuerst die Matte über die Linie geschoben hat, gewinnt.

Variationen / eigene Ideen:
- Die Matte darf nur mit den Händen berührt werden.
- Die Matte darf auch mit dem Rücken oder mit den Beinen / Füßen geschoben werden.

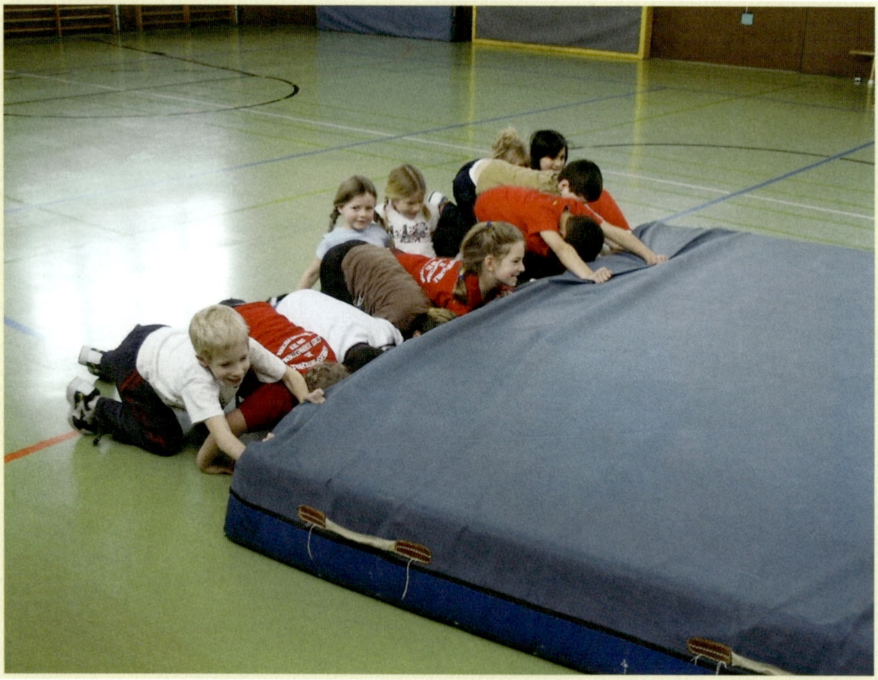

Mattenkampf

Aufbau / Organisation:
Es werden zwei Mannschaften gebildet. Jede bekommt einen großen Weichboden, die durch die Turnhalle getragen werden soll.

Aufgabe:
Die Mannschaften versuchen, einerseits ihre Matte sicher durch die Halle zu transportieren und andererseits die Matten der gegnerischen Mannschaften herunter zu stoßen.

Variationen / eigene Ideen:
- Wenn genügend Matten in der Halle vorhanden sind, können auch mehrere Mannschaften gebildet werden.

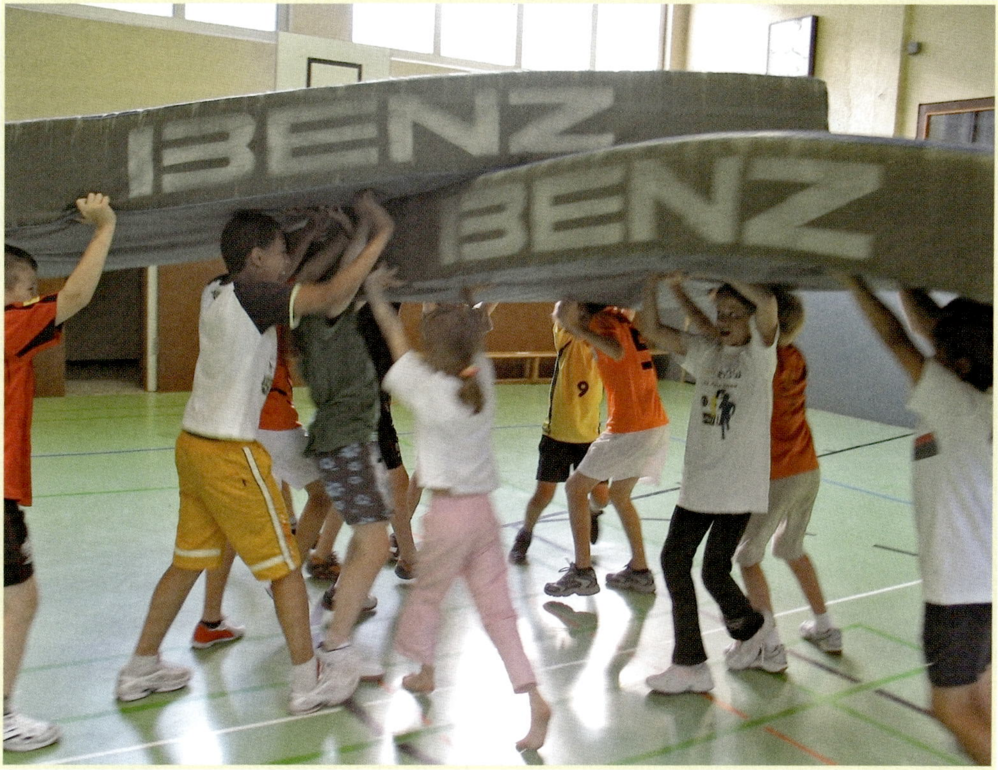

König entführen

Aufbau / Organisation:
Es werden zwei Mannschaften gebildet. Jede Mannschaft baut sich eine Mattenfläche (Burg). Vor dem Spielbeginn bestimmt jede Mannschaft ganz geheim einen König.

Aufgabe:
Jede Mannschaft versucht, den König der Gegenmannschaft zu ermitteln, um ihn in die eigene Burg zu ziehen. Hierfür müssen die Teilnehmer die gegnerische Spielhälfte betreten und nach der Gefangennahme einzelner Gegner das Verhalten der generischen Mannschaft beobachten, denn die Mitspieler des Königs dürfen ihm bei drohender „Entführung" helfen.

Wer den König der Gegenmannschaft in die eigene Burg bringen kann, hat gewonnen.

Variationen / eigene Ideen:

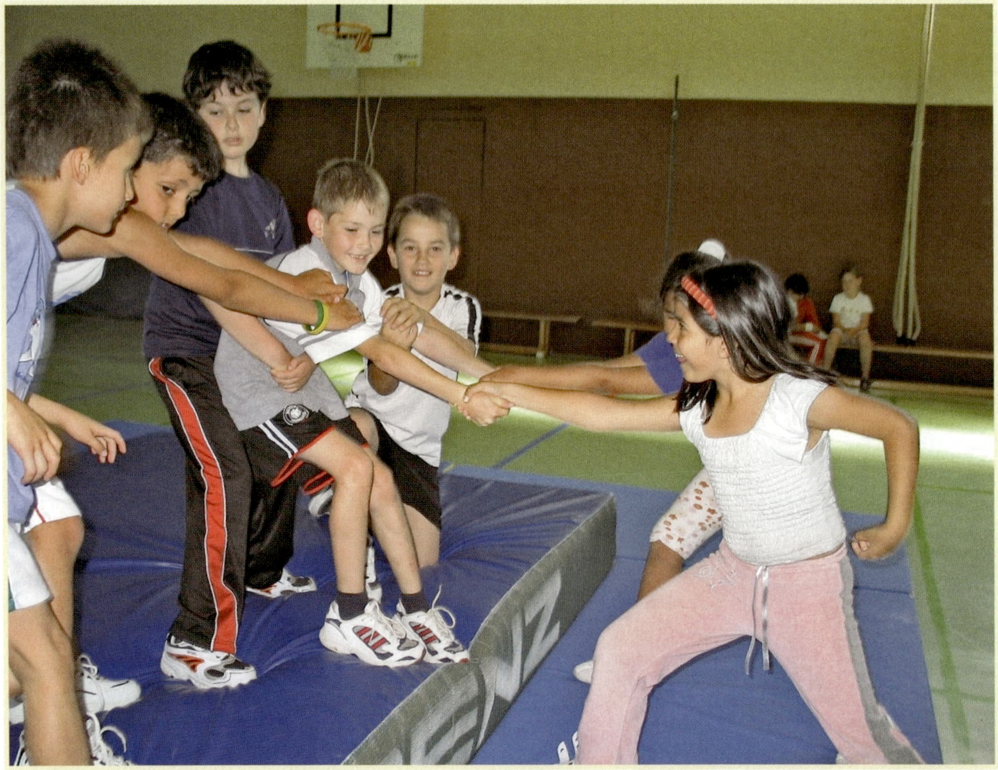

Letzter an Bord

Aufbau / Organisation:
Alle spielen gemeinsam und legen eine große Mattenfläche aus. Auf diese Mattenfläche wird eine große Weichbodenmatte gelegt (in großen Gruppen auch mehrere Weichböden nebeneinander).

Aufgabe:
Diese Weichbodenmatten sind ein sinkendes Schiff. Alle Kinder befinden sich darauf. Nach dem Startsignal „das Schiff sinkt" kämpft jeder darum, als Letzter von Bord zu gehen. Deshalb versuchen alle Seeleute, die anderen vom Schiff herunterzustoßen, um schließlich als Letzter übrig zu bleiben.
Sobald jemand eine Matte jenseits der Weichböden z. B. mit der Hand oder dem Fuß berührt, muss er das Schiff verlassen.

Variationen / eigene Ideen:
- Diejenigen, die von der Matte heruntergedrängt wurden, sitzen am Rand und dürfen nach anderen Kindern schnappen, um diese herunterzuziehen.

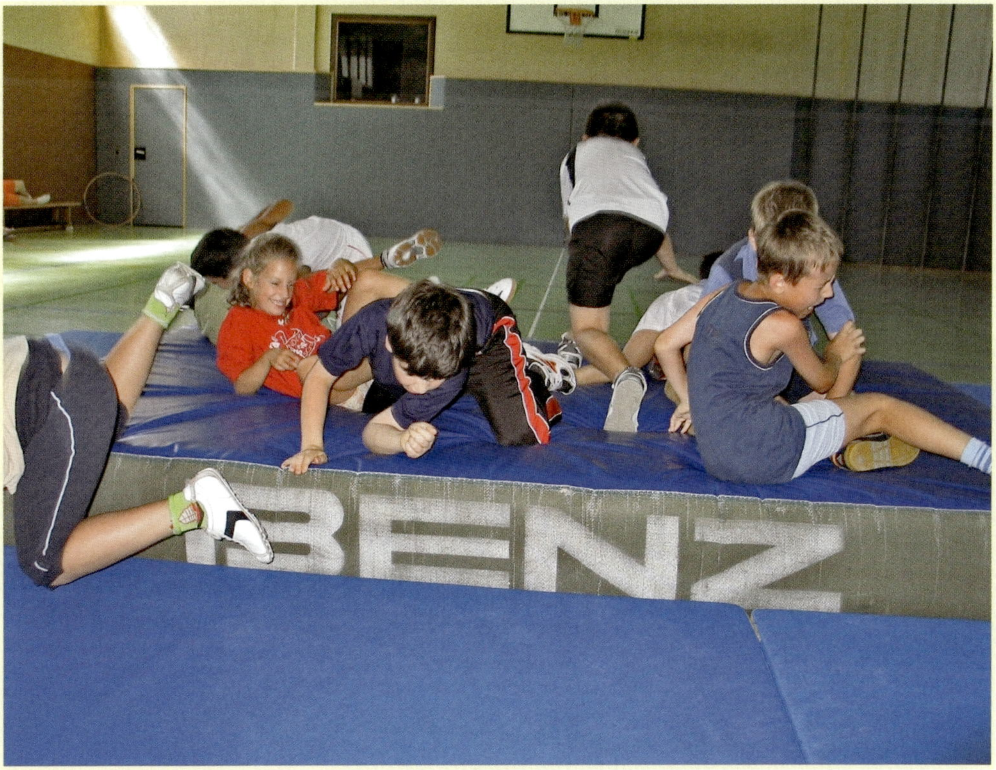

Storchennest

Aufbau / Organisation:
Es werden zwei Gruppen gebildet. Als Spielfeld dient die gesamte Halle, in der sich eine Gruppe (die Störche) verteilt. Die Störche stehen nur auf einem Bein in ihrem Nest (ein Gymnastikreifen).

Aufgabe:
Nach einem Startsignal versuchen die Kinder der zweiten Gruppe, die Störche aus dem Nest zu werfen. Hierfür eignet sich das Schubsen und Schieben mit angelehnten Armen. Wenn es gelingt, die Störche aus dem Gleichgewicht zu bringen, so dass sie den zweiten Fuß aufsetzen, müssen sie ihr Nest verlassen. Freie Nester dürfen dann von den Angreifern besetzt werden, die dann zu neuen Störchen werden. Ein Nest darf immer nur von zwei Kindern angegriffen werden.

Variationen / eigene Ideen:

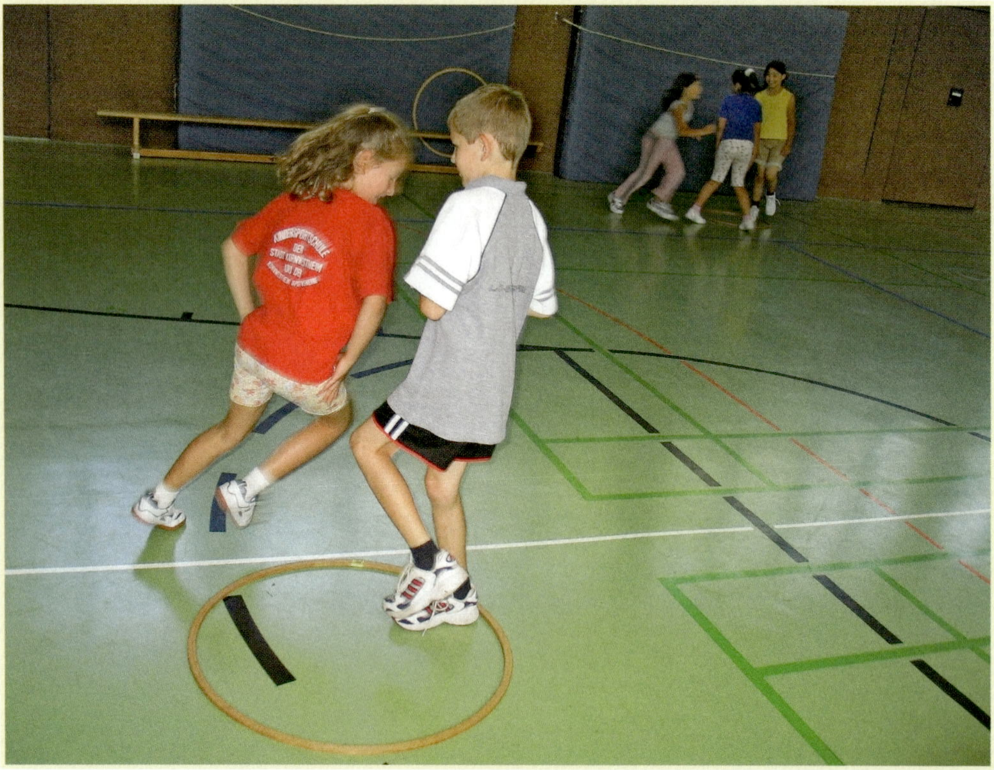

Erdbeben

Aufbau / Organisation:
Alle spielen gemeinsam und bauen eine „Erdbebenanlage“ auf: Hierfür werden mindestens 12 bis 15 Medizin- oder Basketbälle unter eine Weichbodenmatte gelegt. Ringsherum liegen Turnmatten zur Absicherung. Ein Kind stellt sich auf die Erdbebenanlage, alle anderen knien sich drum herum und fassen die Schnüre oder Griffe der Weichbodenmatte.

Aufgabe:
Nach einem Startsignal sollen alle anderen Kinder unsystematisch an den Außenkanten der Matte ziehen, bis das Kind auf der Matte umfällt. Danach wird solange durchgewechselt, bis jeder einmal das Erdbeben erlebt hat.

Variationen / eigene Ideen:
- Zwei Kinder stehen auf der Matte. Welches Kind fällt zuerst um?

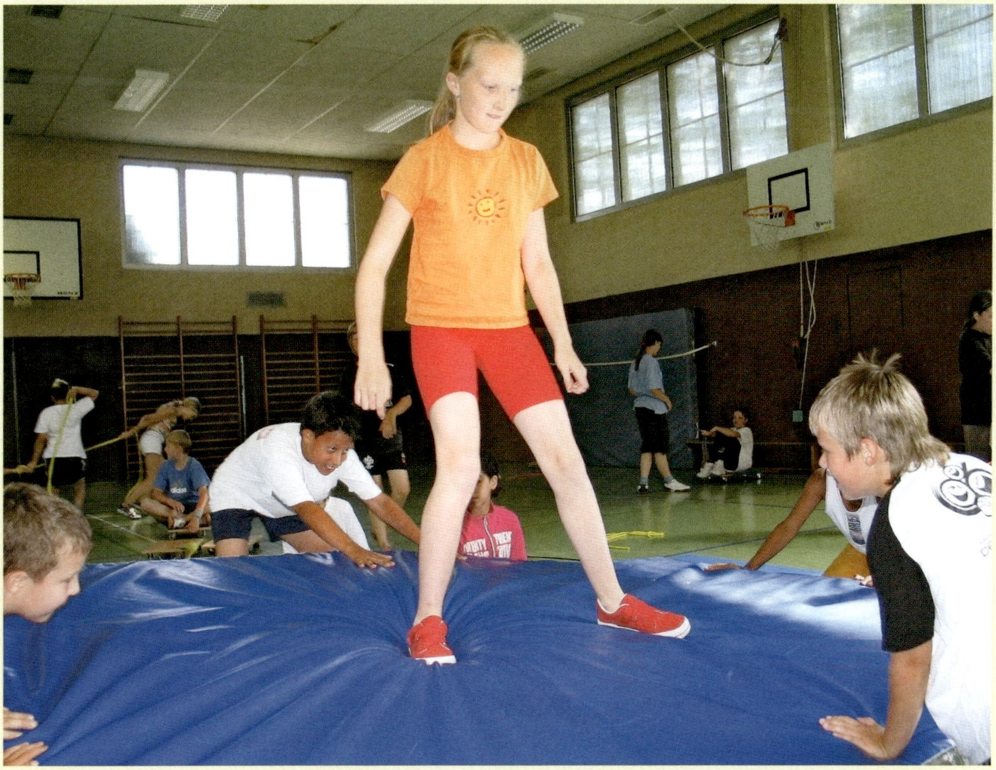

Krabbelkampf

Aufbau / Organisation:
Es werden zwei Gruppen gebildet. In der Halle wird eine große Mattenfläche ausgelegt, die als Spielfeld dient. Auf der Mattenfläche befindet sich ein Weichboden (Mal).

Aufgabe:
Die Kinder beider Gruppen verteilen sich an den Außenkanten des Mattenfeldes. Nach einem Startsignal versuchen die Kinder der ersten Gruppe, krabbelnd bis auf den Weichboden zu gelangen. Die Kinder der anderen Kleingruppe versuchen das zu verhindern. Auch sie dürfen sich nur krabbelnd fortbewegen.

Ein Durchgang dauert lediglich 2 Minuten, anschließend werden die Aufgaben gewechselt. Ziel ist es, innerhalb dieser zwei Minuten möglichst viele Kinder auf das Mal zu bringen.

Variationen / eigene Ideen:

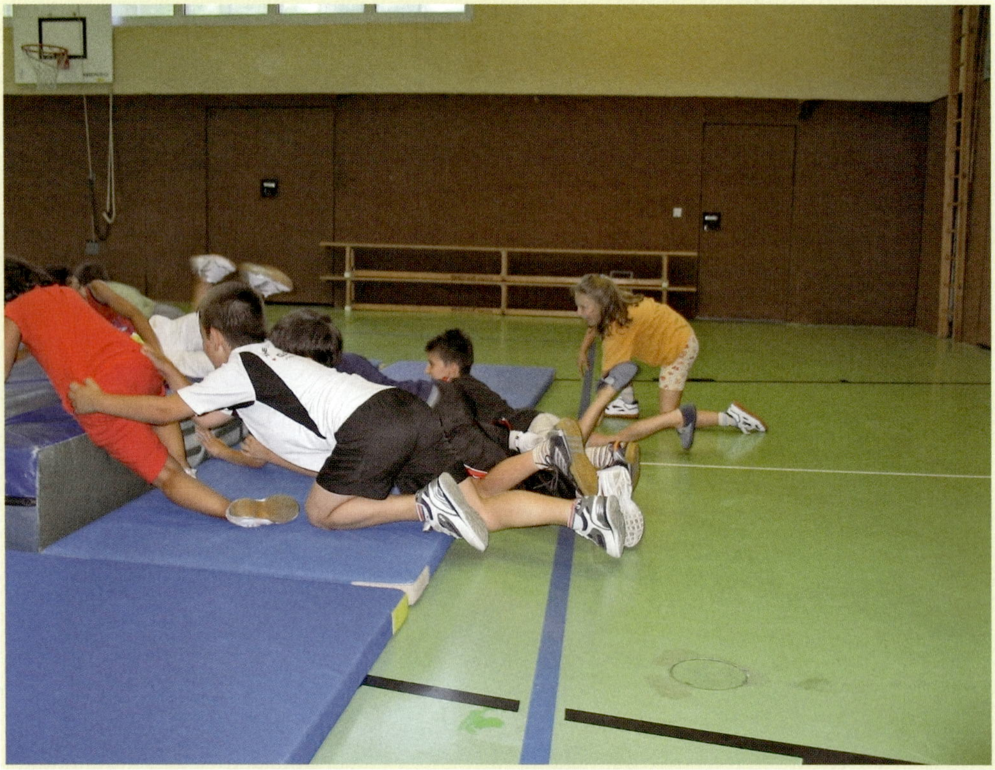

Die Piraten kommen

Aufbau / Organisation:
Es werden zwei Gruppen gebildet. Als Spielfeld dient die gesamte Halle, in der sich eine Gruppe (die Inselbewohner) verteilt. Die Inselbewohner stehen mit einem Bein auf ihrer Insel (einem Gymnastikreifen) und mit einem Bein im Wasser.

Aufgabe:
Nach einem Startsignal versuchen die Piraten (Kinder der zweiten Gruppe), die Inselbewohner von der Insel zu werfen. Hierfür eignet sich das Stoßen, Ziehen, Schubsen und Schieben mit angelehnten Armen. Wenn es gelingt die Inselbewohner von ihrer Insel zu ziehen, müssen sie ihre Insel verlassen und werden zu Piraten.

Eine Insel darf immer nur von zwei Piraten angegriffen werden. Welcher Inselbewohner bleibt zum Schluss noch übrig?

Variationen / eigene Ideen:

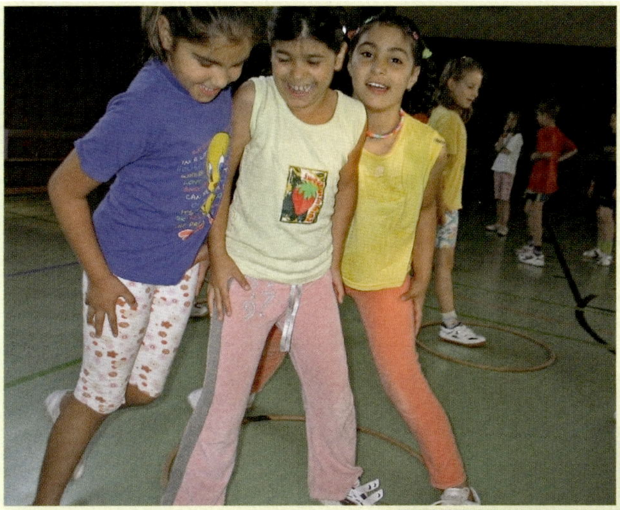

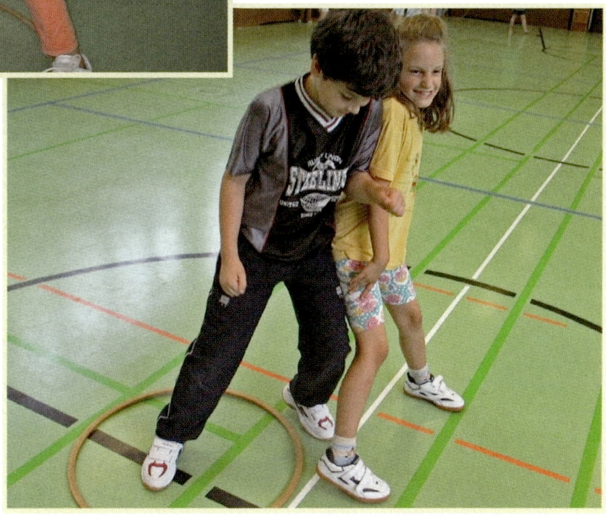

Tauziehen in der Gruppe

Aufbau / Organisation:
Es wird ein Spielfeld markiert: An einer Mittellinie stehen sich zwei Tauziehgruppen gegenüber. Die Mitte des Taues ist mit einem Tuch markiert und befindet sich genau über der Mittellinie.

Aufgabe:
Die beiden Gruppen versuchen die gegenüber postierte Gruppe, über die Mittellinie hinaus, auf ihre Seite zu ziehen.

Variationen / eigene Ideen:
- Das Spiel kann als Partner- oder Mannschaftswettkampf (mit mehr als zwei Kindern pro Tauziehgruppe) durchgeführt werden.
- Die Mannschaftsmitglieder stehen hintereinander und fassen immer am Becken des Vordermanns an. Pro Mannschaft maximal 2–3 Spieler.

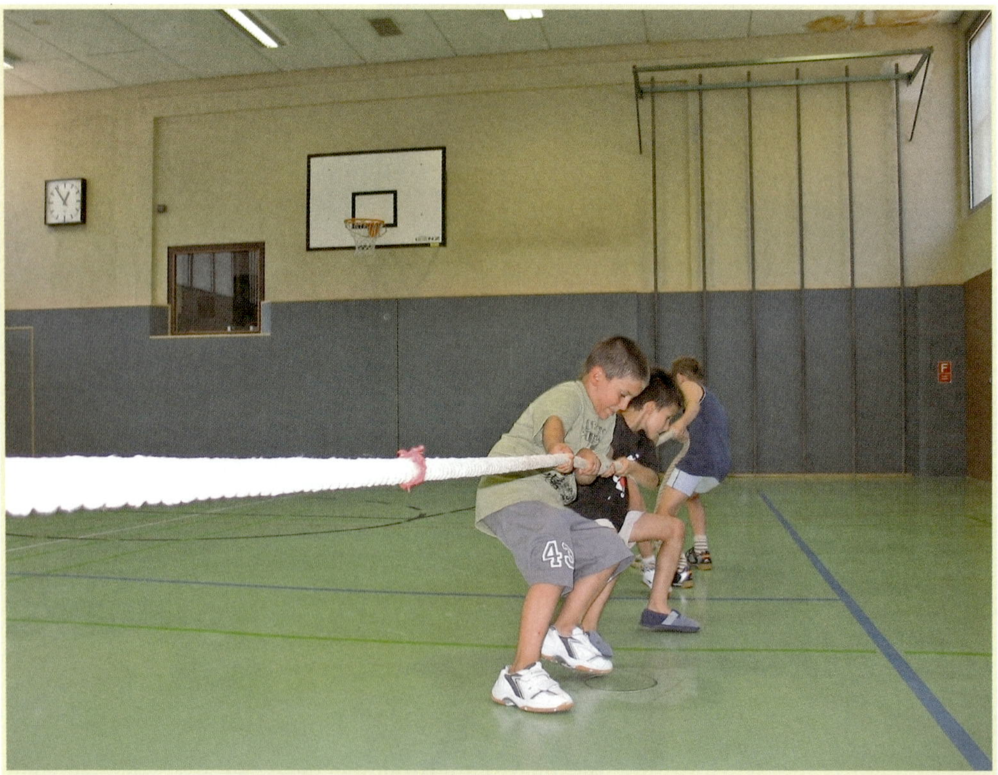

Überleben am Nordpol

Aufbau / Organisation:
Es wird ein Spielfeld mit Matten ausgelegt. Ein Eisbär versucht, Robben zu fangen.

Aufgabe:
Die Robben versammeln sich auf einer Seite des Mattenspielfeldes und müssen versuchen, an das rettende Mattenende gegenüber zu robben. Der Eisbär bewegt sich auf allen vieren und fängt die Robben, in dem er sie auf den Rücken dreht. Umgedrehte Robben werden zu Eisbären.

Variationen / eigene Ideen:
- Das Spiel kann auch als Partnerwettkampf durchgeführt werden.

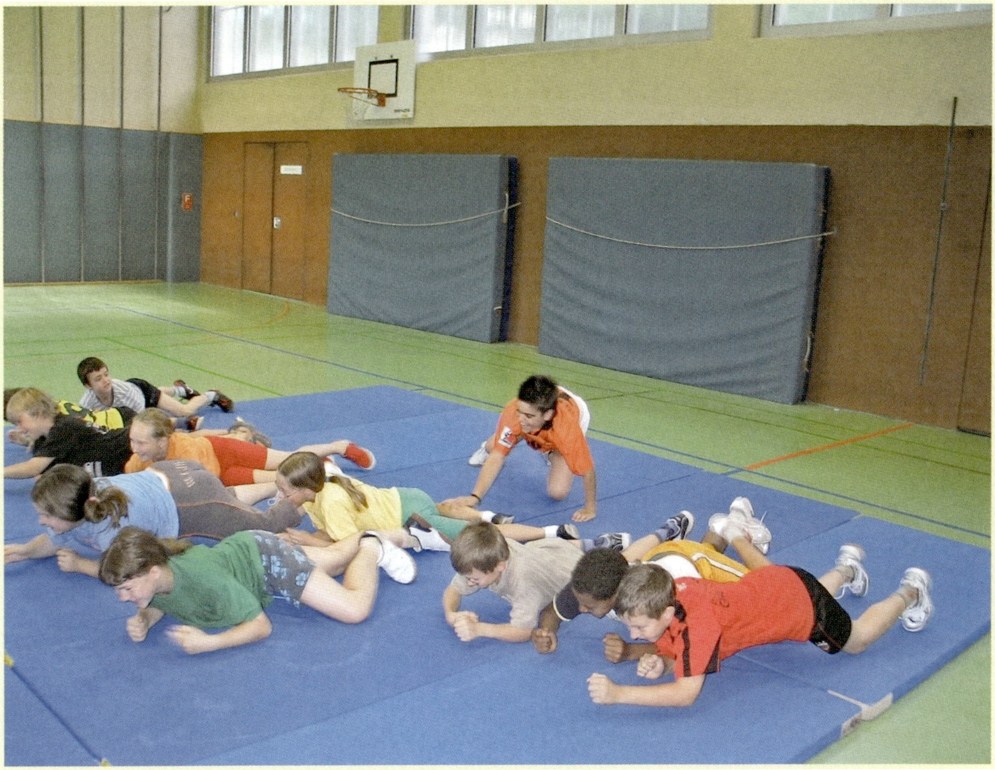

Im Papierverbund schieben

Aufbau / Organisation:
Es werden Zweierteams gebildet. Die jeweiligen Partner verbinden sich mithilfe einer großen Zeitungsseite, die sie mit Wäscheklammern an ihrer Kleidung festmachen.

Aufgabe:
Wenn zwei Paare auf diese Weise zusammen geklammert sind, sollen sie zu einem Schiebewettkampf gegen ein anderes Zweierteam antreten. Die Teams treffen sich an einer Mittellinie, die zwischen zwei jeweils 1,5 Meter entfernten Schlusslinien markiert ist

Nach einem Startsignal müssen sie jeweils gemeinschaftlich versuchen, das andere Team über die gegenüber liegende Schlusslinie zu schieben. Wichtig: Wenn bei einem Team die Zeitung vor dem Erreichen einer Linie zerreißt oder wenn sich die Klammern lösen, hat die Mannschaft verloren.

Variationen / eigene Ideen:

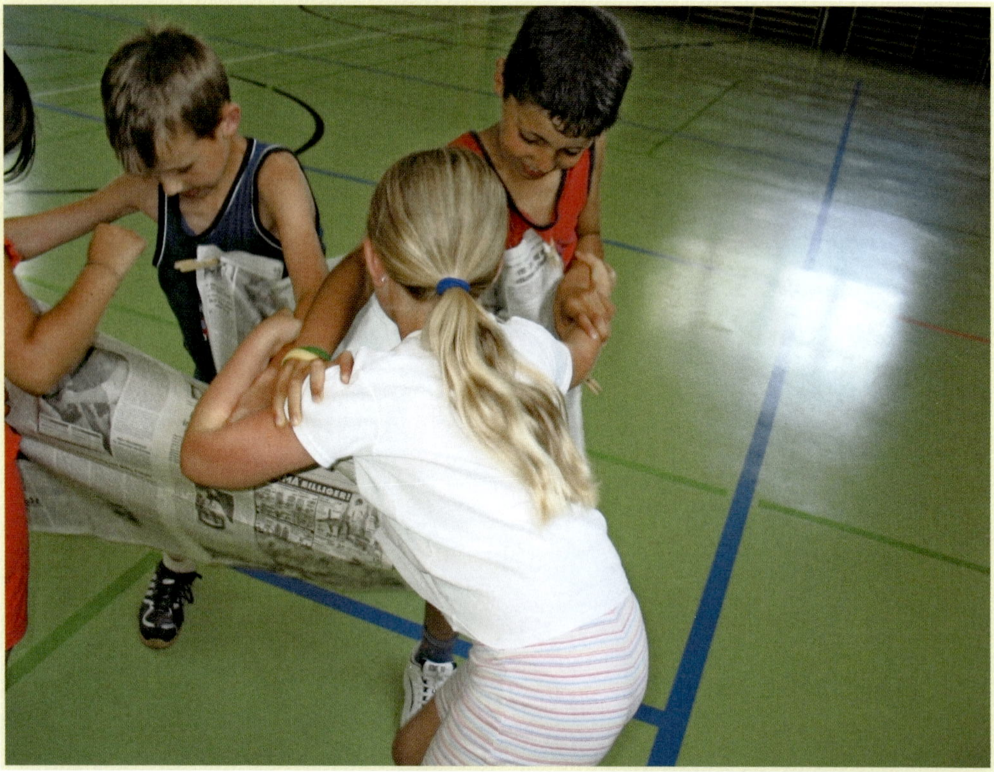

Polonaisefangen

Aufbau / Organisation:
Alle Mitspieler bilden eine Polonaise, indem jeder seinen Vordermann an den Schultern oder um die Hüften fasst. Der letzte Spieler der Polonaise steckt sich hinten ein Tuch in den Hosenbund.

Aufgabe:
Der Kopf der Polonaise muss nach dem Startsignal versuchen, den Schwanz – sprich das Tuch – zu fangen. Der Kopf führt also die Polonaise durch den Raum und muss versuchen eine günstige Gelegenheit für einen Angriff auf den Schwanz herzustellen.

Dabei ist besonders zu beachten, dass die Kette zu keinem Zeitpunkt unterbrochen werden darf.

Variationen / eigene Ideen:

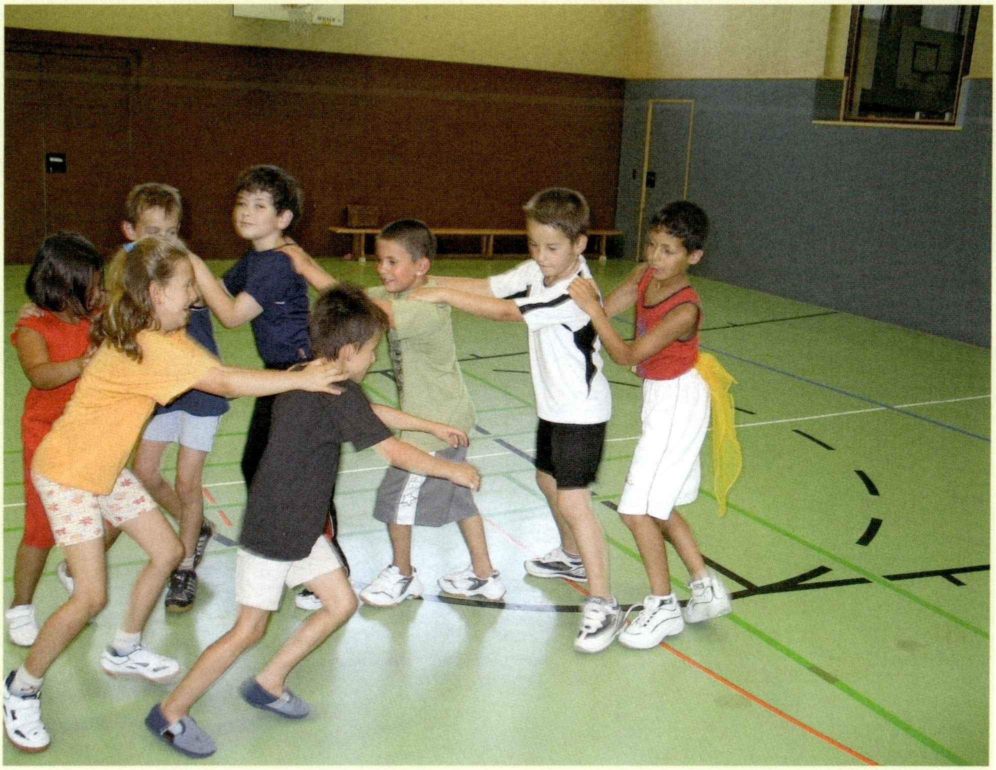

Hände am Ring abticken

Aufbau / Organisation:
Aus einem langen Seil wird ein Kreis / Ring gebildet. Alle Mitspieler stellen sich außerhalb des Kreises auf und halten sich an dem Seil mit beiden Händen fest. Ein Mitspieler steht in der Mitte des Kreises.

Aufgabe:
Der in der Mitte stehende Spieler muss nach dem Startsignal versuchen, einen Mitspieler an den Händen abzuticken. Das wird schwer, da sich diejenigen, die sich bedroht fühlen, sofort die Hände vom Ring lösen und damit in Sicherheit bringen dürfen. Der „Händeticker" muss also über Finten und schnelle Aktionen zu seinem Ziel kommen. Das Seil darf nicht zu Boden fallen, d. h. es müssen immer ausreichend Spielerinnen ihre Hände am Seil haben.

Variationen / eigene Ideen:
- Falls die Spieler am Seilkreis übermäßig vorsichtig agieren, kann die Regel eingeführt werden, dass zur gleichen Zeit immer nur ein Spieler die Hände vom Ring lösen darf.
- Jeder Spieler muss immer eine Hand am Seil haben. Die Innenspieler dürfen maximal zweimal nach einer Hand des gleichen Spielers schlagen.
- Mit unterschiedlicher Spieleranzahl außerhalb des Ringes spielen.
- Mit mehreren Spielern innerhalb des Ringes spielen.
- Unterschiedliche Ausgangssituationen, z. B. im Liegen.

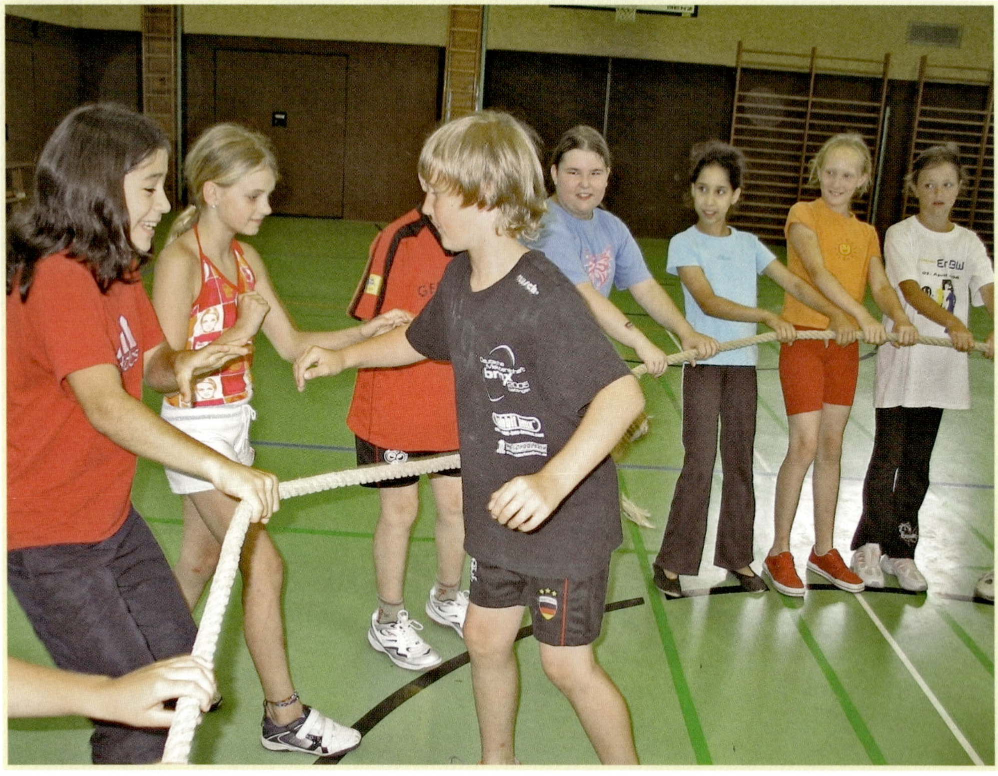

Romeo und Julia

Aufbau / Organisation:
Es wird eine Mattenfläche ausgelegt, auf der sich außer Romeo und Julia alle anderen Kinder befinden.

Aufgabe:
Romeo und Julia (zwei Kinder) starten aus zwei diagonal gegenüberliegenden Ecken der Mattenfläche und müssen versuchen, zueinander zu gelangen. Alle anderen Spieler (die Verwandtschaft) verteilen sich im Spielfeld und müssen versuchen, die Verbindung zu verhindern. Sie dürfen dabei jedoch keine Kette bilden, sondern Romeo oder Julia mit angelehnten Armen lediglich den Weg versperren.

Variationen / eigene Ideen:
- Es starten jeweils zwei Kinder aus den diagonalen Ecken.
- Aus allen vier Ecken startet jeweils ein Kind und versucht seinen gegenüber zu fassen.
- Die Fortbewegungsart wird verändert (auf den Knien, robben, ...).

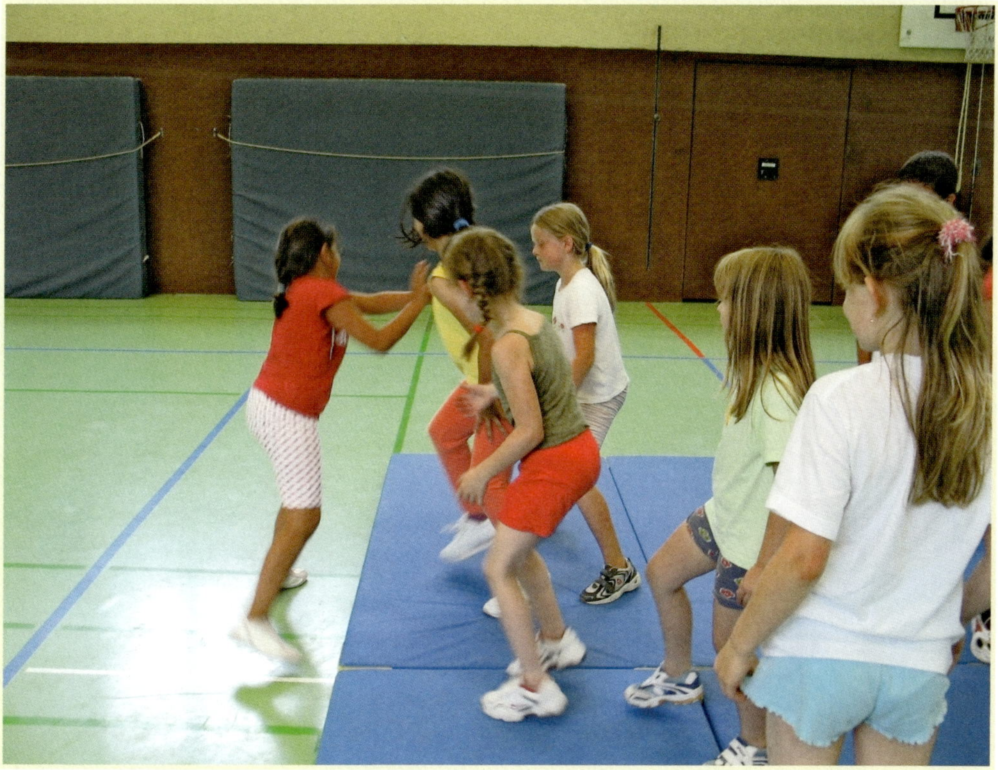

Platztausch

Aufbau / Organisation:
In der Halle werden so viele Gymnastikreifen ausgelegt, wie Mitspieler vorhanden sind. Alle Teilnehmer stellen sich in einen Ring. Ein Reifen wird aus dem Spiel genommen, so dass ein Spieler ohne Reifen ist.

Aufgabe:
Nach dem Startsignal „Platztausch“ müssen alle Spieler ihren Ring verlassen und sich einen neuen suchen. An dieser Suche beteiligt sich auch derjenige, der vor dem Startsignal noch keinen Ring hatte. Wenn am Ende des Durchgangs derselbe oder ein anderer Mitspieler übrig geblieben ist, hat er 10 Sekunden Zeit, einen der Mitspieler, die einen neuen Platz gefunden haben, aus dem Ring heraus zu ziehen. Der Verlierer dieses Zweikampfes geht ohne festen Ringplatz in die nächste Runde dieses Spieles.

Variationen / eigene Ideen:
- Falls sich für den jeweils abschließenden Ringkampf regelmäßige Duelle herauskristallisieren (z. B. immer gegen einen bestimmten Spieler) kann der Spielleiter eine Reihenfolge für die Kämpfe festlegen. D. h. z. B.: Derjenige der übrig bleibt, muss gegen denjenigen kämpfen und ziehen, der unmittelbar nach ihm Geburtstag hat.
- Es können mehrere Ringe herausgenommen werden, um mehr Zweikämpfe zu initiieren.

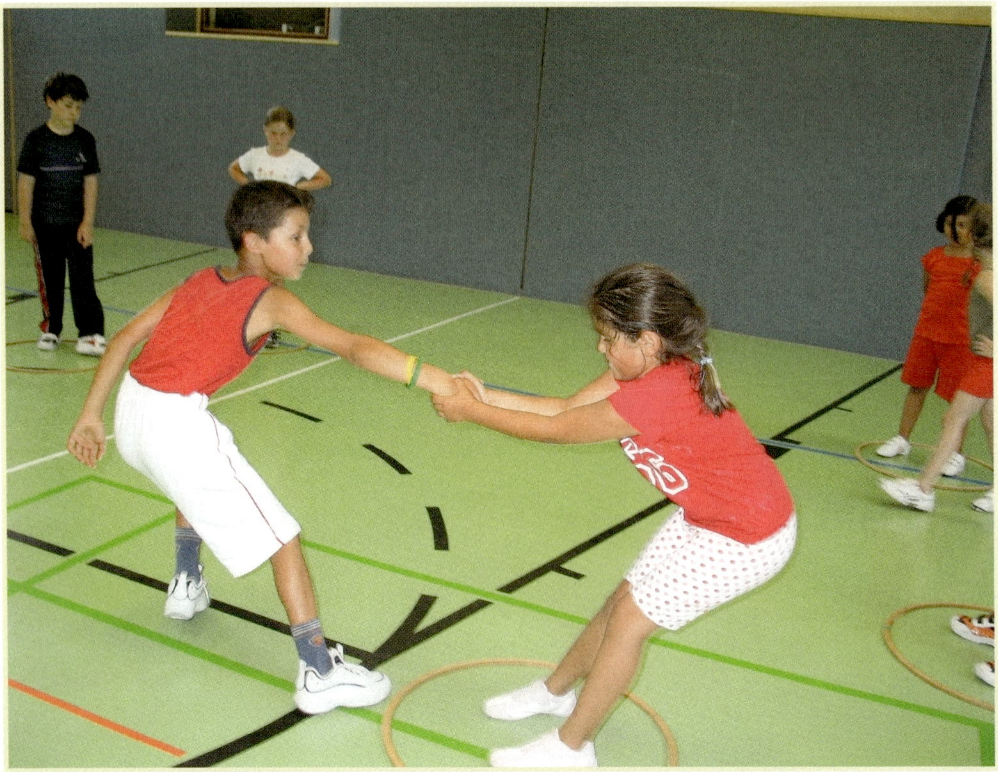

Luftballon hochhalten

Aufbau / Organisation:
Es werden zwei Mannschaften gebildet, deren Spieler sich einen freien Platz in der Halle suchen. Jeder Spieler einer Mannschaft bekommt einen Luftballon.

Aufgabe:
Nach einem Startsignal müssen die Spieler der „Ballonmannschaft“ ihre Ballons in die Luft werfen, ihnen nachlaufen und versuchen, sie durch ständiges Antippen in der Luft zu halten. Die Spieler der anderen Mannschaft dürfen die Ballonspieler dabei behindern, indem sie ihnen an die Hüften packen und versuchen sie von den herunter fliegenden Ballons weg zu schieben. Sobald der Ballon den Boden berührt, ist das Spiel für den Ballonbesitzer zu Ende und der Ballon geht in den Besitz der anderen Mannschaft über.

Variationen / eigene Ideen:

- Das Spiel kann auch kniend und krabbelnd auf der Mattenfläche gespielt werden.
- Das Spiel kann auch in Paaren gespielt werden (1 gegen 1). Hierbei sollen die erfolgreichen Kontakte gezählt werden, die der Ballonbesitzer beim Hochhalten seines Ballons hat.
- Es können auch weniger Luftballons eingesetzt werden.

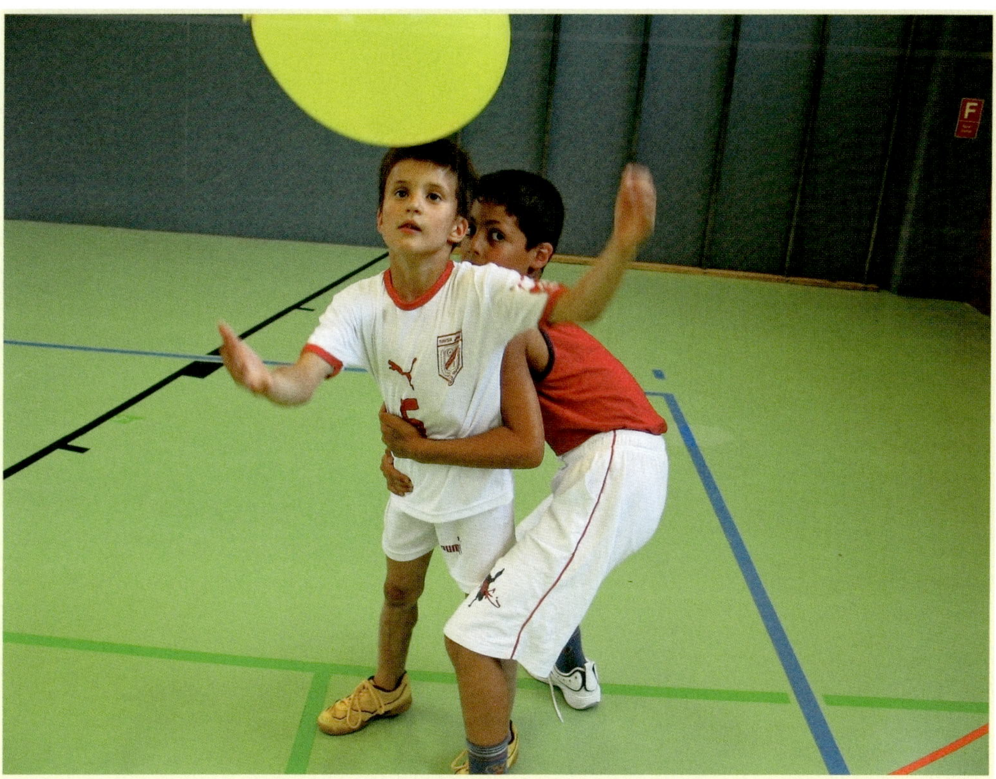

Spinnengewusel

Aufbau / Organisation:
Es wird ein Spielfeld markiert. Alle Mitspieler bekommen einen Gymnastikball, den sie sich zwischen die Knie klemmen sollen.

Aufgabe:
Nach einem Startsignal bewegen sich alle Mitspieler im Spinnengang durch das Spielfeld (Spinnengewusel). Dabei versuchen sie die Mitspieler so zu bedrängen, rempeln, drücken und zu schupsen, das diese ihre Gymnastikbälle verlieren. Sobald ein Ball zu Boden gegangen ist, muss die betroffene Spinne das Spielfeld verlassen und darf sich am Rand ein wenig ausruhen.

Wenn zwei Spinnen am Rand Pause machen und eine dritte Spinne hinzu kommt, muss die erste wieder in den Ring zurück.

Variationen / eigene Ideen:
- Es werden zwei Mannschaften gebildet, die gegeneinander antreten.
- Andere Bälle wie z. B. Tennisbälle nutzen.

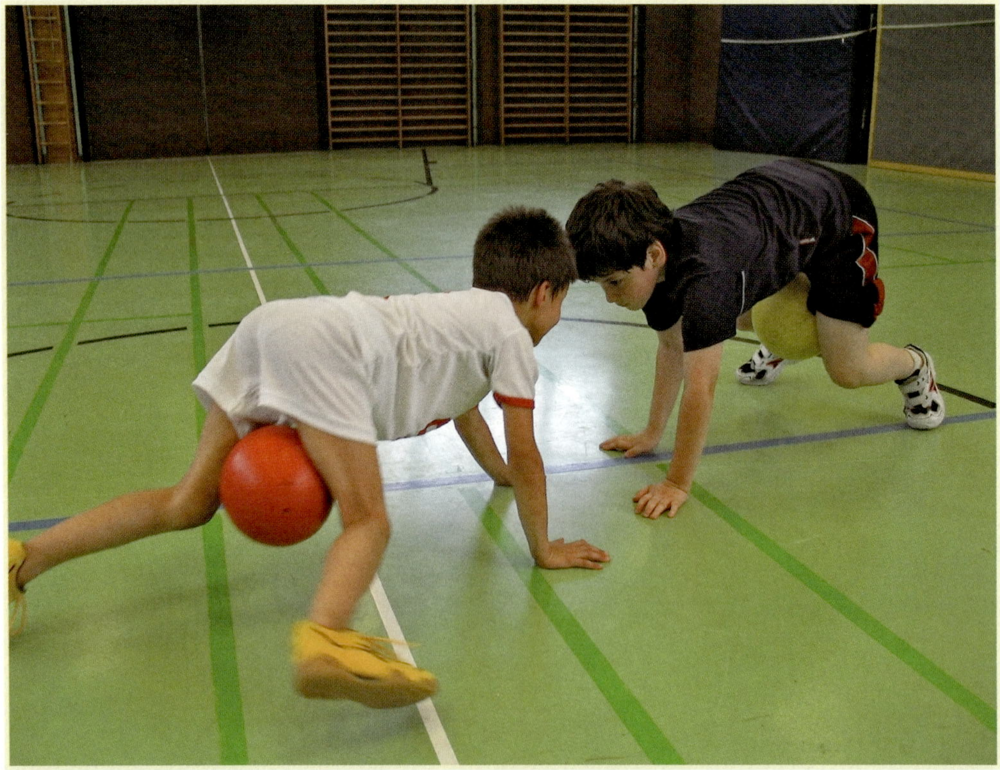

Partnerentspannung

Die Dramaturgie des Kämpfens lebt vom Wechsel zwischen Anspannung und Entspannung. Die sich hieraus ergebene Dynamik entspricht auch der Unwägbarkeit und Offenheit des Kämpfens, denn in kaum einem anderen Inhaltsfeld des Sports und Sportunterrichts wechselt die Offensive mit der Defensive so schnell wie beim Kämpfen. Plötzlich wird aus einer Situation, in der man sich im Vorteil glaubt und deshalb angreift, eine Defensivsituation. Deshalb liegt auch das Gewinnen und Verlieren im Kämpfen überaus dicht beieinander.

Da diese Grundkonstellationen zugleich auch für die Spannung und einschlägige Dramatik des Kämpfens verantwortlich sind und bei den Kämpfern Interesse und vor allem eine beachtliche Bewegungslust wecken, ist es sinnvoll, solche Spannungswechsel immer wieder neu zu provozieren.

Für die Gestaltung des Unterrichts bieten sich deshalb die so genannten Entspannungsaufgaben und -übungen an. Sie sollen immer dann eingesetzt werden, wenn die Anspannung zuvor entsprechend groß gewesen ist bzw. sogar ausgereizt wurde. Formen der Partnerentspannung bieten sich in aller Regel für die Gestaltung des Stundenausklangs an, weil die Schüler sich im Zuge solcher Entspannungsphasen von den Aufregungen der zuvor gespielten Kämpfe erholen und beruhigen können. Darüber hinaus ist es aber auch denkbar, solche Aufgaben auch in die Hauptphasen des Unterrichts einzubauen: Immer dann, wenn man meint, dass es der Unterrichtsdramaturgie gut tut, wenn ein Wechsel von Anspannung zu Entspannung erfolgen würde.

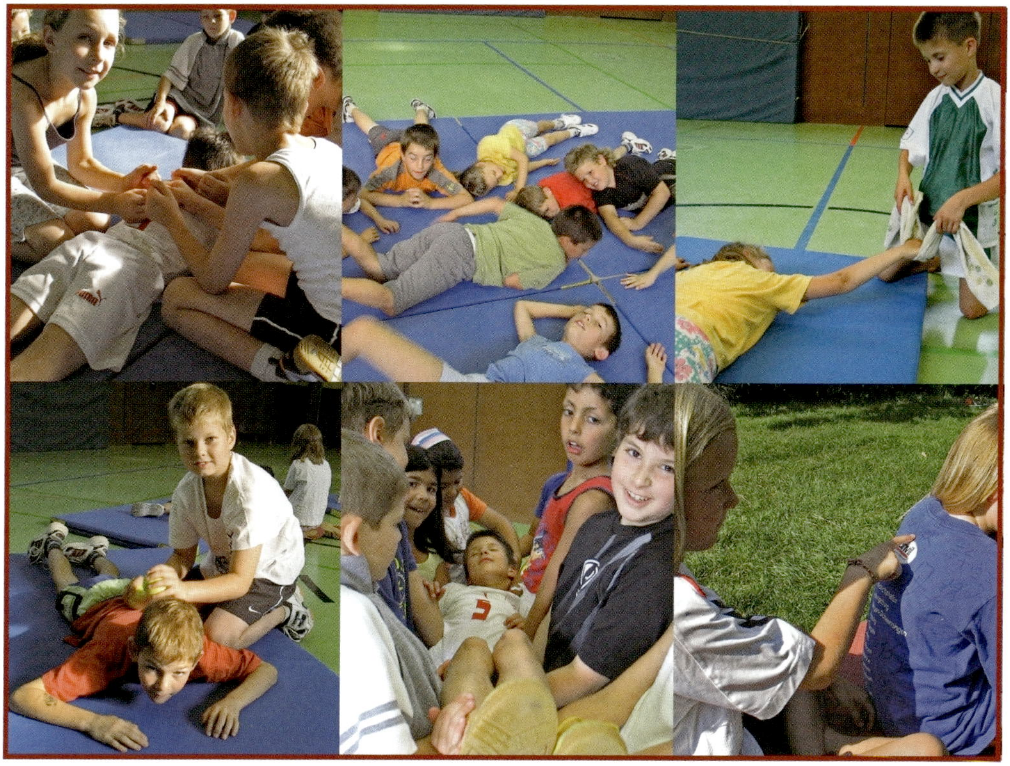

Bierdeckel-Entspannung

Aufbau / Organisation:
Es werden Paare gebildet, die sich innerhalb der Turnhalle einen freien Platz suchen und dort auf einer Iso- oder Turnmatte zur Ruhe kommen.

Aufgabe:
Ein Kind legt sich mit geschlossenen Augen auf den Rücken oder Bauch. Der Partner legt ihm vorsichtig drei bis fünf Bierdeckel auf verschiedene Körperteile. Der Liegende soll die Körperteile benennen, auf denen er die Bierdeckel spürt.

Variationen / eigene Ideen:
- Auf alle Teilabschnitte des Körpers werden Bierdeckel gelegt. Der Liegende gibt die Körperteile an, von denen ein Bierdeckel weggenommen wird.
- Das Legen der Bierdeckel wird entweder sofort oder erst nachdem alle Deckel ausgelegt sind benannt.
- Der Partner wird behutsam mit einer Zeitung zugedeckt.

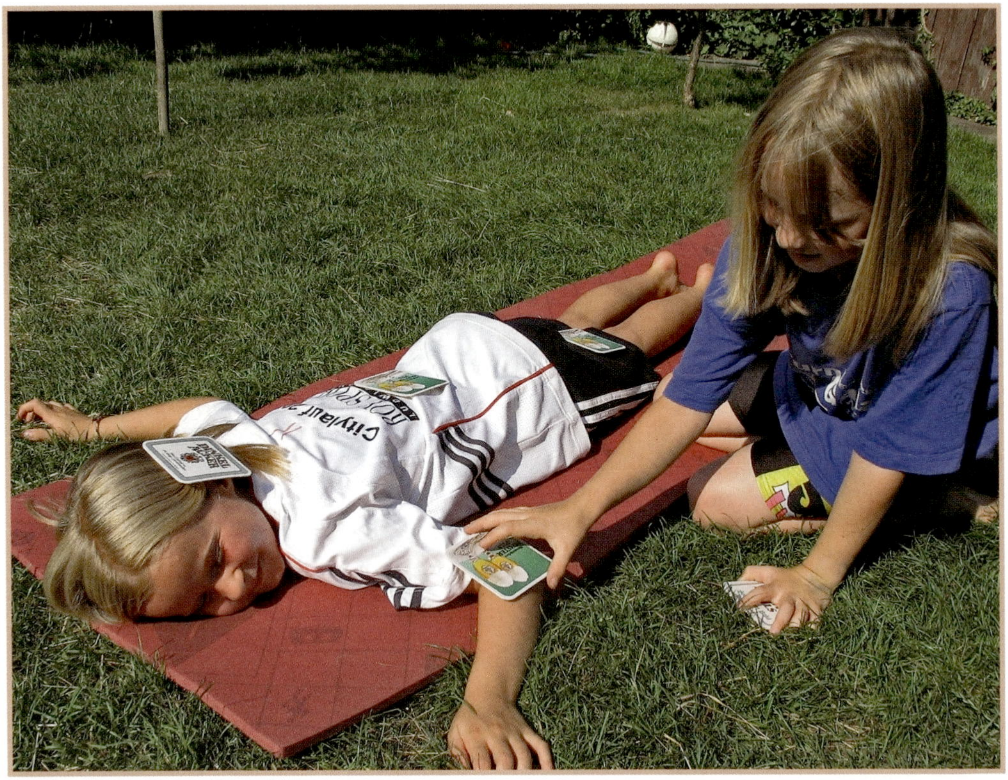

Rückenpost

Aufbau / Organisation:

Es werden Kleingruppen (4 bis 8 Kinder) gebildet, die sich innerhalb der Turnhalle einen freien Platz suchen und sich dort auf Iso- oder Turnmatten hintereinander setzen, so dass jedes Kind den Rücken des vor ihm sitzenden vor sich hat. Der Spielleiter verteilt Zettel, auf denen jeweils ähnliche Wörter stehen (z. B. Haus – Maus – Klaus; Buch – Tuch – Dach).

Aufgabe:

Das letzte Kind einer Reihe bekommt einen dieser Zettel und soll das Wort Buchstabe für Buchstabe per „Rückenpost" faxen. Das erste Kind darf dann die Lösung sagen.

Variationen / eigene Ideen:

- Die Kinder faxen einen gemalten Gegenstand über die Rücken.

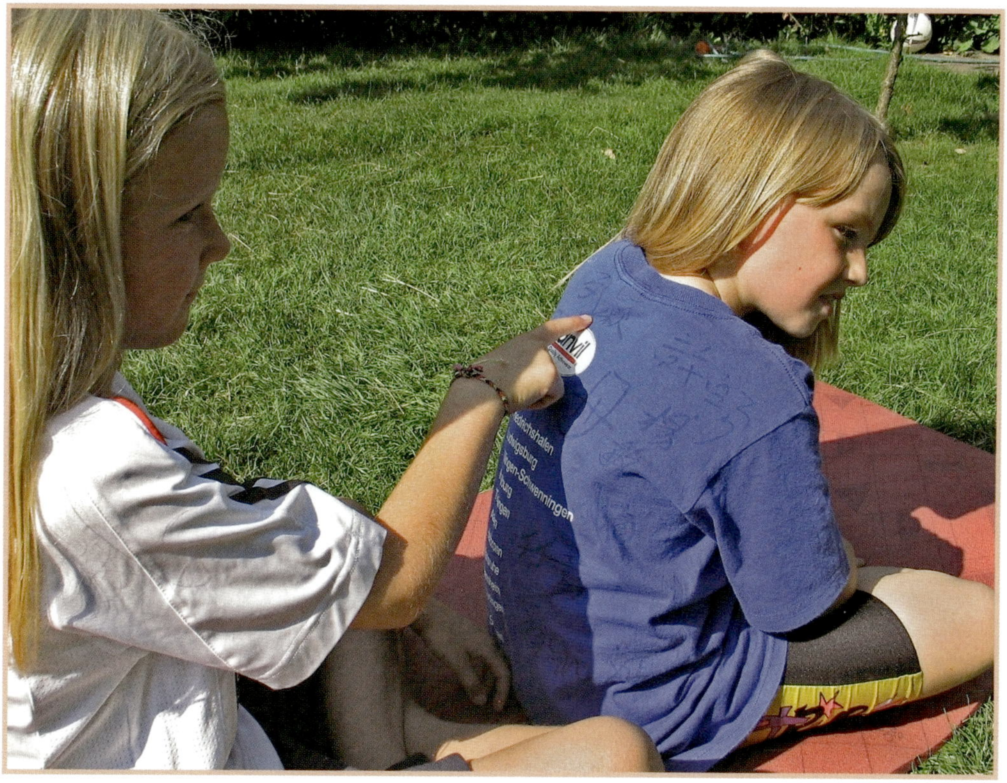

Pizzabäcker

Aufbau / Organisation:
Es werden Paare gebildet, die sich innerhalb der Turnhalle einen freien Platz suchen und dort auf Iso- oder Turnmatten zur Ruhe kommen. Einer legt sich auf den Bauch und der andere kniet sich daneben.

Aufgabe:
Der Liegende entspannt, während der andere auf seinem Rücken eine Pizza backt. Der Bäcker knetet zunächst den Teig, dann rollt er ihn aus und streicht eine dünne Schicht Tomatenmark aus. Schließlich wird die Pizza noch mit verschiedenen Zutaten wie Salamischeiben, Schinken oder Pilzen belegt und mit Käse bestreut. Anschließend wird die Pizza in den warmen Ofen geschoben. Dazu reibt der Bäcker seine Hände fest aneinander und legt sie ganz schnell auf den Rücken. Schließlich wird die Pizza nach dem Backen noch in kleine Stücke zerschnitten.

Variationen / eigene Ideen:

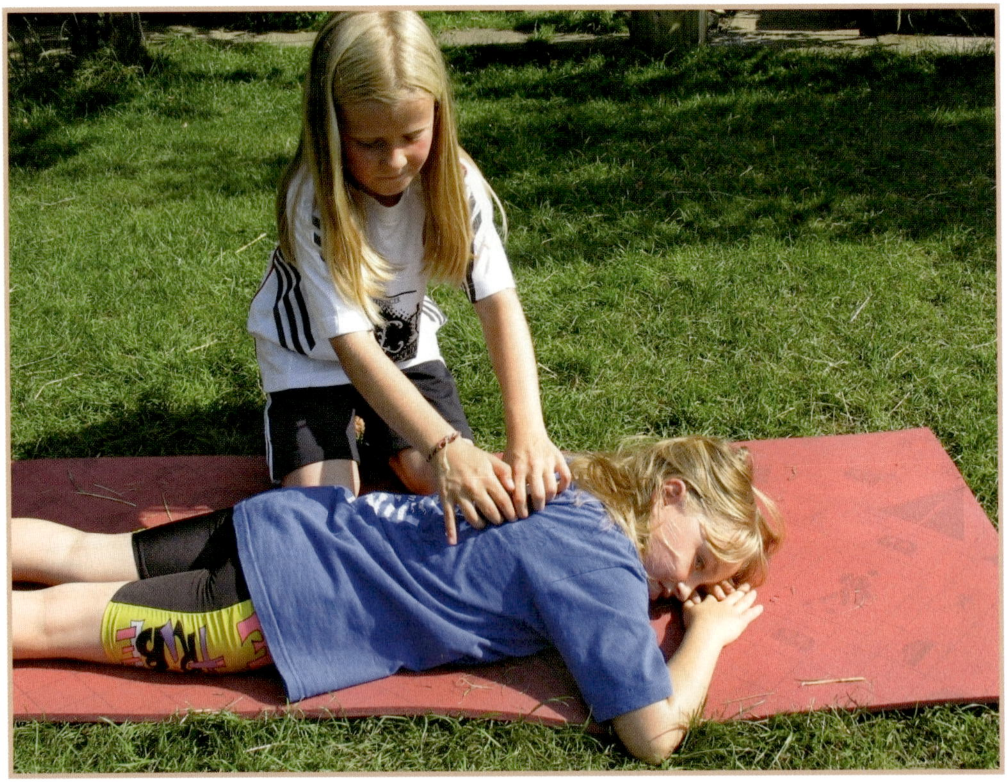

Umrisse

Aufbau / Organisation:
Es werden Paare gebildet, die sich innerhalb der Turnhalle einen freien Platz suchen und dort zur Ruhe kommen. Jedes Paar erhält einen Wachsmalstift und ein großes Stück Tapete.

Aufgabe:
Jeweils ein Partner, also die Hälfte der gesamten Gruppe, legt sich mit geschlossenen Augen auf das Stück Tapete. Die Partner zeichnen die Umrisse der Liegenden mit dem Wachsmalstift nach. Dabei soll immer Kontakt zum Körper der Liegenden gehalten werden. Wenn alle Zeichnungen fertig sind, erheben sich die Liegenden und halten die Augen immer noch geschlossen. Nun werden die Tapeten vertauscht. Anschließend öffnen sie ihre Augen und versuchen ihre Tapete und die von ihnen eingenommene Körperposition wieder zu finden. Sie müssen sich also die Details ihrer Position gut merken.

Variationen / eigene Ideen:

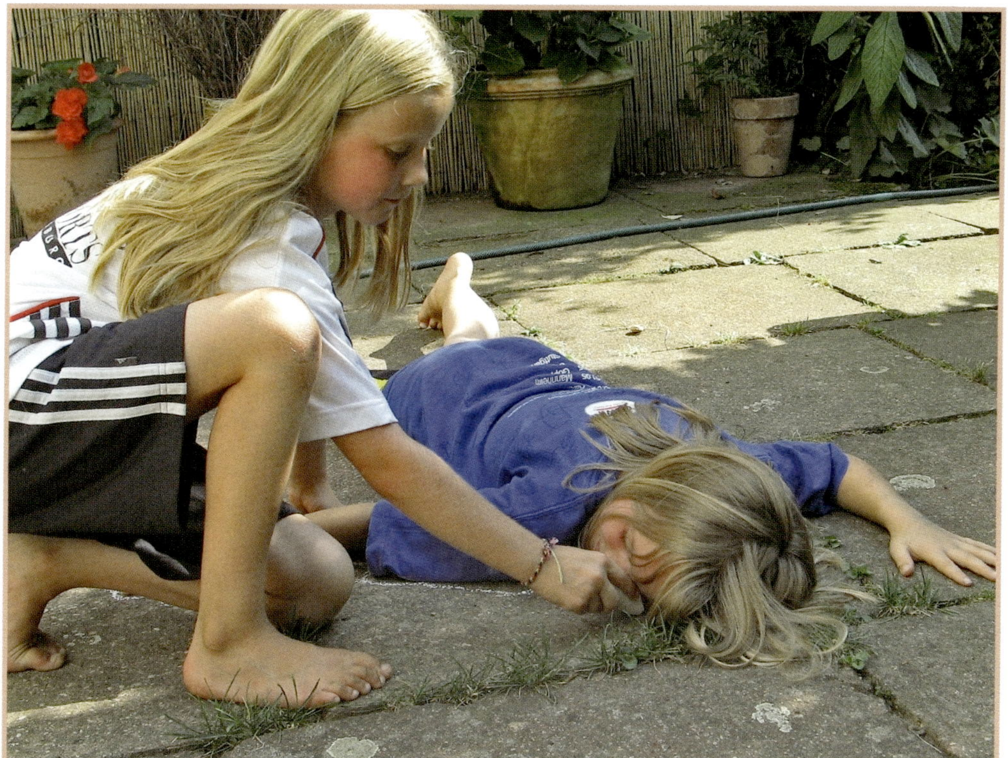

Stempelkissen

Aufbau / Organisation:
Alle spielen gemeinsam und legen eine große Mattenfläche aus. Diese Fläche sollen sich die Kinder als ein mit ihrer Lieblingsfarbe getränktes Stempelkissen vorstellen.

Aufgabe:
Nach dem Startsignal rollen die Kinder sich langsam und bewusst derart über den Boden, dass alle Körperteile komplett mit der Farbe bedruckt werden. Zum Schluss sollen keine farblosen Stellen am Körper mehr vorhanden sein. Dabei soll die Aufmerksamkeit auch auf schwierig zu erreichende Körperbereiche gelenkt werden, z. B. zwischen den Fingern, hinter den Ohren, den Kniekehlen, der Achillessehne, dem Nacken.

Variationen / eigene Ideen:

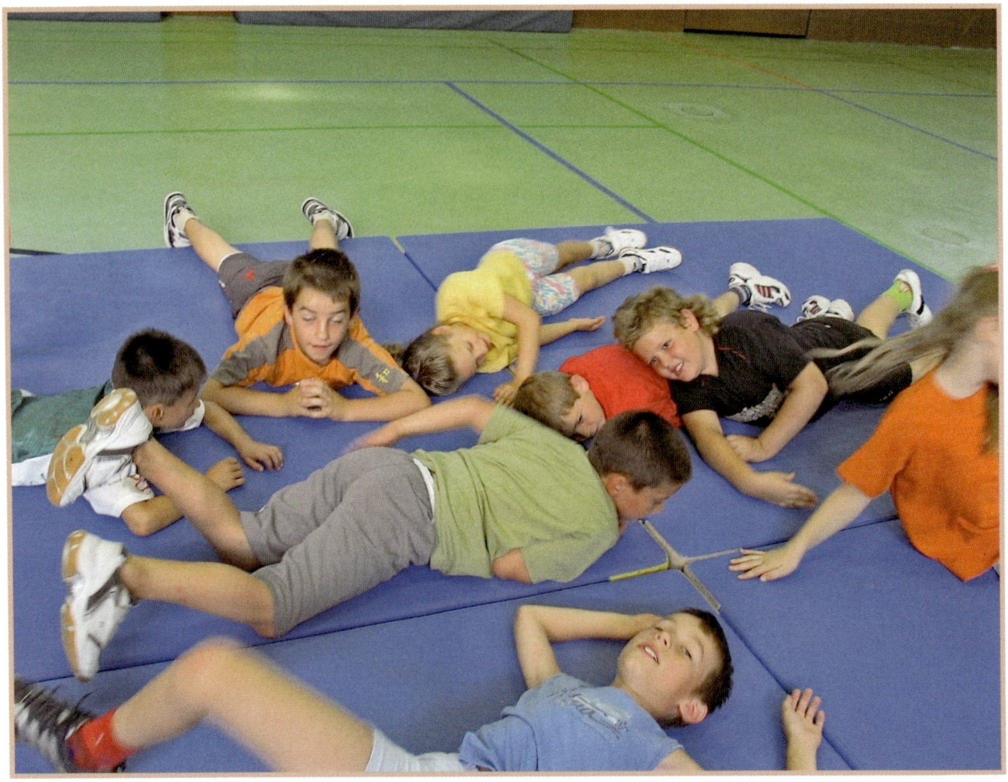

Rückenmassage mit Kleingeräten

Aufbau / Organisation:
Es werden Paare gebildet, die sich innerhalb der Turnhalle einen freien Platz suchen und dort auf einer Iso- oder Turnmatte zur Ruhe kommen. Zuvor werden Kleingeräte wie z. B. Igel- oder Tennisbälle verteilt.

Aufgabe:
Ein Kind legt sich mit geschlossenen Augen auf die Matte und lässt sich von seinem Partner ganz sanft mit den Geräten massieren. Dieser achtet darauf, dass die Massage nicht auf der Wirbelsäule ausgeführt und das im Nierenbereich nur ein leichter Druck ausgeübt wird.

Variationen / eigene Ideen:
- Anstelle des Massierens kann auch ein vorsichtiges, leichtes Beklopfen erfolgen.
- Die einzelnen Körperteile können auch geschüttelt und gerüttelt werden.
- Wenn solche Massagen und Entspannungsphasen mit Musik durchgeführt werden sollen, bietet sich u. a. der Walzer an.

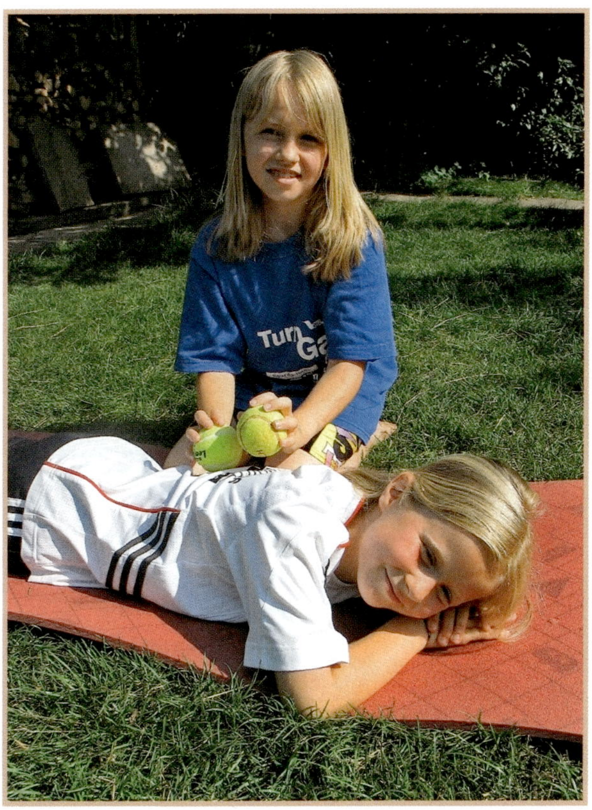

Partner „beatmen“

Aufbau / Organisation:
Es werden Paare gebildet, die sich innerhalb der Turnhalle einen freien Platz suchen und dort auf einer Iso- oder Turnmatte zur Ruhe kommen.

Aufgabe:
Ein Kind legt sich mit geschlossenen Augen auf die Matte und lässt sich von seinem Partner ganz sanft massieren. Dieser achtet dabei auf die Atmung des Liegenden und übt mit seinen Händen bei jeder Ausatmung Druck an verschiedenen Stellen des Körpers seines Partners aus, z. B. Handflächen, Ellenbogen, Brustkorb, usw.

Bei der Einatmung kommt es zur vollständigen Entlastung. Nach jedem dritten bis fünften Atemzyklus wird die Körperstelle, auf die beim Ausatmen gedrückt wird, gewechselt.

Variationen / eigene Ideen:

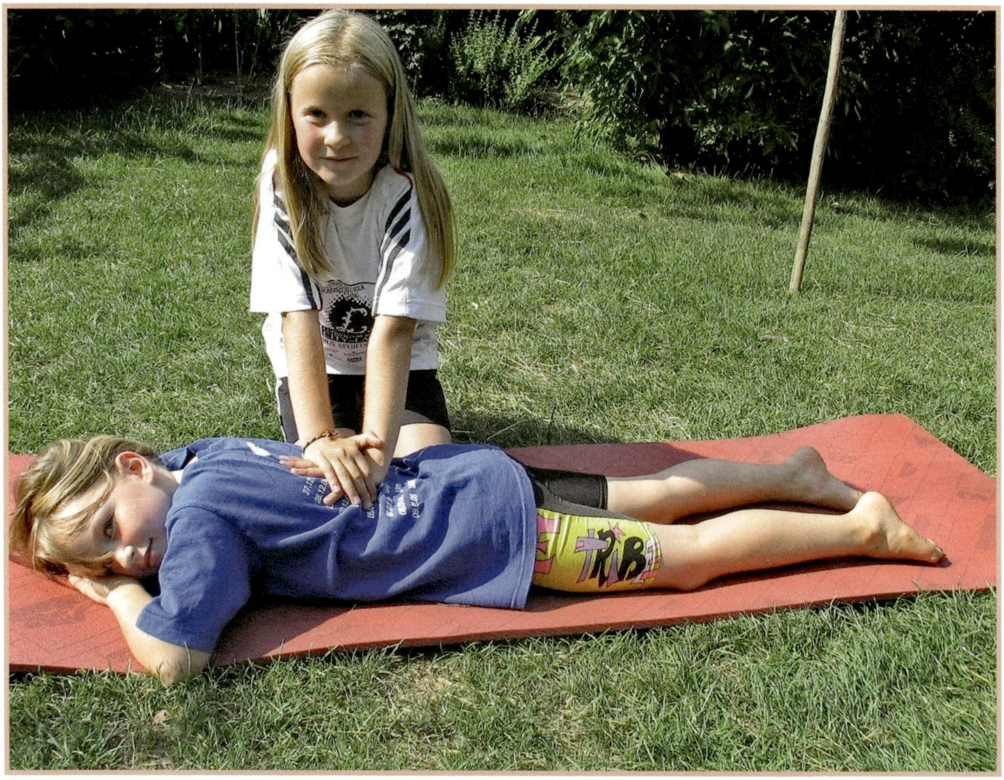

Bärenmassage

Aufbau / Organisation:
Es werden Paare gebildet, die sich innerhalb der Turnhalle einen freien Platz suchen und dort auf einer Iso- oder Turnmatte zur Ruhe kommen.

Aufgabe:
Die Partner legen sich Rücken an Rücken auf die Matte, schließen die Augen und reiben ihre Rücken aneinander. So als würde sich ein Bär an einem Baum räkeln.

Variationen / eigene Ideen:

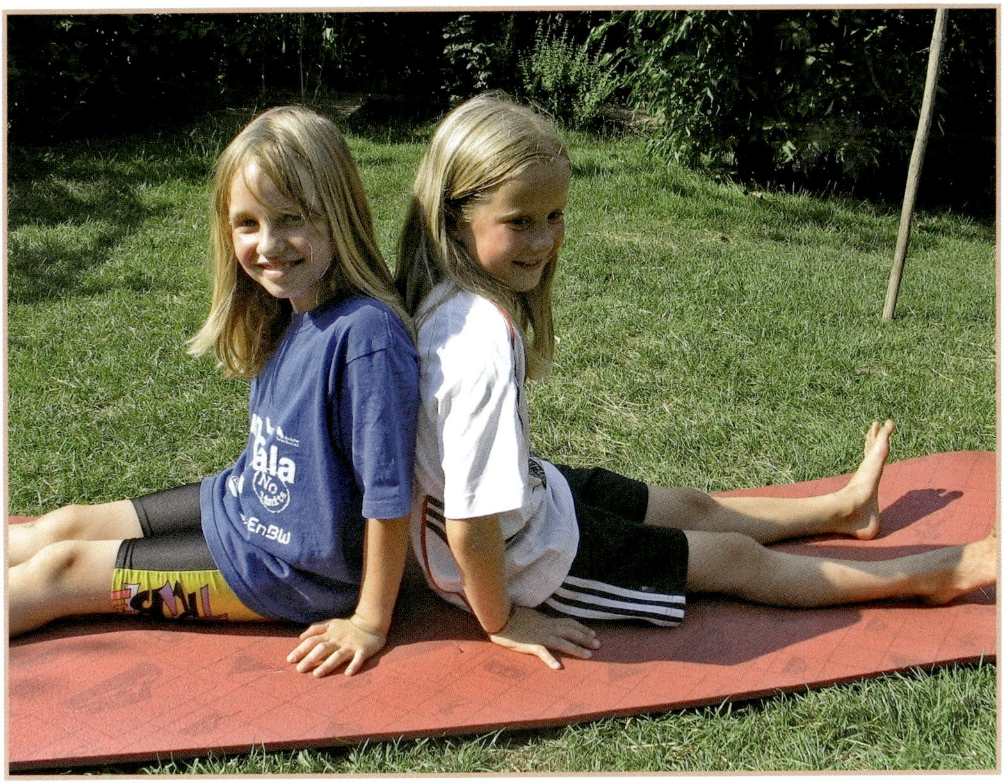

Handtuchschwingen

Aufbau / Organisation:
Es werden Paare gebildet, die sich innerhalb der Turnhalle einen freien Platz suchen und dort auf einer Iso- oder Turnmatte zur Ruhe kommen. Jedes Paar bekommt ein Handtuch.

Aufgabe:
Ein Partner liegt auf dem Rücken, schließt die Augen und versucht sich komplett zu entspannen. Sein Partner legt ein Handtuch unter dessen Arme, Beine oder dessen Kopf. Anschließend beginnt er das Handtuch leicht zu schwingen.

Derjenige, der auf der Matte entspannt, lässt die betreffenden Körperteile locker passiv mitschwingen.

Variationen / eigene Ideen:

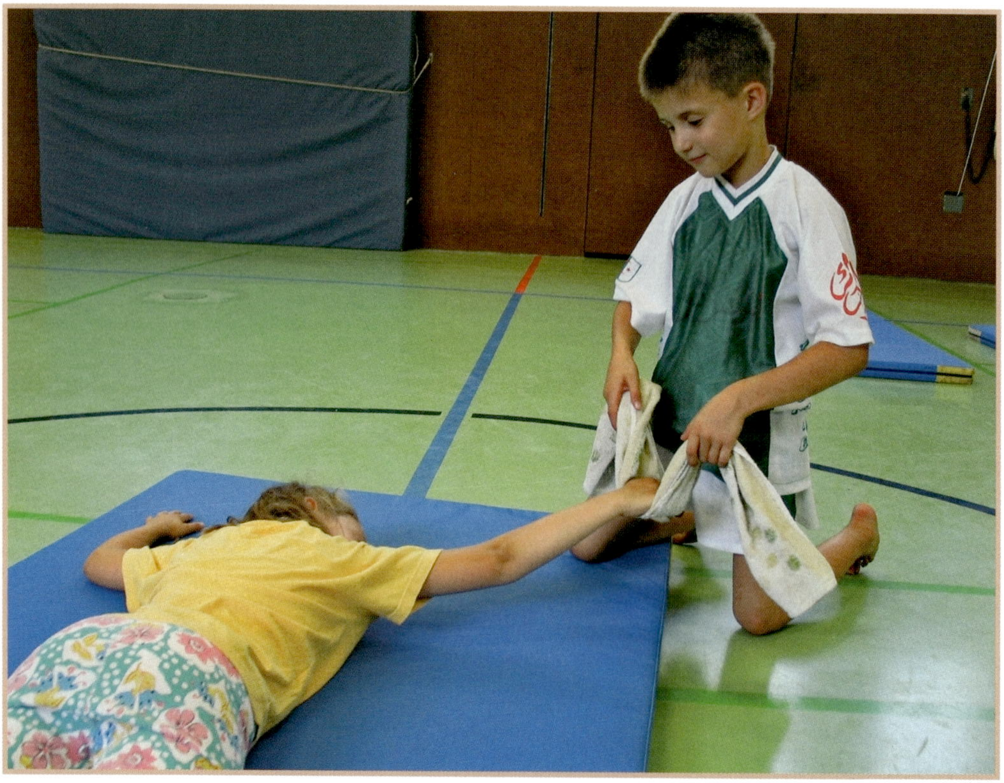

Den Arm des Partners führen

Aufbau / Organisation:
Es werden Paare gebildet, die sich innerhalb der Turnhalle einen freien Platz suchen und dort auf einer Iso- oder Turnmatte zur Ruhe kommen.

Aufgabe:
Ein Partner liegt auf dem Rücken, schließt die Augen und versucht sich komplett zu entspannen. Sein Partner führt den Arm des Liegenden behutsam in alle möglichen Gelenkstellungen. Der Liegende achtet darauf, den Arm locker zu lassen.

Variationen / eigene Ideen:
- Bei dieser Übung bietet es sich an, die Partner zu wechseln, um Unterschiede spürbar werden zu lassen.

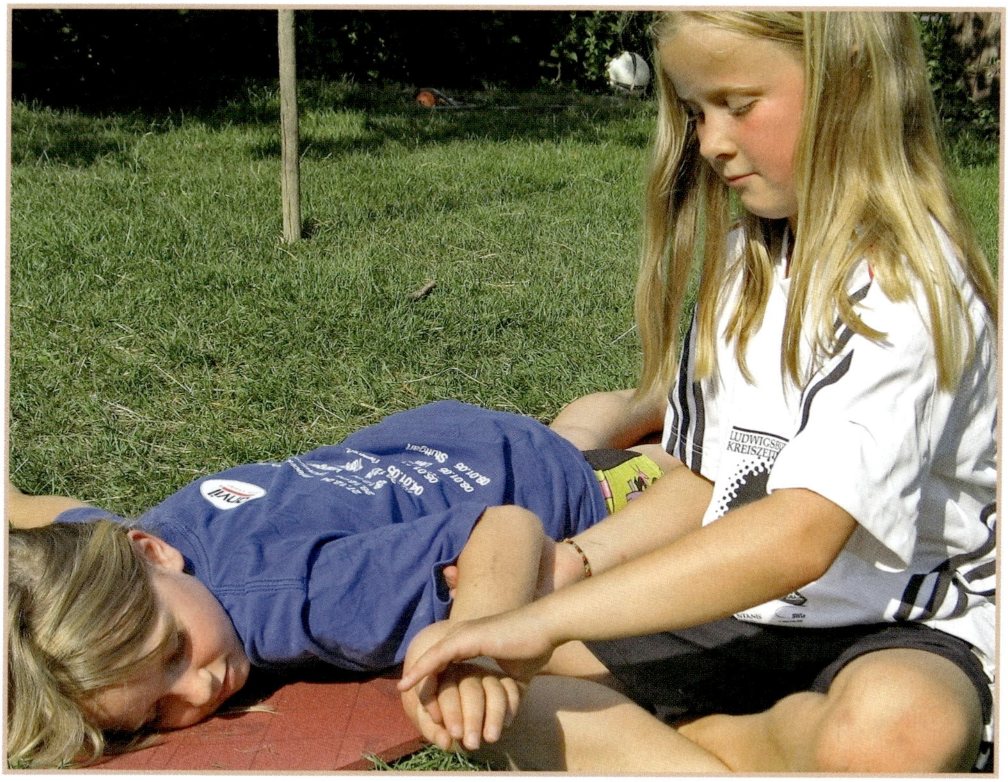

Der Wohlfühlzirkel

Aufbau / Organisation:
Es werden Paare gebildet, die in der Hallenmitte einen großen Kreis bilden. Jeweils ein Partner kommt dort auf einer Iso- oder Turnmatte zur Ruhe. Falls mehr als 20 Kinder in der Klasse sind, sollten zwei Kreise (Wohlfühlzirkel) gebildet werden, da der Zirkel ansonsten zu lange dauert.

Aufgabe:
So liegt die Hälfte der Gruppe am Boden. Die jeweiligen Partner sind die Masseure, die mit unterschiedlichen Geräten (z. B. Tennisbälle, Löffel, Igelbälle) und Methoden (klopfen, schütteln usw.) verschiedene Körperteile massieren.

Nach jeweils ca. zwei Minuten wechseln die Masseure im Uhrzeigersinn zum nächsten Partner. Wenn sie wieder bei ihrem „alten“ Partner angekommen sind, tauschen sie die Rollen, und ein neuer Zirkel beginnt. Jeder Masseur wendet während des Zirkels nur eine Massagetechnik an, so dass die Liegenden nach jedem Wechsel immer eine andere Massage bekommen.

Variationen / eigene Ideen:

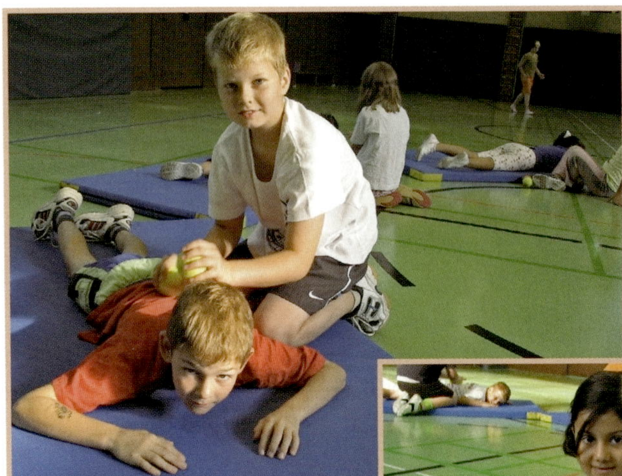

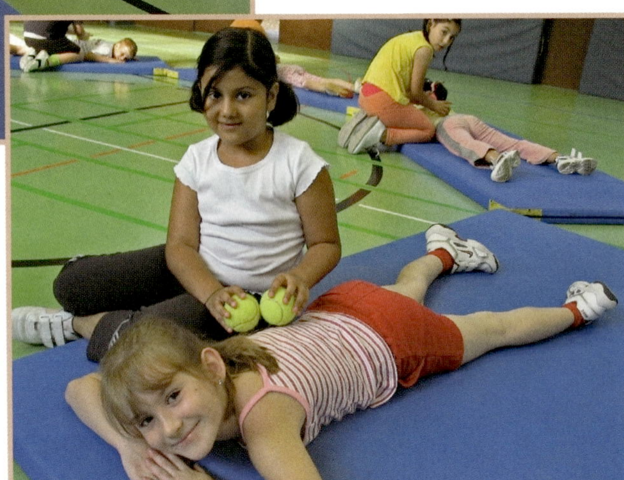

Entspannungsschaukel

Aufbau / Organisation:
Es werden Kleingruppen gebildet, die sich in der Halle verteilen. Es sind mindestens neun Kinder in jeder Gruppe.

Aufgabe:
Zwei Reihen mit mindestens vier Kindern pro Reihe knien einander gegenüber und geben sich die Hände. Das neunte Kind legt sich nun rücklings auf deren Hände und schließt die Augen. Die beiden „Reihen“ erheben sich langsam und gleichmäßig und schaukeln den Ruhenden sanft hin und her.
Nach kurzer Zeit (ca. einer halben Minute) wird der Geschaukelte wieder sanft zu Boden gelassen. Dort wird er dann „geerdet“, indem ihm alle Gruppenmitglieder eine Hand auf die Arme, Beine und Schultern legen und etwa eine Minute lang moderat drücken.

Der Druck muss zwar deutlich zu spüren sein, es darf aber nicht schmerzen. Auf ein vorher vereinbartes Zeichen hin lassen alle gleichzeitig los.
Je ruhiger er im Verlauf dieser Übung ist, desto intensiver kann sich der „Geschaukelte“ auf die Übung konzentrieren.

Variationen / eigene Ideen:

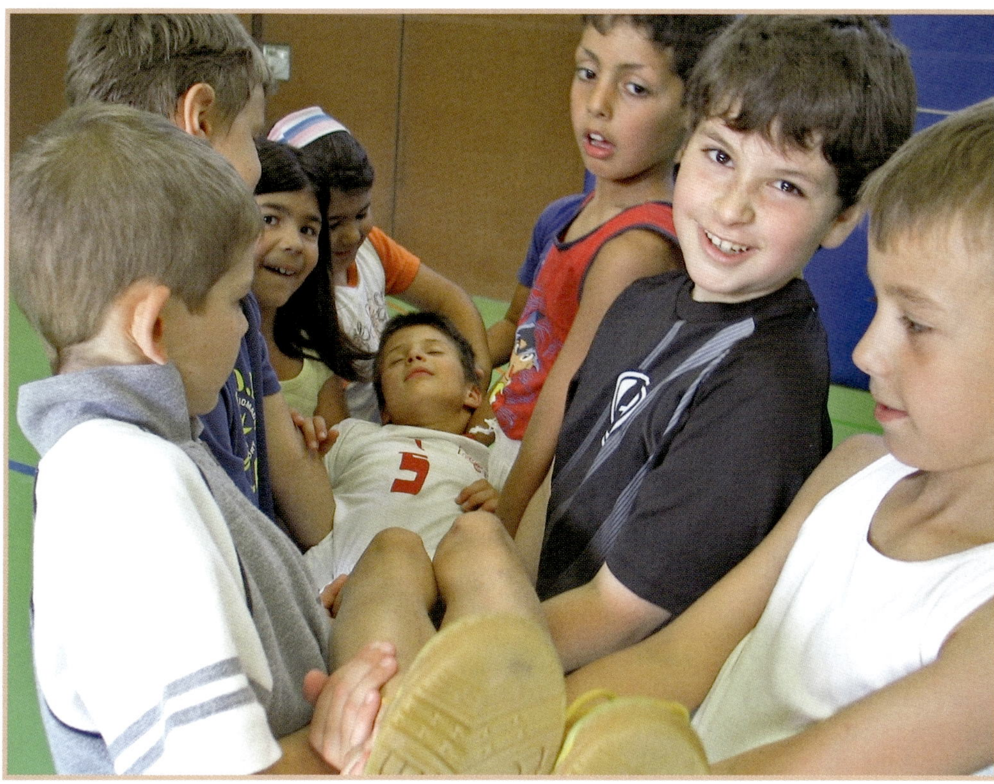

Autowaschanlage

Aufbau / Organisation:
Es werden Kleingruppen gebildet, die sich in der Halle verteilen. Es sind mindestens 12 Kinder in jeder Gruppe. Es wird eine Mattenbahn ausgelegt, auf der eine Autowaschanlage gebaut wird. Hierfür knien sich jeweils zwei Kinder paarweise gegenüber und bilden eine der vier Stationen, die man in einer Autowaschanlage benötigt.

Aufgabe:
Ein Kind bewegt sich ganz langsam auf allen Vieren durch die Waschanlage und genießt das Autowaschprogramm an den vier Stationen:

- An der ersten Station trommeln die beiden Kinder mit den Fingerspitzen auf den Körper, um das „Auto mit Wasser einzusprühen“,
- dann wird der Körper mit den Handflächen gestreichelt und massiert („Auto einseifen“),
- bevor er mit den Handflächen sanft gewischt wird („Abspülen“)
- und schließlich mit den Fingerspitzen ganz flink gewischt wird („Trocknen“).

Wer die Waschstraße durchlaufen hat, löst einen Partner an der Waschanlage ab, so dass jeder mindestens einmal „gewaschen“ wird. Es empfiehlt sich der Reihe nach, an der ersten Station mit diesen Auswechslungen zu beginnen.

Variationen / eigene Ideen:

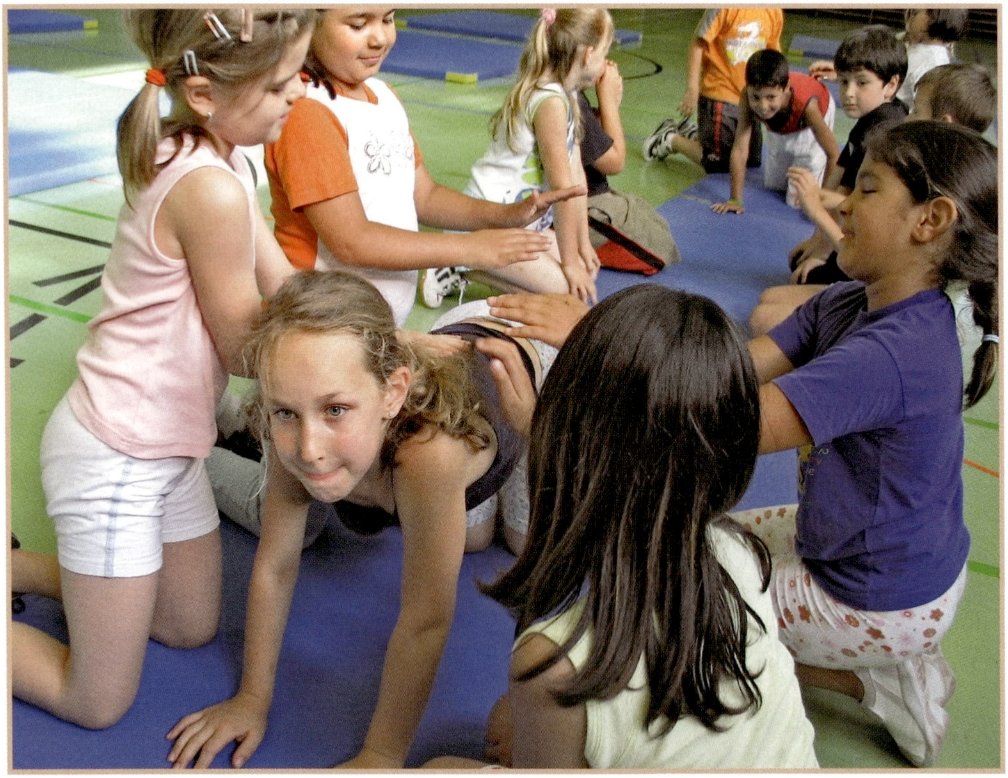

Menschenrüttelbank

Aufbau / Organisation:
Jeweils fünf Spieler nehmen die Bankposition ein und knien sich dicht nebeneinander. Ein sechster Spieler legt sich vorsichtig auf die aus den fünf Partnern gebildete Bank.

Aufgabe:
Die Bank beginnt vorsichtig zu rütteln und zu schütteln und massiert den oben liegenden Partner auf diese Weise sanft durch.

Variationen / eigene Ideen:
- Die Anzahl der einzelnen „Teilbänke“ kann variiert werden.

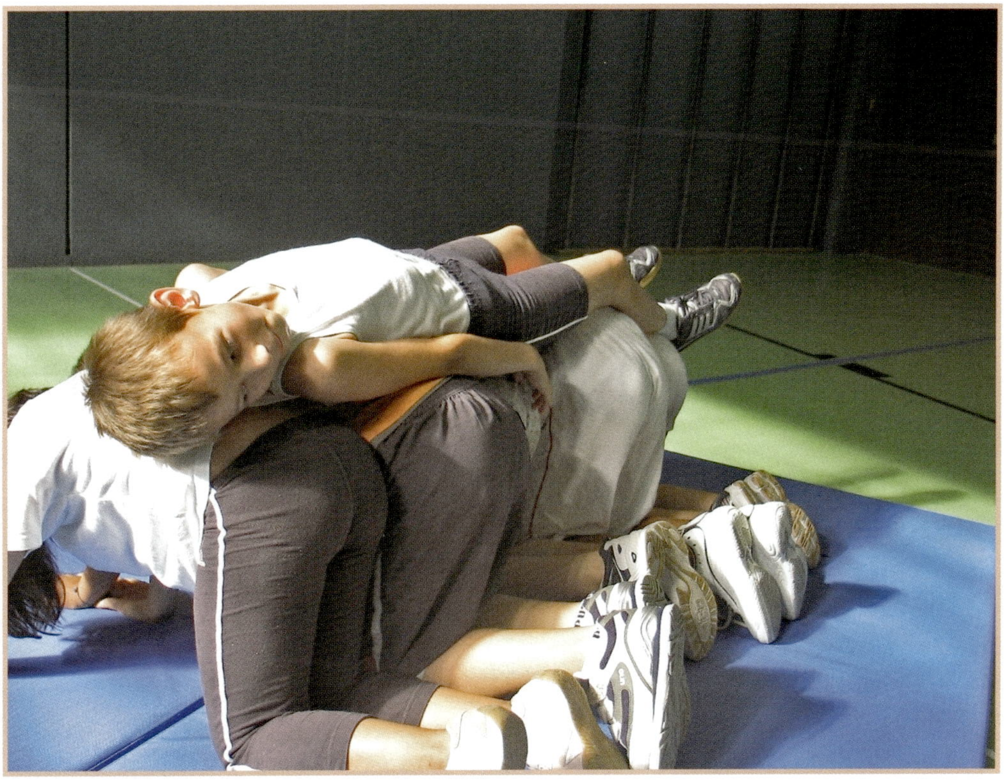

Wetterlage

Aufbau / Organisation:
Es werden Vierer- oder Fünfergruppen gebildet. Jede Gruppe bekommt eine Matte und sucht sich einen freien Platz in der Halle. Dort legt sich ein Teilnehmer in die Mitte und wartet das Wetter und dessen Veränderungen ab.

Aufgabe:
Die übrigen drei oder vier Teilnehmer spielen das Wetter. Wenn es leicht zu regnen beginnt, trommeln sie mit den Fingerspitzen vorsichtig über den Körper des in der Mitte Liegenden. Wenn der Regen heftiger wird und zu einem Gewitter ausufert, dann wird auch das Klopfen heftiger, unter Umständen bis hin zu einem leichten, vorsichtigen Klopfen mit den Fäusten. Sobald die Sonne durchkommt, streichen die Hände der drei Wetterspieler den Körper des in der Mitte Liegenden ganz sanft.

Variationen / eigene Ideen:
- Für andere Wetterlagen sollen sich die Wettermacher auf entsprechende Massagetechniken einigen.

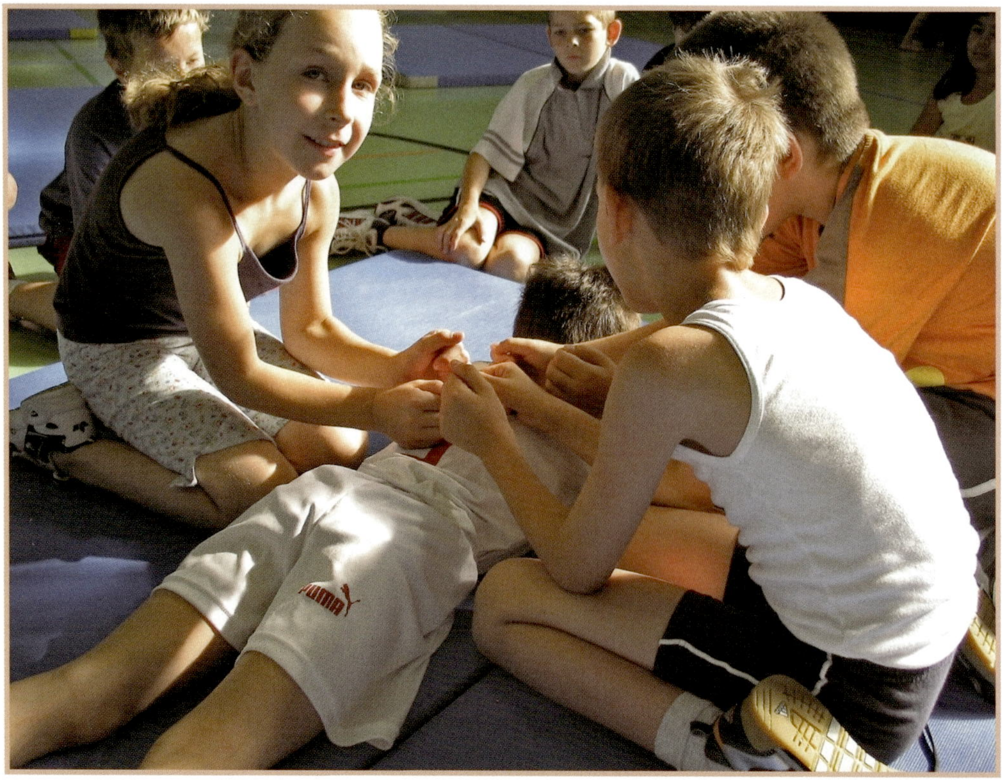

Literaturverzeichnis

ANDERS, W. (2003). „Ich habe mehr Kraft als ich dachte ...“. Sportpädagogik 27 (3), 24-29.

ANDERS, W. & BEUDELS, W. (2003). Ringen und Raufen. Sportpädagogik 27 (3), 4-9.

ANDREE, A. (2003). Kämpfen lernen. Sportpraxis Sonderheft Kämpfen und Spielen. 22-26.

BAUR-FETTAH, Y. (2003). Im Wasser kämpfen?! Sportpraxis Sonderheft Kämpfen und Spielen. 33-35.

BEUDELS, W. & ANDERS, W. (2001). Wo rohe Kräfte sinnvoll walten. Handbuch zum Ringen, Rangeln und Raufen in Pädagogik und Therapie. Dortmund:

BEUDELS, W. & ANDERS, W. (2003). Ringen und Raufen. Sportpädagogik 27 (3), 4 - 9

BEUDELS, W. (2012). Mit/gegen Partner kämpfen – Zweikampfsport. In V. SCHEID, R. PROHL (Hrsg.), Sportdidaktik: Grundlagen – Vermittlungsformen – Bewegungsfelder. (S. 274-295) Wiebelsheim: Limpert.

DA SILVEIRA MACEDO, S. & NIERHOFF, A. (2003). Capoeira – zwischen Kampf und Spiel. Sportpraxis Sonderheft Kämpfen und Spielen. 46-50.

GERR, R.L.C. (1980). Pädagogische und psychomotorische Aspekte des Ringens und Raufens in Vor- und Grundschule. Motorik. (4), 158-165

GERR, R.L.C. (1982). Ringen - Raufen als psychomotorisches Bildungs- und Erziehungsmittel. Anleitung für den Unterricht in Vor-, Grund- und Behindertenschulen sowie in Sportvereinen. Dortmund

GÖSSLING, V. (2003). Judo der Behinderten. Sportpraxis Sonderheft Kämpfen und Spielen. 41-42.

HEIDEGGER, M. (1986[16]). Sein und Zeit. Tübingen

HERZOG, W. (1994). Gewalt als Herausforderung der Sportpädagogik. Sporterziehung in der Schule. (1), 5-9

JÄGER, J.M. (2003). Kampfspiele – Implikationen einer fernöstlichen Perspektive. Sportpraxis Sonderheft Kämpfen und Spielen. 36-40.

JANALIK, H. (1997). Ju-Do – eine pädagogische Chance! Ein etwas anderes Konzept zur Vermittlung einer „Sportart“. Körpererziehung. (2), 60-68

KAUPMANN, C. (2003). „Wie stark bin ich eigentlich?“ Sportpädagogik 27 (3), 15-17.

KEMPER, D. (2003). „So stark wie wir ...“. Sportpädagogik 27 (3), 30-33.

KLENK, E. (2003). „Wie Kinder spielen – Deutungsversuche im Spannungsfeld zwischen Theorie und Empirie“ (unveröffentlichte Examensarbeit, Frankfurt am Main)

KNOSSALLA, C. (2003). „Wir geh'n uns kloppen!“ Sportpädagogik 27 (3), 18-20.

KOLLENBERG, S. (2003). Thai Bo – gegen imaginäre Gegner. Sportpraxis Sonderheft Kämpfen und Spielen. 51-54.

KORBI, M. (2003). Neuer Tanz und Stockkampfkunst. Sportpraxis Sonderheft Kämpfen und Spielen. 43-45.

LANGE, H. (2005). Mit Erfolg in der Gruppe lernen. Teil 1. Wenn in der Leichtathletik die Gruppe ins Spiel kommt, eröffnen sich nicht nur organisatorische und gruppendynamische Möglichkeiten, sondern auch neue Perspektiven für das Bewegungslernen und die Trainingsmethodik. Leichtathletiktraining, 16 (6), 34-39

LANGE, H. (2002): Das Risiko richtig abwägen. Wie Kinder lernen, zwischen ihrem Können und den reizvollen Herausforderungen einer Situation abzuwägen. Leichtathletiktraining, 13 (9), 4-11

LANGE, H. & SINNING, S. (2009²):(Hrsg.): Handbuch Sportdidaktik. Balingen: Spitta Verlag.

LANGE, H. & SINNING, S. (2008a). Themenkonstruktion des Sport- und Bewegungsunterrichts. Pädagogische Analysen und Erläuterungen zum Implikationszusammenhang aus Zielen, Inhalten und Methoden. Baltmannsweiler: Schneider.

LANGE, H. & SINNING, S. (2008b): Analysen zum Gegenstand bewegungspädagogischen Handelns. An Beispielen innovativen Sporttreibens und den Grundthemen des „Sich-Bewegens" aufgezeigt. Baltmannsweiler: Schneider.

LANGE, H. & SINNING, S. (2005). Gewaltpotenziale abbauen, aufbauen oder umbauen? Kämpfen als Thema für den Sportunterricht. Sache, Wort, Zahl. Themenheft „Gewalt", 33 (3), 27-36

LANGE, H. & SINNING, S. (2003). Kämpfen und Spielen. Pädagogische Hintergründe des Kämpfens bzw. des Zusammenhangs aus Spielen und Kämpfen. Sportpraxis Sonderheft Kämpfen und Spielen 3–7

LANGE, H.; NIERHOFF, A. & SINNING, S. (2003) (Hrsg.). Themenheft „Kämpfen und Spielen". Sportpraxis Jahresheft

LANGE, H.; NIERHOFF, A. & SINNING, S. (2003). Poster zum Themenheft „Kämpfen und Spielen" Sportpraxis Jahresheft (Beilage)

LEFFLER, T. (2017). Wie sich Kinder das Kämpfen im Sportunterricht vorstellen: Qualitative Untersuchung zur Schülerperspektive zum Thema Kämpfen im Sportunterricht Baltmannsweiler: Schneider.

MACZKOWIAK, S. & MELENHORST, M. (2003). „Lass(t) uns ein Kämpfchen wagen!" Sportpädagogik 27 (3), 10-14.

MARNITZ, R. & WITTE, W. (2003). „Ey, bist du schwul, oder was?!". Sportpädagogik 27 (3), 38-43.

MIETHLING, W.-D. (1996). Aggressionen im Sportunterricht. Sportpädagogik. 20 (4), 19-31

MIETHLING, W.-D. (2002). Gewalt im Sportunterricht. Sportpädagogik. 26 (2), 4-10

MÖLLER, J. & RÜFFER, M. (2003). Ringen und Kämpfen – Zweikampfsport. Sportpraxis Sonderheft Kämpfen und Spielen. 17-21.

MÜLLER, V. (2003). „Gymnasium wörtlich". Sportpädagogik 27 (3), 34-37.

OLIVIER, J.O. (1995). Wohin mit den Aggressionen? Raufen und Spielen nach Regeln. Linz

SALZ, B. (2003). „Da kann man so schön auf seine Kraft aufpassen!" Sportpädagogik 27 (3), 21-23.

SCHLESKE, W. (1977). Abenteuer – Wagnis – Risiko im Sport. Struktur und Bedeutung in pädagogischer Sicht. Schorndorf: Hofmann

SCHLESKE, W. (1998). Abenteuer/ Wagnis/ Risiko. In O. GRUPE & D. MIETH (Hrsg.), Lexikon der Sportwissenschaft. (S. 15-19) Schorndorf: Hofmann

SCHMIDT-MILLARD, T. (1996). Gewaltprävention durch Sporterziehung? Sportpädagogik 20 (4), 15-18

SCHUBERT, R. (2003). Spielerisch kämpfen mit wenig Körperkontakt. Sportpraxis Sonderheft Kämpfen und Spielen. 14-16.

SINNING, S. (2001). Kämpfen – das Spiel mit dem Gleichgewicht. In G. KÖPPE & J. SCHWIER (Hrsg.), Grundschulsport und neue Sportarten. (S. 102-120) Baltmannsweiler: Schneider

VALKANOVER, S. (1994). Krisenintervention bei aggressiven Schulklassen – Folgerungen und Anregungen für Sport in der Schule. Sporterziehung in der Schule. (1), 17-19

VOIGE, R. (2003). Durch Kämpfen ein besseres Klassenklima? Sportpraxis Sonderheft Kämpfen und Spielen. 27-29.

WERNEY, A. (2003). Ringen und Raufen – Regeln und Rituale. Sportpraxis Sonderheft Kämpfen und Spielen. 9-13.

WIBOWO, J. (2017). Vielfältig kämpfen: Vielfalt im Bewegungsfeld Kämpfen vermitteln. Sportpädagogik 41 (6), 2-7